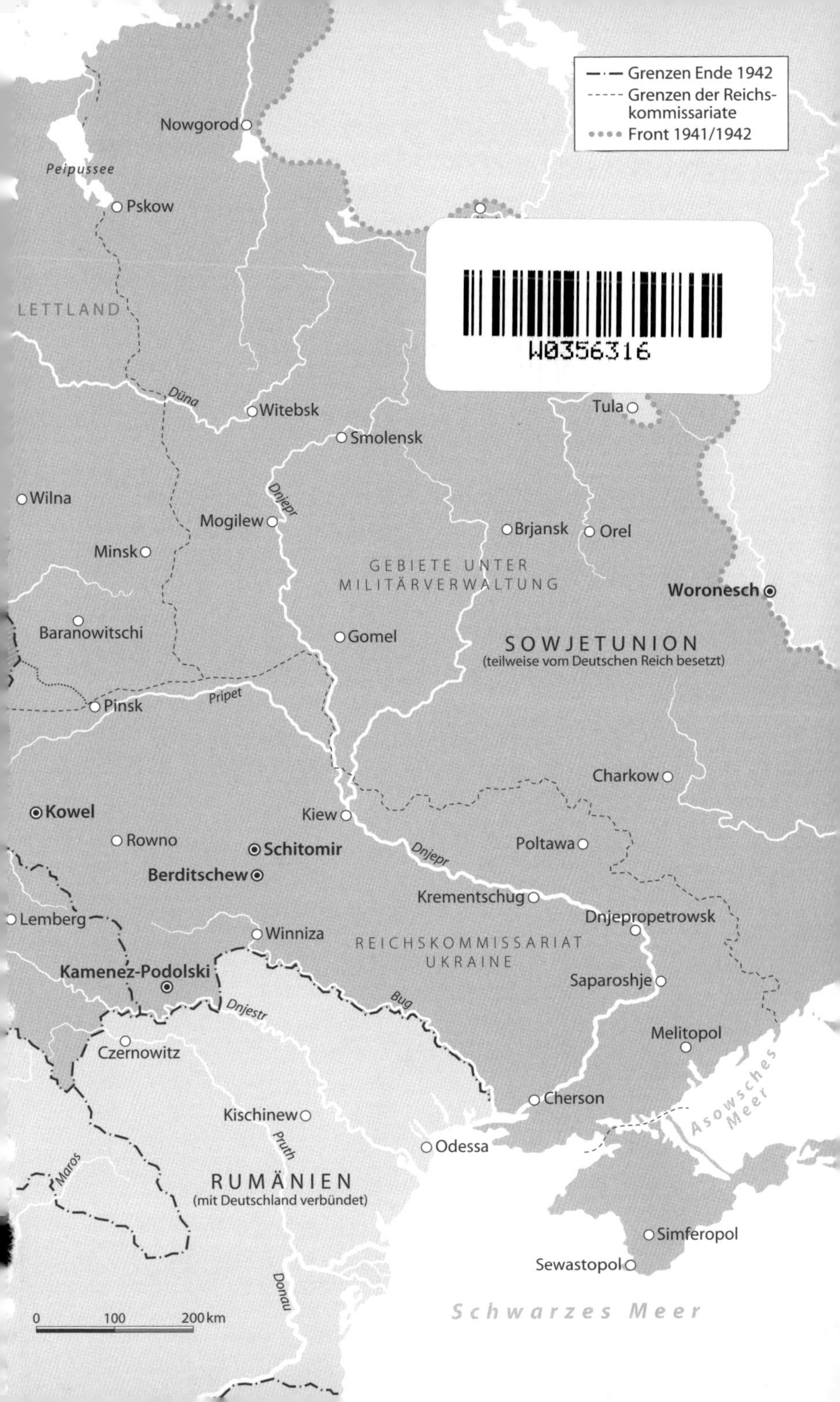

Grenzen Ende 1942
Grenzen der Reichskommissariate
Front 1941/1942
Nowgorod
Peipussee
Pskow
LETTLAND
Düna
Witebsk
Smolensk
Tula
Wilna
Dnjepr
Mogilew
Minsk
Brjansk
Orel
GEBIETE UNTER MILITÄRVERWALTUNG
Woronesch
Baranowitschi
Gomel
SOWJETUNION
(teilweise vom Deutschen Reich besetzt)
Pinsk
Pripet
Charkow
Kowel
Kiew
Rowno
Schitomir
Poltawa
Berditschew
Krementschug
Dnjepropetrowsk
Lemberg
Winniza
REICHSKOMMISSARIAT UKRAINE
Kamenez-Podolski
Saparoshje
Dnjestr
Bug
Melitopol
Czernowitz
Cherson
Asowsches Meer
Kischinew
Pruth
Odessa
Maros
RUMÄNIEN
(mit Deutschland verbündet)
Simferopol
Sewastopol
Donau
Schwarzes Meer
0
100
200 km

Evi Simeoni
Höllenjahre

EVI SIMEONI

HÖLLEN JAHRE

Die Briefe meines
Onkels aus dem Krieg.
1939–1945

Mit 16 Schwarz-Weiß-Abbildungen
und einer Karte

PIPER

Mehr über unsere Autorinnen, Autoren und Bücher:
www.piper.de

Von Evi Simeoni liegt im Piper Verlag vor:
Vier Beine tragen meine Seele

Inhalte fremder Webseiten, auf die in diesem Buch (etwa durch Links) hingewiesen wird, macht sich der Verlag nicht zu eigen. Eine Haftung dafür übernimmt der Verlag nicht.

Unser Versprechen für mehr Nachhaltigkeit
• Klimaneutrales Produkt
• FSC®-zertifiziertes Papier
• Hergestellt in Deutschland

FSC www.fsc.org MIX Papier | Fördert gute Waldnutzung FSC® C014496

ISBN 978-3-492-07151-2

Karte: Peter Palm, Berlin
Satz: Uhl + Massopust, Aalen
Gesetzt aus der Minion
Litho: Lorenz & Zeller, Inning am Ammersee
Druck und Bindung: GGP Media GmbH, Pößneck
Printed in Germany

Für Elfriede

Inhalt

Vergissmeinnicht

Drei Wochen schon alle Kämpfer davon
und wir kamen zurück an den Albtraumort,
fanden die Stelle und fanden dort
den Soldaten hingestreckt an der Sonne.
Nur der Geschützlauf mit finstrer Miene
warf Schatten. Als wir vorrückten an jenem Tag,
traf er meinen Tank mit einem Schlag
als wollte ein Dämon eindringen.
Schau. Bei der Beute im Schützenloch hier
liegt das Bild seines Mädchens entehrt,
drunter steht: Steffi, Vergissmeinnicht.
Wie aus dem Schulheft in altdeutscher Schrift.
Beinah befriedigt sehn wir ihn da
erniedrigt, er hat die Zeche bezahlt,
und verhöhnt vom eigenen Kriegsgerät,
so hart noch und brauchbar und er verwest.
Doch sie würde weinen, säh sie jetzt
die Fliegen schwarz auf seiner Haut,
auf dem Papierauge den Staub
und den Bauch, der wie eine Höhle klafft.
Denn der Liebende liegt mit dem Mörder beisammen,
die ein Herz hatten und einen Leib,
und Tod, der sich den Soldaten nahm,
hat am Liebenden tödliches Unrecht verübt.

Keith Douglas, Captain der britischen Armee, gefallen am 9. Juni 1944 in der Normandie durch eine Mörser-Granate

Vorbemerkung

Was man als Leser wissen muss: Als Schwabe benutzte Heinz Meyer manchmal mundartliche Wendungen und Grammatik: »Wirklich« bedeutet da oft »derzeit«. »Als« kann auch »hin und wieder« bedeuten, dafür wird »wie« manchmal im Komparativ anstelle von »als« verwendet. »Arg« muss wie »schlimm« oder als Verstärkung wie »sehr« verstanden werden. »Erst« kann im Sinn von »neulich« verwendet sein. Schokolade, Butter, Grammofon und Radio sind männlich: »Der Schoklad«, »der Butter«, »der Grammofon«, »der Kofferradio«. Teller sächlich: »das Teller«. »Gesälz« ist »Marmelade«. »Das Sach« sind natürlich »die Sachen«, »das Geschäft« kann auch »Arbeit« oder »Arbeitsplatz« meinen. »Scheints« steht für »anscheinend«. »Springen« kann auch Synonym für »laufen« sein. Mit »Ochsenauge« ist ein »Spiegelei« gemeint. »Gutsle« sind »Plätzchen«, meistens Weihnachtsplätzchen, »Kittel« wird auch für »Jackett« gebraucht.

Ich habe es meistens dabei belassen. Ich habe lediglich die – im Übrigen sehr wenigen – Schreibfehler korrigiert und hie und da die Rechtschreibung modernisiert. Und die Briefe gekürzt, manche Stellen vorsichtig verdeutlicht und einige weggelassen. »Russland« war zu jener Zeit in deutscher Diktion das Synonym für die ganze Sowjetunion, mit »Holland« sind die ganzen Niederlande gemeint. Diese Ungenauigkeiten habe ich stehen lassen.

Über die Wut

Jahrzehntelang habe ich gerätselt, was meine Familie so wütend gemacht hat. Besonders in meiner Kindheit war diese Wut zu spüren. Ständig platzte jemandem der Kragen. Nur meiner Mutter nicht, die in kritischen Momenten in ein beinernes Schweigen verfiel, was die Ausbrüche der anderen noch anstachelte. So, als ließe sie uns stellvertretend für sich selbst aus der Haut fahren.

Was sich bis heute zeigt: Die unheimliche Wut hat den Verhältnissen untereinander nicht gutgetan. Mit den Jahren wurde sie stiller, blieb aber allgegenwärtig. Sie wartet geduldig im Hintergrund auf Stichworte, um sich wieder zu erkennen zu geben. Jedes Mal kostet es enorme Kraft, sie zu beherrschen.

Es vergingen viele Jahre bis zu dem Tag, als ich plötzlich einem der Hauptgründe dieser Wut auf die Spur kam: Das ist der Tod meines Onkels Heinz, des Bruders meiner Mutter, der im Zweiten Weltkrieg Soldat war und im Alter von 23 Jahren und fast neun Monaten sterben musste. »Er wurde uns weggeschossen«, sagte meine Mutter immer. Ich habe ihn also nicht kennengelernt. Er wurde mit 18 Jahren zum Wehrdienst eingezogen, von der Schulbank weg, wie es in der Familie immer hieß, und fünfeinhalb Jahre später kurz vor Kriegsende in Schlesien von einem Scharfschützen getötet.

Die Lektüre seiner vielen Briefe aus dem Feld, in deren Besitz ich erst im Jahr 2020 gelangte, empfand ich wie eine Reise in mein eigenes Inneres, in deren Verlauf die Gegenwart langsam verschwamm. Zumal keine der Personen, die darin erwähnt werden, noch lebt. Ich begriff, dass Heinz Meyer einst das Licht und die Hoffnung seiner Familie gewesen und sein Verlust furchtbar war. Nun verstand ich besser, was meine Mutter – Elfriede – kurz vor ihrem Tod im Jahr 2012 aufgeschrieben hatte:

»Tatsache ist, dass im Alter die Kriegserlebnisse wieder hochkommen und die Wut über die Sinnlosigkeit der Opfer von Jahr zu Jahr immer stärker in dir hochkocht.«

Der Schmerz über den Verlust des Bruders war so groß und beharrlich, dass er für den Rest des Lebens betäubt werden musste. Ihre Wut war nur still, aber nie weg. Sie übertrug sich auf die nächste Generation, ohne dass diesen Wütenden die Ursache ihrer Wut bewusst geworden wäre.

Ich weiß, dass wir nicht die Einzigen sind. Die Wut, dieses Kind der Ohnmacht, ist das Erbteil, das die Generation der Jugendlichen, die in den Krieg hineinwuchsen, ihren Kindern hinterlassen hat. Und womöglich, in mutierter Form, auch ihren Kindeskindern.

Heinz Meyer rückte im September 1939 ein. Die Briefsammlung beginnt erst im November, nachdem er die Kaserne von Zuffenhausen in seiner Heimatstadt Stuttgart hatte verlassen müssen und seine Ausbildung in Ostmähren weiterging.

Kroměříž (deutsch: Kremsier), heute Tschechien

Kremsier, den 10.XI.1939

Liebe Eltern und Geschwister!

Nun sind wir schon einen Nachmittag in unserer neuen Kaserne. Heute Morgen um 6 Uhr sind wir in Kremsier angekommen. Unsere Kaserne ist sehr geräumig, sie ist ungefähr so angelegt wie die Rotebühlkaserne in Stuttgart. Also in der Mitte ein großer Hof. Wir bekamen ungeheure Spinde. Die ganze Kaserne wurde, bevor wir sie bezogen haben, erst einmal entwanzt, so hoffen wir, dass wir keinen nächtlichen Besuch bekommen. Kremsier ist ein Städtchen mit circa 20 000 Einwohnern, darunter ziemlich viele Juden. Die Bevölkerung ist uns natürlich nicht besonders wohlgesinnt, aber irgendetwas zu unternehmen hüten sie sich natürlich.

Den Transport habe ich gut überstanden, und es ist mir jetzt wieder ganz gut. Wir hatten ungefähr bis Linz schönes Wetter, dann wurde es aber regnerisch, und so ist es bis jetzt geblieben. Die Strecke von Rosenheim bis Linz war wunderschön. In Wien hatten wir etwas Aufenthalt, konnten aber die Stadt nicht ansehen. Man sieht halt ein großes Häusermeer. Die Donau sah ich auch mit einigen Dampfern darauf, sie ist aber nicht besonders breit. Unser Korporal Kopp, der auf Vorkommando war, hat uns die schönste Stube belegt. Wir haben jetzt 2 Stuben, die ineinandergehen für unsere Gruppe. Ihr seht also, es geht uns sehr erträglich. Was für Dienst wir haben, bin ich natürlich gespannt. Zu kaufen gibt es hier fast alles, und zwar spottbillig. Ein Brötchen kostet 2 Pfennig. Sie sind allerdings ein bisschen kleiner als deutsche. Jedes Stück Torte kostet 10 Pfennig. Kaffee, und zwar Bohnenkaffee, und Kuchen kostet 25 Pfennig. Zurzeit dürfen wir allerdings noch nicht aus der Kaserne.

Ich hoffe, dass es Euch allen gut geht, auch, dass es Beate bes-

ser geht. Ich wäre Dir, lieber Vater, sehr dankbar, wenn Du mir nach einem deutsch-tschechischen Sprachführer sehen könntest. Wir waren alle ganz baff, dass wir es so gut getroffen hatten.
Ich grüße Euch alle herzlich, besonders Dich, liebe Mutti,
Euer Heinz
Meine genaue Anschrift:
Feldpost
über deutsche Dienstpost Böhmen-Mähren
An den Soldaten H. Meyer
3. Komp./Inf. Ers. Batl 238
Kremsier/Mähren
Postleitstelle Prag

So weit war der 18 Jahre alte Heinz noch nie von zu Hause fort gewesen, und er bemühte sich, seiner Familie die Reise anschaulich zu schildern. Die Stadt, in die er gekommen war, hieß bis 1939 und heißt heute Kroměříž. Im März 1939 kam der Ort durch die Gründung des Protektorats Böhmen und Mähren unter deutsche Herrschaft. Die bestehende Kaserne wurde fortan für Infanterieeinheiten der Wehrmacht genutzt. Heinz' Einschätzung, dass es viele Juden gäbe, traf nicht zu. Nur etwa zwei Prozent der damaligen Bevölkerung bekannten sich zum jüdischen Glauben. Vielleicht führte ihn der Anblick der prächtigen Synagoge in die Irre, die 1939 noch im Stadtzentrum stand. 1942 wurde sie auf Befehl der deutschen Besatzer abgerissen. Drei Jahre nach Heinz' Dienstzeit in Mähren wurden fast alle Juden dieser Stadt deportiert. Ein Gedenkstein erinnert heute daran, dass fast 300 Juden aus Kroměříž von den Nazis ermordet wurden.

Kremsier, den 16.XI.1939

Liebe Eltern!

Nun sind wir schon bald eine Woche an unserem neuen Standort. Was wohl die Tschechen am meisten von uns unterscheidet, ist ihr Dreck; das fällt einem fast überall auf. Die Leute in den Geschäften sprechen meist etwas Deutsch. So recht eingelebt habe ich mich eigentlich noch nicht, aber das wird wohl bald kommen. Wir haben jetzt schon um 17 Uhr Befehlsausgabe und

Im Zug nach Kremsier: Heinz wahrscheinlich zweites Fenster von links

erst um 22 Uhr Zapfenstreich. Manchmal gehe ich ins Café, aber das läuft doch zu sehr ins Geld, weil ich da gleich unheimlich esse. Wenn ich als mal genug habe, dann denke ich, wie schön es daheim ist, und dann habe ich wieder eine gute Stimmung.

Mir geht es gut. Wir hatten in unserer Stube kein elektrisches Licht, da haben wir uns ein Stehlämpchen gekauft. Da sitzen wir abends gemütlich um den Tisch herum und schreiben. Beinahe jeder hat eine Flasche Pilsner Bier neben sich, denn komischerweise leiden wir immer an Durst. Heute war es schon ziemlich kalt, Schnee hat es jedoch keinen. Unser Ofen ist manchmal schon zum Glühen gekommen. Darüber hängen meine Socken, die sind jetzt schon 4 Tage nicht getrocknet. Ihr seht also, es geht ziemlich idyllisch zu bei uns. Ich bin nur gespannt, wann ich die erste Post bekomme. Es wäre mir recht, wenn Ihr mir meine Frisierhaube schicken würdet.

Liebe Mutter, Du brauchst Dich nicht zu sorgen, was meine Sicherheit anbetrifft. Wir gehen immer miteinander zu zweit aus,

und da würden es die Tschechen nie wagen, einen anzugreifen. Wenn man zu ihnen freundlich ist, behandeln sie einen höflich und zuvorkommend.
Herzliche Grüße und viele Küsse sendet Euch
Heinz
Gruß an Mitzi.

Johannes Heinrich, genannt Heinz Meyer, wurde am 27. Mai 1921 in Ulm geboren. Er war das zweite von sechs Kindern des Beamten Heinrich Meyer (geboren 1891 in Leutkirch) und seiner Frau Magda Auguste (geboren 1892 in Heilbronn). Die Mutter war mit einer Körperbehinderung auf die Welt gekommen – aufgrund einer Hüftluxation war ein Bein deutlich kürzer als das andere. Eine solche Fehlbildung kann heute wirksam behandelt werden, damals blieb sie ihr lebenslanges Schicksal. Sie musste einen dicken orthopädischen Schuh tragen, konnte nur langsam gehen und litt unter allerhand schmerzhaften Folgeschäden. Sie war stolz, dass sich trotz ihres Hinkens ein Mann in sie verliebt hatte.

Auch die Erstgeborene und Schönste, geboren 1919, hieß Magda. Von den Eltern wurde sie mit dem vielsagenden Kosenamen »die Einzige« gerufen, die fünf Geschwister nannten sie auch »Nanna«. Das blonde Mädchen mit den dicken Zöpfen war so hübsch, dass sie mit 18 Jahren als Maienkönigin auf einem Wagen durch Stuttgart-Degerloch gefahren wurde. Sie war bei den jungen Männern sehr beliebt und zu Kriegsbeginn verlobt mit dem nach Einschätzung meiner Mutter fantastisch aussehenden Günter, der blaue Augen und schwarzes Haar gehabt haben soll.

Auch in späteren Jahren hatte Magda eine ganz besondere Anziehungskraft. Sie war die Lieblingstante von uns Kindern. In meiner Kindheitserinnerung sehe ich sie in ein sanftes Licht getaucht, wie in Sonnenlicht, das durch Karamell scheint. Sie war sehr elegant gekleidet und roch fantastisch. Wir Kinder fassten sie gerne an und liebten es, von ihr umarmt zu werden.

Magdas Jugend-Verlobter Günter war Landwirtschaftsstudent an der Universität Hohenheim und Gebirgsjäger. Der Plan war, dass er nach seiner Ausbildung zum Landwirt im Warthegau, einem vom Deutschen Reich völkerrechtswidrig annektierten Gebiet in Polen,

Magda und Heinrich Senior, Verlobungsfoto 1918

zusammen mit Magda ein Gut übernehmen sollte. Magda absolvierte dafür – wie ihre Schwester Elfriede aus vageren Gründen – ihr Pflichtjahr auf einem Bauernhof. (Dabei handelte es sich um einen für junge Frauen bis 25 Jahren verbindlichen Arbeitseinsatz, bei dem sie Haushaltsführung lernen sollten.) Ursprünglich wollte Günter seine zweijährige Wehrpflicht bei den Gebirgsjägern im Herbst 1939 beenden. Doch weil Krieg war, blieb er bei der Wehrmacht. Er wollte – und musste wohl auch – gegenüber dem Vaterland seine »Pflicht« tun und wurde zunächst Ausbilder in Füssen.

Die Geburten der Kinder Nummer drei, vier, fünf und sechs hatte die Mutter wie unvermeidliche Opfer hingenommen. Sie sagte offen, dass zwei, also Magda und Heinz, ihr genügt hätten. Den Rest titulierte sie mit dem Begriff »Grambelware«, ein vergessenes Wort.

Die Jüngeren gingen zur Zeit, als der Zweite Weltkrieg begann, noch zur Schule. Elfriede (»Elle«, das »Rosenäpfelchen«) war das dritte Kind, geboren 1923. Sie besuchte das Mörike-Gymnasium, genannt evangelisches Töchterinstitut, auf dessen Schwesterschule, das Heidehof-Gymnasium, ich eine Generation später geschickt

Elfriede

wurde. Christa (»Edda«), geboren 1925, und Beate (»Beatle, »Bea«), geboren 1928, waren zu jener Zeit ebenfalls Schülerinnen. Nachzügler Sieghard (»Sigi«, »Siegerle«), geboren 1933 im Jahr von Adolf Hitlers Machtergreifung, war noch nicht eingeschult. Ihre Rollen in der Familie – nach der »Einzigen« und dem »Herzensbub« – waren unterschiedlich: Elfriede war unter den Kindern die Patente, Ideenreiche, Christa die Gutherzige, Verträumte, Beate die Exzentrische, Willensstarke – und Siegerle war zu jener Zeit wohl einfach nur süß, ein Fan seines Bruders und Anbeter seiner Schwestern.

Weil die Mutter körperlich nicht belastbar war, gehörte zum Haushalt ein »Mädchen«, eine Hilfe, die immer wieder wechselte. Stets stammten die »Mädchen« aus Familien, die dem Vater aus frommen evangelischen Kreisen bekannt waren. 1939 war es Mitzi.

Bruder Heinz war der Liebling aller, ein kluger, lustiger und seelenvoller junger Mann, entgegen der allgemeinen Familien-Physis groß gewachsen und sportlich. Sein helles, welliges Haar, das er von seiner Mutter geerbt hatte, bändigte er mit einer Frisierhaube, die er nachts trug.

Kremsier, den 20.XI.1939

Liebe Eltern!

Herzlichen Dank für Eure lieben Briefe, die beide miteinander eintrafen. Ich habe sehnlichst auf den ersten Gruß von daheim gewartet.

Am Sonntag war ich im Kino, da wurde ein deutscher Film gegeben, *Mit versiegelter Order*. Der Balkonplatz kostete 5 Kronen 20, das sind 52 Pfennig. Zuvor war ich mit einem Kameraden im Kawana (Kaffeehaus). Dort aß ich mich für 90 Pfennig satt an süßen Sachen. So kann man billig leben, obwohl man dafür auch wieder mehr isst. Du schreibst in Deinem Brief, liebe Mutti, was Du mir schicken könntest. Ich könnte sehr nötig ein paar Marschriemen gebrauchen.[1] Die kauft man am besten in einem

1 Mit Marschriemen wird verhindert, dass der Stiefel am Fuß scheuert und man sich Blasen läuft. Besonders notwendig bei den Knobelbechern, den deutschen Wehrmachtsstiefeln.

Magda, Sieghard, Christa, Heinz, Beate, Elfriede (von links) am Waldenbucherplatz

Schuhgeschäft, das Rohrstiefel führt. Wenn Du mir als mal ein Päckchen schicken willst, freut mich das sehr, Du kannst etwas Obst reintun und etwas Zigaretten, denn das hiesige Kraut kann man nicht rauchen. Weißt Du, wenn Du mir auch etwas schickst, was ich hier kaufen könnte, so ist das von daheim, und das ist das Schöne. Liebe Mutti, das liebe Briefchen in der Essschachtel ist mir in Zuffenhausen mitten im Packen in die Hände geraten, da war es mir nochmals ein lieber Abschiedsgruß von daheim, denn es zeigte mir, wie Ihr immer an mich denkt und im Geiste bei mir seid. Und das ist ein wunderbares Gefühl.

Die letzte Woche machten wir einen 30-km-Marsch in die Umgebung. Da sahen wir allerhand. Die Landschaft ist dort sehr anmutig. Sie ist sehr hügelig, ähnlich wie auf der Schwäbischen Alb, in den Dörfern findet man noch strohgedeckte Häuser. Dann sind die Leute teilweise ganz ostisch angezogen mit Fellmützen und Überhängen. Die Frauen haben die Kinder in einem Tuch auf den Rücken gebunden. Wir haben in so einem Dorf einen einzigen alten Deutschen getroffen, der allein unter den Tschechen wohnt. Die meisten jungen Mädchen ergriffen die Flucht, wenn sie uns sahen; die Bevölkerung ist da sehr scheu. Die Straßen sind alle ungepflastert, also fehlt es nicht an Dreck. Aber nun für heute genug. Besondere Grüße und Küsse für Sigi für seinen Kartengruß.

Herzlich grüßt Euch und alle Geschwister
Euer Heinz

Kremsier, den 23.XI.1939

Liebe Magda!

Heute Abend habe ich Deinen Brief erhalten. Schon den ganzen Tag hoffte ich, dass ich abends Post bekäme, so freue ich mich heute doppelt. Weißt Du, Du solltest sehen, wie jeder auf Post wartet, denn das ist bald die einzige Abwechslung, die wir hier haben.

Liebe Magda! Du kannst Dir denken, dass wir ebenso in einer Spannung lebten wie Ihr, wann es jetzt fortging. Plötzlich hieß es eines Tages, es war am 6. November, ab 12 Uhr darf niemand mehr die Kaserne verlassen, und es darf auch nicht mehr telefoniert werden. Deshalb konnte ich damals auch Mutti nicht mehr anrufen, wie es mir gehe.

Am ersten Samstag schon bekamen wir Ausgang. Ich ging mit einigen Freunden in ein Kaffeehaus, und da aß ich so viel Kuchen und Torte, wie ich nur hinunterbrachte, dazu 2 Kaffee. Nachher machte die ganze Rechnung nur 1,25 RM, das ist doch sehr billig. Schokolade können wir immer eine Tafel kaufen. Es ist eben so, dass sich die Leute nicht auskaufen lassen. Es besteht da ein Gesetz, dass die Ladeninhaber im Jahre 1939 nicht mehr verkaufen dürfen wie im Jahr 1937, deshalb sind die Kaufleute vorsichtig, dass sie nachher auch noch was zu verkaufen haben. Für Seifen braucht man eigentlich Karten, wir bekommen sie aber in manchen Läden auch so. Man muss immer höflich und schneidig auftreten, dann geht es am besten. Erst hab ich mir auch ein Kilo Birnen gekauft zu 50 Pfennig. Am letzten Sonntagvormittag habe ich gewaschen. Es ist ganz gut gegangen, mein Drillich wurde schön weiß, ich war direkt erstaunt.

Du schreibst, bei Euch sei es jetzt richtig herbstlich, das ist bei uns allerdings auch der Fall. Seit ein paar Tagen weht ein eisiger Wind, und heute Nacht ist alles zusammengefroren; Schnee hat es jedoch keinen. Wir litten alle an kalten Füßen, da habe ich die gewirkten Socken von Großvater[2] angezogen, da hatte ich warme Füße. In unserer Stube ist es herrlich warm, wir haben einen guten Ofen. Wie es eigentlich mit der politischen Lage aussieht, davon wissen wir hier fast nichts. Wir hörten, dass die Attentäter von München geschnappt seien und dass sich zwei Engländer darunter befänden. Das konnte man sich natürlich denken. Wir denken eher, dass es erst im Frühjahr losgeht, denn diese Witterung ist sehr ungünstig. Ich habe gestern Günter geschrieben, allerdings noch nach Sonthofen. Auch unsere Unteroffiziere und Gefreiten, die von der Front kamen, haben erzählt, wie fad es an der Westfront sei. Es ist eben ein Warten, und das ist immer nervenaufreibend. Aber wir leben jetzt in einer Zeit, die unseren ganzen Idealismus verlangt. Liebe Magda, es würde mich sehr freuen, wenn Du mir als eine Zeitschrift schicken würdest, denn

---

2 Heinz' Großvater Johann Jakob Meyer, mein Urgroßvater, war von Beruf Strumpfwirker.

da kommt ja immer das Neueste in Bildern, so könnte ich auch manches erfahren. Schreibt mir auch fleißig.
Es grüßt Euch alle herzlich
Heinz

Das Attentat von München, das Heinz erwähnte, wurde nicht von Engländern verübt, sondern von einem deutschen Einzeltäter: Am 8. November 1939 versuchte der württembergische Kunstschreiner Georg Elser mithilfe einer Zeitbombe im Münchner Bürgerbräukeller Adolf Hitler und andere führende Nationalsozialisten in die Luft zu sprengen. Er scheiterte nur knapp, weil Hitler und sein Führungsstab früher aufbrachen als geplant. Elser wollte durch die Beseitigung der NS-Führung den Weltkrieg stoppen, den er schon früh kommen sah.

Kremsier, den 24. Nov. 1939

Liebe Mutter!

Wir hatten heute Morgen von 7 bis ½ 3 Uhr einen 30 km Reisemarsch, dazwischen mit kleineren Gefechten. Du kannst Dir denken, dass wir alle sehr genug hatten, und so freute ich mich heute doppelt, dass Post von daheim kam; ich danke Dir herzlich dafür. Von der Landschaft sahen wir wieder viel Schönes. Wenn man in Kremsier ist, würde man nie glauben, dass 15 Kilometer weg ein Hügelland ist, mit anmutig liegenden Dörfern und Wäldern. Wie wir ausmarschierten, zogen die Bauern zum Markt nach Kremsier. Bauersfrauen hatten Gretten[3] auf dem Rücken, da schnatterten Gänse heraus, andere trugen Hennen auf dem Arm, so war es ein bewegtes Bild, an dem wir unseren Spaß hatten.

Nun will ich Dir aber einige Fragen aus Deinem lieben langen Brief beantworten. Wie ich ihn herausnahm, sah ich zuerst nach, wie groß er war, da freute ich mich schon, dass ich so lange zu lesen hatte. Unsere Verpflegung ist ordentlich. Brot gibt es immer genügend, sodass man sich im Notfalle etwas dazu kaufen kann. Allerdings bin ich beim Kommiss[4] zum Vielfraß geworden. Der

3 Schwäbisch für Körbe
4 Militär

Dienst ist eher strenger wie in Zuffenhausen, doch macht mir das keine Schwierigkeiten. Wenn man sein Sach in Ordnung hält, braucht man nicht aufzufallen. Mit meiner Löhnung komme ich gut aus, ich habe ja auch noch 20 RM[5] Rücklage, sodass ich in einem Ausnahmefall gedeckt bin. Wenn Du denkst, dass man Gesälz schicken kann, wäre mir das sehr lieb. Recht wäre mir auch, wenn Ihr mir ein Stück Klorolle schicken würdet.

Eine evangelische Kirche gibt es meines Wissens hier nicht. Für heute muss ich schließen, weil es ¾ 10 Uhr ist.
Es grüßt Dich und die Lieben alle herzlich
Dein Heinzebub
Gruß an Mitzi.

Kremsier, den 30. Nov. 1939

Liebe Elfriede!

Gestern habe ich das Fresspaketchen glücklich erhalten. Gestern Mittag haben wir einen Ausflug nach Zlin gemacht. Dort befinden sich die riesigen Bata-Werke. Dieser Bata[6] stellt alles her und hat unheimlich Geld. Er hat in Zlin einen ganzen Stadtteil gebaut nach amerikanischem Muster. Da stehen Hochhäuser mit 16 Stockwerken, dann hat es riesige Fabrikgebäude, ein herrlich ausgestattetes Museum, ein riesiges Warenhaus und ein Riesenhotel. In dem Warenhaus gab es überhaupt alles, da konnte man einkaufen für billiges Geld. Kaffee kostet dort 5 Pfennig. Eine Tafel herrlicher Schokolade 25 Pfennig. Ich aß so eine Tafel innerhalb weniger Minuten glatt auf. In dem Hotel wurden wir dann bewirtet auf Kosten der Kompanie. Das war ein schöner Nachmittag.

Heute früh waren wir beim Duschen im hiesigen Stadtbad, das war herrlich nach beinahe vierwöchiger Pause.

Ich kann mir denken, dass Du viel arbeiten musst, und wie mir

5 Reichsmark

6 Stark expandierende Schuhfabrik seit 1894 mit maschineller Schuhproduktion, wo nach der deutschen Besetzung Zwangsarbeiter eingesetzt wurden. Heute ein weltweit agierendes Unternehmen.

Hansjörg[7] geschrieben hat, geht es in der Schule beinahe strenger zu wie früher. Ich wünsche zum Zeugnis alles Gute. Wie es mit der politischen Lage aussieht, weiß man ja nicht. Wir sind sehr gespannt, wie das nun weitergeht.

Ihr werdet schon langsam mit den Weihnachtsvorbereitungen beginnen, denn am Sonntag ist ja der erste Advent. Hoffentlich kann ich dann bei Euch sein, das wäre prima.

Herzlich grüßt Dich
Dein Bruderherz Heinz

Kremsier, den 3. Dezember 1939

Liebe Mutter!

Du kannst Dir denken, wie ich mich freute, als ich an einem Abend 3 Paketchen bekam und alle von daheim. Ihr habt mir wirklich eine große Freude gemacht mit dem Adventskränzchen, heute Abend zünde ich die Kerzchen an und denke an Euch, wie Ihr wohl im Wohnzimmer sitzt, die liebe Mutti am Klavier, und Ihr schöne Lieder singt. Dann kannst Du Dir vorstellen, mit welchem Genuss ich den Marmorkuchen angeschnitten habe. Elfriede hat den Adventskranz wirklich fabelhaft gemacht, ich danke ihr besonders. Es ist eigentlich schade, dass das Wetter hier nicht winterlich ist, sondern dass es regnet, aber dafür ist es dann nicht kalt.

Liebe Mutti! Mir geht es genauso wie Dir, wenn ich Eure Brieflein lese: dass sie zu schnell gelesen sind. Aber das lässt sich leider nicht ändern. Meine schmutzige Wäsche habe ich noch nicht waschen lassen, ich habe jetzt noch eine Garnitur frisch. Socken habe ich noch viele gar nicht angehabt, ich bin also gut versehen. Socken schicken geht nicht, ich wasche sie selber und flicke sie, das geht schon. Wenn ich Urlaub bekomme, sind es wohl 10 Tage, bekannt gegeben ist noch nichts. Du hast in Deinem Brief natürlich schön geschrieben, wie wir uns im Geiste die Hände reichen.

Jetzt habe ich gerade den Adventskranz angezündet um ½ 9, und nun will ich weiterschreiben. Wir wollen hoffen, dass über

---

7 Hansjörg Hau musste offenbar später einrücken als Heinz. Am 9. Dezember schrieb Heinz aber, dieser sei nun auch beim Kommiss.

Weihnachten nicht viel gekämpft wird, dass doch alle Weihnachten fröhlich verleben können.

Hoffentlich wird das mit Beate endlich besser, dass sie wieder in die Schule kann.

Herzliche Grüße sendet Dir und den Lieben alle
Dein Heinzebub

Die stets kränkliche Beate wurde 92 Jahre alt. Die Wut, die sie mit sich herumtrug, richtete sie nach dem Krieg gegen die beiden einzigen Geschwister, die Kinder bekommen hatten, also Magda und Elfriede. Im Alter verschanzte sie sich im Elternhaus in Degerloch, das durch ihre ausgeklügelten Manipulationen in ihren alleinigen Besitz gekommen war, und lehnte jeden Kontakt mit der Familie ab.

Beate hatte ein langes Jurastudium hinter sich. Sie konnte es zwar aufgrund von Prüfungsangst nicht abschließen, ihre Kenntnisse reichten allerdings aus, um im Jahr 1968 das Haus am Waldenbucher Platz in Stuttgart-Degerloch ihren Eltern durch sogenannten »Kindskauf« für einen Bruchteil seines Wertes abzukaufen. Magda und Elfriede verzichteten auf ein Gerichtsverfahren. Sie rätselten bis an ihr Ende darüber, warum sich die Eltern auf diese faktische Enterbung der anderen Kinder eingelassen hatten. Der Satz, mit dem sie ihre Diskussionen darüber beendeten, blieb immer gleich: »Hätte Heinz noch gelebt, wäre das nicht passiert.«

Im ersten Absatz von Beates Testament hieß es: »Meine Familie und ihre Nachkommen schließe ich vom Erbe aus.«

Erbe war eine gemeinnützige Stiftung. Trotzdem schaffte ich es mit einer Zielstrebigkeit, die mich im Nachhinein selbst verblüfft, den Testamentsvollstrecker dazu zu bringen, dass er mich und meinen Cousin das Haus am Waldenbucher Platz vor seinem Verkauf noch einmal betreten ließ. Scharf beobachtet vom Testamentsvollstrecker durften wir Dinge ohne materiellen Wert wie Fotoalben und Familienpapiere an uns nehmen. Die Familienbibel mit der eingehefteten Heiratsurkunde unserer Großeltern, in der unser Großvater handschriftlich die Geburten der sechs Kinder vermerkt hatte, überließ er uns nach kurzer Verhandlung auch – eigentlich hatte er erst prüfen wollen, ob sie vielleicht antiquarischen Wert habe.

In Beates aufgeräumtem Schreibtisch fanden wir unter anderem zwei Schachteln, in denen 281 Briefe meines Onkels an Eltern und Geschwister lagen. Wir hatten die Hoffnung auf ein paar wenige Relikte gehabt, aber keine Ahnung, dass es diese ganzen Briefe noch gab. Als ich sie entdeckte, hörte ich mich zu meinem eigenen Erstaunen sagen: »Ach, da sind sie ja!«

Für mich fühlte es sich sogar noch eher so an, als sagten die Briefe zu mir: »Ach, da ist sie ja!«

Ich durfte sie mitnehmen.

Den Entrümpler hatte der Testamentsvollstrecker schon bestellt.

Kremsier, den 3. Dez. 1939

Liebe Elfriede!

Am Donnerstagnachmittag kam unterm Waffenreinigen plötzlich ein Unteroffizier auf unsere Stube und sagte zu mir und noch 5 Mann, sofort fertig machen, es kam gerade ein Befehl, dass wir eine Schießbahn bewachen müssen. Ich hatte an dem Abend ins Kino gewollt, so ärgerte ich mich etwas. Wir machten uns fertig, da wurde noch Post ausgeteilt, und Dein Brief kam. Da ich keine Zeit hatte, ihn noch zu lesen, schob ich ihn in die Tasche. Wir marschierten nun in die Nacht hinaus und langten so nach einer Dreiviertelstunde an der Schießbahn, die im Wald lag, an. Dort war ein kleines Haus mit dem Wachlokal. Wir suchten Holz und machten uns ein Feuer. Bei Kerzenschein zog ich nun Deinen Brief aus der Tasche und las ihn. Du siehst also, unter sehr romantischen Umständen. Wir mussten dort alle 4 Stunden 2 Stunden lang eine Wache machen, immer zu zweit. In der anderen Zeit konnte man auf einer Holzpritsche schlafen. Doch wir binokelten[8] und lasen bei Kerzenschein als einmal wieder, denn man kann da nicht richtig schlafen. Wie wir so zu zweit in dem Walde bei Sternenhimmel Posten standen, da fiel mir das Lied ein: *Argonnerwald…* Da ist es sehr schön, von der Heimat zu träumen, und von Euch allen. Wir hörten als mal ein Rehlein schreien, das war wirklich so nach meinem Geschmack. Morgens um 7 Uhr kamen schlesische Arbeiter, arme Teufel in zerlumpten Kleidern. Einer sagte zu mir in gebrochenem Deutsch »Stie-

8 Süddeutsches Kartenspiel

fel tauschen«. Da zeigte er mir seinen Schuh, an dem hatte er die Sohle mit einem Strick festgebunden, dabei versank man bis über die Knöchel in Dreck und Wasser. Wie wir wieder heimkamen, ging es zum Duschen. Du kannst Dir ja denken, wie herrlich das war. Heute Morgen wurde für die Soldaten ein Film gegeben, *Der Hund von Baskerville*, das war pfundig.
Es grüßt Dich nun herzlich
Dein treuer Bruder Heinz

Kremsier, den 6. Dezember 1939

Nanna, mein liebes Schwesterherz!

Habe vor einigen Tagen die Illustrierten bekommen. Herzlichen Dank, denk nur, ich konnte sie noch nicht einmal ansehen. Wir müssen wirklich jeden Tag die Kleider waschen und dann fast immer Schuhe richten, Koppelzeug in Ordnung halten und was wir halt haben. Gestern habe ich auf unserem Ofen ein Hemd, eine Unterhose und ein Unterleibchen gekocht. Soeben pfeift der U. v. D,[9] »fertig machen zum Antreten«. Jetzt muss ich leider schließen, sonst kommt der Brief heute nicht mehr weg.
Sei also herzlich gegrüßt
von Heinz

Ich staunte fast ungläubig, wie frisch diese Briefe aussahen, obwohl die ältesten vor mehr als 80 Jahren geschrieben waren. Meistens war das Papier glatt, die Tinte blau, die Schrift sorgfältig und klar. Sie wirkten, als wären sie seit dem Tod des Verfassers im Februar 1945 von niemandem mehr angesehen worden und hätten keinen Lichtstrahl mehr abbekommen.

Die Geschichten von geöffneten Sarkophagen fielen mir ein, in denen man den jungen Körper eines Verstorbenen in voller Schönheit ein letztes Mal sehen kann, aber nur wenige Sekunden lang, bevor er zu Staub zerfällt. Ich erschrak und schloss die Schachteln schnell wieder.

9 Unteroffizier vom Dienst, sorgt für die geregelten Abläufe im Innendienst außerhalb der allgemeinen Dienstzeiten

Das Gefühl des Gehetztseins, das sich daraus ergab, verließ mich nicht mehr. Es ließ auch später in meinem Arbeitszimmer in Bad Homburg nicht nach, als ich immer besser lernte, die altdeutsche Sütterlinschrift zu entziffern, in der die Briefe geschrieben waren. Es verstärkte sich sogar. Nun schien es mir aus unerfindlichen Gründen, als wäre es mir nur für einen kurzen Moment vergönnt, den Inhalt der Briefe aufschlüsseln zu können, und sogleich würde er wieder in der Unleserlichkeit versinken. Ich hetzte von Buchstabe zu Buchstabe, von Wort zu Wort, von Zeile zu Zeile, von Absatz zu Absatz. In Phasen kritischer Kriegshandlung hatte Heinz oft nur schlechtes, bräunlich graues Papier zur Verfügung, er schrieb nicht mehr mit Tinte, sondern mit Bleistift, die Schrift wurde undeutlich, wie in höchster Eile hingeworfen, und ich musste das Papier schräg unter helles Licht halten, um die Linien zu erkennen. Manchmal erschienen mir Wörter, die ich nicht gleich entziffern konnte, nachts in meinen Träumen. Leider nicht, wie erhofft, mit der Lösung.

In meinen Zwischenrufen und Erläuterungen habe ich versucht, ein Bild von der Familie meiner Mutter zu zeichnen, die Berichte mit dem Verlauf des Krieges zu verbinden und meine eigene Wahrnehmung zu beschreiben – sofern mir das möglich war.

Kaum hatte ich zu lesen begonnen, fing ich auch schon an, dem Reflex der Journalistin folgend, nach weiteren Quellen, Belegen und Hintergrundinformationen zu suchen. Ich aktivierte alles, was mir zur Verfügung stand. Ich nahm mir weitere bei Beate aufgefundene Papiere vor, darunter auch einige Briefe meiner Großmutter, die ich erst nach und nach entziffern konnte. Einige wenige waren an Heinz gerichtet. Ein paar weitere an ihren Mann. Stück für Stück kehrte meine Erinnerung an die allgemeine Familienerzählung wieder, die sich nicht auf klare Quellen zurückverfolgen lässt. Dazu gehören auch die religiösen Überzeugungen meiner Großeltern. Ich erinnerte mich an Erzählungen meiner Mutter, die ich bisher nicht ganz verstanden hatte und deren Zeitbezug mir nie wirklich klar geworden war. Ich holte die Aufzeichnungen hervor, die sie im Jahr 2007, fünf Jahre vor ihrem Tod, für mich in ihren Computer getippt hatte. Welch ein Glück, dass ich sie darum gebeten und sie mir den Wunsch erfüllt hatte! Der Nationalsozialismus und der Zweite Weltkrieg sind zum Glück umfassend beschrieben. Plötzlich schienen sich die zum Thema passenden Dokumentationen im Fernsehen vervielfacht zu haben, und ich schaute mit neuem Interesse hin. Ich griff nach allen erreichbaren Fach- und Schulbüchern. Ich las serienweise Artikel aus dem Archiv der *FAZ*. Und natürlich surfte ich durchs Internet. Außerdem führte ich Gespräche mit einem Bundeswehrsoldaten mit Kampferfahrung und begab mich damit auf ein völlig unbekanntes Terrain.

Vor allem aber fing ich an, jeden erreichbaren Altersgenossen nach allem zu fragen, was er über die Kriegserlebnisse seiner Eltern weiß. Die Geschichten, die ich erfuhr, sind herzzerreißend. Aber kaum jemand konnte sie im Zusammenhang wiedergeben.

Die Überlebenden der Höllenjahre haben uns nur Bruchstücke ihrer persönlichen Geschichten erzählt. Sie wollten nach vorne schauen. Und sie haben uns ohnehin nicht zugetraut, dass wir sie verstehen. Nun lebt kaum noch einer von ihnen. Wir hätten ihnen mehr Fragen stellen müssen. Und vor allem bessere Fragen.

Kremsier, den 9. Dez. 1939

Liebe Mutti!

Diese Woche war sehr bewegt. Von Montag bis Mittwoch waren wir immer im Gelände und kamen drecküberzogen heim. Abends musste dann immer alles gerichtet werden, und dann war ich immer so müde, dass ich keine Lust mehr zum Schreiben hatte, ich schlief am Tisch beinahe ein. Am Donnerstagmorgen mussten wir um ¾ 3 Uhr aufstehen, dann ging es in die Nacht hinaus. Ich marschierte mit zwei Leuten, »vorne draus«. Das war ganz gemütlich. Um 5:30 Uhr ungefähr machten wir eine Pause und warteten, bis es dämmrig wurde. Da saß ich mit einigen Kameraden in einem Reisighaufen. Auf meinem Gewehr hatte ich meine Lampe hängen, das sah ganz weihnachtlich aus, da sangen wir *Stille Nacht*. So ist es oft sehr romantisch bei uns. In der Dämmerung machten wir dann einen Angriff auf einen Wald, in dem ein Zug von uns den Feind darstellte. Um 11 Uhr mittags kamen wir dann wieder in die Kaserne. Gestern hatten wir Bekleidungsappell, da musste viel gewaschen werden; jetzt ist es glücklich Samstagnachmittag, und wir haben frei.

Du siehst also, wir haben es ziemlich streng, aber ich bin Gott sei Dank gesund und frisch und kann den Dienst gut mitmachen. Ich freue mich, bis mir Hansjörg Hau das erste Mal vom Kommiss aus schreibt. Es wird Dir auch eine Beruhigung sein, dass jetzt mehrere von meiner Klasse weg sind, in die Schule werde ich wohl nicht mehr richtig reingelassen. Schick bitte keine Weihnachtspaketchen vorerst ab, ich hoffe, dass ich heimkomme, wenn nicht an Weihnachten, so doch an Neujahr. Ob ich Kaffee und Tee bekommen kann, weiß ich noch nicht. Du darfst nicht denken, dass ich vielleicht den Kopf hängen lasse, weil es hier langweilig ist. Nein, unsere Stimmung ist gut, und wir machen es uns so gemütlich wie möglich. Man hat nur keine geistige Bewegung, und da verdummt man etwas; weil man wieder zum Lesen oft zu müde ist. Am Westwall ist es aber noch viel langweiliger als bei uns. Morgen früh ist ein Konzert, wo 40 Mann von uns hingehen, da freu ich mich sehr.

Es grüßt Dich nun herzlich
und Vater und Geschwister ebenfalls
Dein Heinzebub

Kremsier, den 12. Dezember 1939

Liebe Magda!

Mir geht es gut, besonders heute! Für heute Mittag war eine Nachtübung mit 30 Kilometer Marsch angesetzt; um 14 Uhr wäre Abmarsch gewesen; plötzlich um 13 Uhr hieß es, der Marsch fällt aus. Da haben wir uns schwer gefreut. Ich glaube nicht, dass es bei uns kälter ist als bei Euch. Kremsier liegt nur etwas über 100 Meter hoch,[10] deshalb schneit es nicht so gleich. Wir haben also noch keinen Schnee. Wir können froh sein, dass es jetzt über Weihnachten so ruhig ist, sonst könnten wir Soldaten alle nicht in Urlaub kommen, und das wäre ein schwerer Schlag.

Für Frau Augustin freut es mich, dass ihr Mann noch in der Tschechei bleibt. Von ihr kam ein Päckchen mit 24 Manoli zu 5 Pfennig.

Ich hoffe nun auf ein baldiges Wiedersehen
und grüße Dich herzlich
Dein Heinz

10 Über die Seehöhe täuscht sich Heinz, aber auch 200 Meter sind nicht hoch.

Hildegard Augustin, die Stifterin der Manoli-Zigaretten, war eine Nachbarin der Meyers. Hansjörg Hau ein Klassenkamerad. Hansjörg, Heinz und ein weiterer Klassenkamerad hatten das »Notabitur« erhalten, eine Reifeprüfung unter erleichterten Bedingungen, um sofort für den Kriegsdienst zur Verfügung zu stehen.

Aus Elfriedes Erinnerung:

»Heinz ging aufs Karlsgymnasium. Er kam 1939 in die Abiturklasse und wurde im Juni gemustert, wie das damals üblich war. Sein bestes Fach war Mathematik, er wollte Maschinenbau studieren.«

Drei aus seiner Klasse, er und zwei Mitschüler, wurden schon am 27. August 1939 eingezogen zur Infanterie. Sein Klassenkamerad und bester Freund Jörg Spindler blieb vorerst noch auf der Schule und machte 1940 sein reguläres Abitur.

Elfriede schrieb weiter:

»Kurz vor Kriegsbeginn war Frau Augustin rüber zu Mutti gekommen, um ihr zu erzählen, dass ihr Mann eingezogen worden war. Gemeinsam weinten sie. Heinz sagte lachend zu Mutti: ›Sei froh, dass ich nicht ein Jahr älter bin, sonst wäre ich auch schon beim Militär.‹ Den beiden Frauen gefror das Blut in den Adern. Und wirklich: Heinz hatte zu früh gelacht. Wenige Tage später war er es.«

Ob das, was meine Mutter aufschrieb, alles so stimmen kann? Gerade die Geschichten, die man von Kindesbeinen an immer wieder hört, verdienen es, hinterfragt zu werden. Ist da aus unzähligen Wiederholungen vermeintliche Wahrheit entstanden?

Als ich im *Lexikon der Wehrmacht* auf die Information stieß, dass der Jahrgang 1921, dem Heinz angehörte, erst »ab Februar 1942 voll einberufen« war, verblüffte mich das erst einmal. Heinz und seine beiden Klassenkameraden waren also extrem früh dran. Was mir immer wie empörende Willkür dargestellt wurde, könnte auch einen anderen Hintergrund haben. Die Frage drängt sich auf: Hatte Heinz sich freiwillig zum Militär gemeldet?

Dagegen sprechen erst einmal die schlichten Daten: Heinz wurde eingezogen, bevor der Krieg überhaupt begonnen hatte. Erster Tag der Mobilmachung war der 26. August. Der Überfall auf Polen fand einige Tage später statt.

Aus keiner der Quellen, die aus meiner Familie kommen, geht auch nur eine Andeutung auf einen solchen Entschluss hervor. Eine freiwillige Meldung wird auch von Heinz in keinem seiner Briefe erwähnt –

dabei hätte er ja, zumindest während des triumphalen Beginns der deutschen Eroberungen, stolz darauf sein müssen. Als Gymnasiast hatte er ganz andere Pläne: Er wollte Abitur machen und studieren. Ich kann mir auch nicht vorstellen, dass es ihn aus dem warmen Familiennest wegzog. Wie sich zeigen wird, litt er furchtbar unter Heimweh. Und schließlich hätte seine Familie solch einen Entschluss nicht kommentarlos hingenommen. Meine Großmutter hatte große Angst um ihren Herzensbub, erst recht, als er schließlich an die Ostfront geschickt wurde. Doch weder in ihren Briefen noch in den seltenen Eintragungen in ihrem Tagebuch ist ein Wort dazu zu finden.

Und auch im vergilbten Durchschlag von leider nicht weiter gekennzeichneten Gedenkworten, die ich in Beates Dokumenten fand und die sehr nach evangelischem Pfarrer klingen, heißt es nur: »Von der Schulbank weg wurde er aus seinem Jahrgang heraus vorzeitig eingezogen.« Viele Indizien widersprechen also der formalen Angabe. Zumal er am 20. Februar 1940 schrieb, es seien bereits 18 seiner Mitschüler beim Kommiss – von 27.

Davon einmal abgesehen: Auch die sogenannte »Freiwilligkeit« in diesem Zusammenhang hatte viele Facetten. Die Gründe dafür waren vielfältig, mancher verpflichtete sich etwa auf Druck seines Umfelds, möglicherweise in der Hitlerjugend. Dort brachte Heinz es zum Scharführer. Allerdings, so zumindest schrieb Elfriede später, habe er sich aus Frust zum Spielmannszug versetzen lassen, weil »Ehrgeizlinge und Besserwisser« sich zunehmend »vorgedrängt« hätten.

Warum also wurde Heinz schon mit 18 Jahren eingezogen? An diesem Punkt stößt die Wahrheitsfindung an ihre Grenzen. Was wir aber wissen: Ein glühender Nazi war Heinz nicht, eher ein Mensch, der sich einfügte. Durch die Ausbildung bei der Hitlerjugend und durch die starke religiöse Prägung wurde ihm die Fähigkeit zur Unterordnung unter höhere Systeme systematisch eingeimpft.

Die große Kriegsbegeisterung in der Bevölkerung, wie sie im ersten Weltkrieg noch ganze Schulklassen geschlossen zum freiwilligen Militärdienst verleitet hatte, kam dieses Mal ohnehin nicht auf. Die katastrophalen Erfahrungen von damals lagen zu kurz zurück, viele der Kriegsversehrten lebten noch. Elfriede schrieb weiter: »Als der deutsche Überfall auf Polen in der Nacht zum 1. September 1939 bekannt wurde, herrschten überall Angst und Bedrückung. Frau Augustin stammte aus Danzig.«

Frau Augustins Heimatstadt stand im Mittelpunkt des deutschen Überfalls auf Polen. Die Stadt, zwischen den damals deutschen Reichsgebieten Pommern und Ostpreußen gelegen, hatte nach dem Ersten Weltkrieg den Status einer »Freien Stadt« unter dem Schutz des Völkerbunds erhalten. Sie war also gewissermaßen ihr eigener Staat. Außerdem war Polen ein »Korridor«, ein Zugang zur Ostsee, zugebilligt worden, dieses Terrain zerschnitt also das Deutsche Reich. Die Lage und der Status Danzigs waren den Nazis ein Dorn im Auge. Nun zündeten sie von dort aus die Welt an.

Schon am 24. August 1939 war in Swinemünde das deutsche Kriegsschiff *Schleswig-Holstein* mit Kurs auf den Hafen von Danzig gestartet. Angeblich zu einem »Freundschaftsbesuch«. In Wahrheit hatte das Schiff unterwegs 225 Marineinfanteristen an Bord genommen. Auch propagandistisch hatten die Nazis den Angriff auf ihre abgefeimte Weise vorbereitet. SS-Männer fingierten am Abend des 31. August einen Angriff auf die Rundfunkstation Gleiwitz in Schlesien. Sie ließen getötete KZ-Häftlinge zurück, die sie in polnische Uniformen gesteckt hatten, um eine falsche Spur zu legen.

Um 4:45 Uhr in der Nacht zum 1. September begann die *Schleswig-Holstein,* das auf einer Halbinsel direkt bei Danzig gelegene polnische Munitionsdepot »Westerplatte« zu beschießen. Die Marineinfanteristen verließen das Schiff mit dem Auftrag, die Westerplatte zu erstürmen. In der Stadt hatte sich Albert Forster, Danzigs Gauleiter, zum Staatsoberhaupt erklärt und verfügte völkerrechtswidrig den Anschluss an das Deutsche Reich.

Die 218 polnischen Soldaten, die auf dem Munitionsdepot stationiert waren, verteidigten es mit äußerster Tapferkeit. Trotz der Angriffe von Sturzkampfbombern und weiterem Granatenbeschusses von der *Schleswig-Holstein* hielten sie sieben Tage lang durch, bevor sie kapitulieren mussten. In einer Radioansprache am Vormittag des 1. September 1939, die auch Magda Meyer und Frau Augustin gehört haben dürften, verdrehte Adolf Hitler das von ihm inszenierte Geschehen endgültig ins Gegenteil: polnische Truppen hätten das Deutsche Reich angegriffen. Er brüllte, wobei er sich um eine Stunde vertat: »Seit 5:45 Uhr wird jetzt zurückgeschossen!«

Das Volk glaubte ihm, eine andere Version kannte es nicht.

Kremsier, den 14. Dezember 1939

Liebe Mutter!

Nun eine große Neuigkeit. Meine Kompanie wird versetzt, und zwar wieder ins Altreich. Es gehen Gerüchte um, auf einen Truppenübungsplatz in der Nähe von Fulda. Wir sind sehr froh, dass wir aus Kremsier herauskommen und mal wieder etwas Neues sehen. Ich werde also voraussichtlich wieder näher der Heimat kommen. Das ist auch für den Urlaub ein großer Vorteil, denn dann geht nicht so viel Zeit für die Fahrt ab.

Gesundheitlich geht es mir gut, hoffentlich Euch auch. Ich weiß schon meine neue Adresse:

Soldat Heinz Meyer
Feldpostnummer 36025[11]
Sammelstelle 91727

Wir fahren Ende dieser Woche noch; schreibt also nicht mehr nach Kremsier.

Für heute grüßt Dich herzlich
Heinz
Viele Grüße an Siegerle

11 Die Feldpostnummer verrät: Heinz wechselte zur 5. Kompanie des Infanterieregiments 58. Feldpostnummern dienten als Postleitzahlen der Soldaten – damit konnten ihre Standorte verborgen bleiben.

Wahrscheinlich Fulda

Den 18. Dezember 1939

Liebe Eltern!

Heute früh um ½ 4 Uhr kamen wir glücklich an unserem Bestimmungsort an. Wir hatten gestern, am Sonntag, eine herrliche Fahrt durch die Böhmische und Sächsische Schweiz. Wir sind dort angekommen, wo wir vermutet hatten. Unsere Fahrt ging über Olmütz–Dresden–Leipzig–Erfurt und so weiter. Wir sind zurzeit in einem katholischen Gesellenhaus untergebracht in einem großen Saal. Es geht natürlich hier ziemlich eng her. Hier hat es etwas Schnee, es ist aber nicht besonders kalt.

Auf unserer Fahrt durch die Böhmische und Sächsische Schweiz kamen wir durch wunderbare Landschaften. Es hat hier zu beiden Seiten der Elbe riesige Felsen aus Buntsandstein; zum großen Teil mit Nadelwald bewachsen und alles im Winterkleid, das war herrlich. Wir haben davon Aufnahmen gemacht. Auf der Elbe fuhren Dampfer und große Kähne. Zweimal fuhren wir über große Elbbrücken, sie ist bei Dresden etwa doppelt so breit wie der Neckar bei Stuttgart.

Heute Morgen haben wir von der Vernichtung des Panzerschiffes *Admiral Graf Spee* gehört. Dies ist leider ein trauriger Fall. Sicher haben die Engländer Uruguay gedroht, falls sie die Frist verlängert hätten. Jetzt werden wir wohl wieder etwas mehr von dem Weltgeschehen hören, da waren wir in Kremsier wie hinter dem Mond.

Es grüßt Euch alle recht herzlich

Euer Heinz

Die *Admiral Graf Spee* war am sogenannten Handelskrieg beteiligt, bei dem das Deutsche Reich hauptsächlich auf dem Atlantik britische Handelsschiffe angriff, um die Versorgung der Insel zu sabotieren. Am 13. Dezember 1939 wurde sie im Kampf gegen drei britische Kreuzer schwer getroffen. Das Schiff rettete sich in den Hafen von Montevideo, um dort die Schäden zu reparieren. Doch die Regierung von Uruguay verlangte, dass das Panzerschiff innerhalb von 72 Stunden auslief, was für die Reparatur nicht reichte. Britische Kriegsschiffe hatten die Ausfahrt auf dem Rio de la Plata blockiert, sodass ein Durchbruch unmöglich schien. In dieser misslichen Lage ließ der Kommandant das Schiff vor Montevideo versenken und brachte sich um.

Den 21.XII.1939

Liebe Eltern!

Die Urlaubsfrage hat sich nun zum Teil entschieden. Über Weihnachten kann ich nicht kommen, über Neujahr vielleicht. Unser Leutnant gab der Hälfte der Unteroffiziere und Gefreiten und solchen Leuten, die entweder noch einen Bruder im Feld haben oder die schon lange nicht mehr daheim waren oder die eine kranke Mutter haben und natürlich den Verheirateten Urlaub. Die Urlauber für Neujahr sind noch nicht eingeteilt, ich habe aber nur schwache Hoffnung. Ich muss mich jetzt halt mit denen trösten, die hierbleiben; das ist fast meine ganze Gruppe. Ich habe in Kremsier allerhand für Euch einkaufen können, leider bekommt Ihr das nicht auf Weihnachten. Um mein Sach befördern zu können, musste ich mir in Kremsier einen Koffer kaufen; da wir auf dem Übungsplatz aber nichts mehr mitschleppen können, muss ich, wenn ich auf Neujahr nicht komme, meinen Koffer mit vielem Sach heimschicken, da ist dann alles drin. Geld ist mir in Kremsier durch die Einkäufe beinahe ausgegangen. Vielleicht würdet Ihr in den nächsten Brief 5 RM reintun. Bitte ja nicht mehr, falls es verloren geht.

Heute Nacht hatte ich Stallwache, weil ich angeblich etwas von Pferden verstehe; jetzt waren das 17 starke, wilde Bauerngäule, die durch den langen Transport so geworden waren. Wir waren zu zweit auf Wache; da rissen sich immer wieder Pferde los, und wir mussten sie wieder anbinden, das war ein schweres Geschäft, aber es ging glücklich vorbei, und es war ja auch nur das eine Mal.

Ich wünsche Euch nun ein gesegnetes, frohes Weihnachtsfest
und grüße Euch recht herzlich,
Euer treuer Sohn Heinz

Die schwache Hoffnung ging in Erfüllung: Heinz durfte ein paar Tage Neujahrsurlaub im Kreise der Familie im Haus in Degerloch verbringen. Wahrscheinlich brachte er seinen neuen Koffer mit, voller in Kremsier gekauftem »Sach«.

Rhön

Den 5. Januar 1940

Liebe Mutter!

Nun bin ich schon wieder einige Tage von der Heimat entfernt, und so langsam gewöhne ich mich wieder an unser raues Soldatenleben. Hier ist es inzwischen empfindlich kalt geworden. Es hatte schon 26 Grad Kälte;[12] da gibt es kalte Füße und Hände,

12 Minus 26 Grad – die Angabe scheint allerdings auch für dieses raue Mittelgebirge ziemlich tief gegriffen. Der Kälterekord auf der 950 Meter hohen Wasserkuppe liegt bei minus 26,3 Grad am 1. Februar 1953, gemessen wird seit 1936.

Marschieren in Kremsier (Heinz: 2. Reihe 2. v. r.)

wir sind jetzt aber nie länger als 2 Stunden im Gelände, so ist es schon auszuhalten. Wir sind wahrscheinlich auch die nächste Woche noch hier.

Ich danke besonders Christa für das reizend verpackte Weihnachtsgrüßlein. Schorsch sagte zu mir, wie ich es auspackte, das ist mit viel Liebe zusammengepackt. Sie kann sich also etwas darauf einbilden. Ich fühle mich gesund und munter, zumal ich genug zum Futtern habe. Heute habe ich schon den *Krabbenkocher*[13] gelesen. Das Buch hat mir wirklich Freude gemacht. Es steckt viel Humor, aber auch viel Lebensweisheit darin.

Es grüßt Dich herzlich
Dein Herzensbub Heinz

Den 18. Januar 1940

Liebe Mutter!

Wir sind gut an unserem neuen Bestimmungsort angekommen.[14] Als ersten Gruß von daheim traf ich Deinen lieben Brief an und dazu ein Paketchen von Auguste, in dem ein Schal, Ohrenschützer und zwei Taschentücher drin waren; werde das alles gut gebrauchen können. Wir sind hier prima untergebracht, und jeder hat seine Falle; es erinnert sehr an Zuffenhausen.

Liebe Mutti! Ich kann mir denken, dass Dir der Abschied nicht leichtgefallen ist und es Dir manchmal schwer ist, aber es wird sich noch alles zum Guten wenden; ich habe den festen Glauben, und Du musst es auch glauben. Siehst Du, ich weiß mich zu jeder Tag- und Nachtzeit von Eurer Liebe und Sorge umgeben, und das gibt mir so ein Gefühl der Nähe und der Freude, dass ich daraus immer neuen Mut schöpfen kann.

Dass Magda krank wurde, wundert mich nicht sehr; es war eben zu viel für Körper und Gemüt, dass Günter nicht wie erwartet zu ihrem Geburtstag auf Urlaub kommen konnte. Hoffentlich macht sich's bald wieder. Ich wünsche ihr von Herzen gute Bes-

---

13 Erzählung von Felix Timmermans über die Schwierigkeiten zwischen Männern und Frauen

14 Höchstwahrscheinlich Hammelburg, Truppenübungsplatz Wildflecken in der Hohen Rhön, an der Grenze zwischen Unterfranken und Hessen

serung. Schick mir bitte so bald als möglich meine Fausthandschuhe, die Tante Käthe gestrickt hat.

In unserem neuen Zimmer bin ich wieder mit alten Kameraden zusammengekommen, auch mit Läppig und Laule.

Es grüßt Dich nun recht herzlich
Dein Soldat Heinz

Den 19. Januar 1940

Liebe Mutter!

Die Fausthandschuhe sind gerade zur rechten Zeit gekommen, denn es ist jetzt hier sehr kalt geworden; auch hat es sehr viel Schnee. Gestern machten wir eine Nachtübung bei wunderbarem Wetter, da sanken wir oft bis über die Knie im Schnee ein. Aber es war landschaftlich wunderbar. Weißt Du, es hat hier hohe Berge.

Ich bin so froh, dass es Dir wieder besser geht. Vater wünsche ich gute Besserung. Hoffentlich wird's bei Magda auch bald wieder besser. Das Gelee ist prima angekommen. Die Datteln sind ausgezeichnet.

Ich freue mich so, dass Dir meine Worte gutgetan haben. Es geht mir gut, und ich bin gesund.

Es grüßt Dich tausendmal
Dein lieber Bub Heinz

Den 25. Januar 1940

Liebe Mutter!

In Deinem Brief berichtest Du mir ja allerhand Neuigkeiten. Dass Günter jetzt doch Urlaub bekommen hat, freut mich recht. Das ist wohl das richtige Mittel, um Magda bald wieder in die Höhe zu bringen. Magda wird sich natürlich furchtbar gefreut haben über die Fahrt mit Günter nach Häringen. Dass Du und Vater das eigentlich missbilligt, kann ich mir denken, aber Ihr müsst jetzt halt daran denken, dass es Kriegszeiten sind, und da will man ja niemandem etwas verbieten.

Nun wird es also mit Sigi ernst mit der Schule. Ich habe erst einen einzigen Brief von ihm erhalten. Lasse ihm nochmals danken mit einem brüderlichen Kuss.

Mir geht es gut. Der Dienst schlaucht etwas, weil der Schnee so hoch ist. Wir sinken oft bis über die Knie ein. Dazu machen wir immer richtige Bergtouren, wir kommen uns bald wie Gebirgsjäger vor. Heute machten wir einen Angriff von einem Berg herunter, da purzelten wir im Schnee umeinander, das macht uns immer großen Spaß. Wir haben jetzt natürlich immer den Mantel an zum Dienst. Es weht hier oben ein eisiger Wind, aber man gewöhnt sich an alles, und wir sind schon gründlich abgehärtet. Da muss ich besonders Beate danken. Die Pulswärmer tun mir wunderbare Dienste. Wenn wir im Schnee liegen, geht immer Schnee in die Ärmel, und da schützen die Pulswärmer, dass es mich nicht friert.

Ich habe jetzt wieder meinen großen Appetit bekommen. Wenn du als mal etwas zu essen schicken würdest, würde es mich sehr freuen.

Es grüßt Dich herzlich
Dein Bub Heinz

Den 29. Januar 1940

Liebe Mutter!

Mein Fuß hat sich zum Glück wieder gemacht, ich spüre wirklich nichts mehr. Ich war einmal im Revier damit, und sie stellten einen Senkfuß fest. Aber ich glaube, dass ich den Fuß etwas überanstrengt hatte.

Ich schicke Dir in einem Paketchen mein Unterleibchen. Vaters Hose folgt später. Schick mir bitte keine Wäsche mehr, wenn ich etwas brauchen sollte, schreibe ich es. Hier wird wirklich jede Woche die Wäsche (Unterhemd, Unterhose) gewaschen. Taschentücher habe ich bis jetzt nur zwei gebraucht, ich habe nämlich keinen Schnupfen mehr. Socken habe ich auch noch keine zerrissen.

Du fragst in Deinem Brief, wie es mit dem Ausgang sei. Wir können sonntags in die Umgegend fort, aber wir marschieren die Woche über so viel und kommen in all den Dörfchen herum, dass ich am Sonntag nicht fortgehe, sondern schreibe, schlafe und lese; das ist die beste Erholung. Schickt mir bitte jetzt, solange ich auf dem Übungsplatz bin, keine Zigaretten mehr, denn hier braucht man seine ganze Kraft, und da rauche ich nicht. Du siehst also,

es geht mir hier sehr erträglich und Du kannst beruhigt sein. Vor allem habe ich bis jetzt nie den Humor verloren, und so vergeht einem die Zeit sehr schnell.
Es grüßt Dich recht herzlich
Dein tapferer Bub Heinz

Den 4. Februar 1940

Liebe Mutti!

Gestern Mittag habe ich Dein liebes, nahrhaftes Paketchen erhalten; herzlichen Dank dafür. Es hat also herrlich geklappt auf den Sonntag. Heute Morgen habe ich wie zu Hause Kaffee und Kapsel[15] gefrühstückt.

Diese Woche machten wir einen Regimentsmarsch von 30 km. Unser Kompanieführer sagte, es wäre als ein 40-km-Marsch zu veranschlagen, weil wir die ganze Zeit Schnee stampfen müssten. Aber obwohl wir das MG-Gerät[16] schleppen mussten, habe ich ihn sehr gut überstanden. Das Liederverslein ist wirklich sehr schön, und ich will daran denken, wenn mir der Wind um die Ohren pfeift.

Ich habe in den letzten Tagen viele Paketchen bekommen, darunter von Herrn Glaser zwei große Würste und Käse.

Tausend Grüße Heinz

Liebe Magda![17]

Wie ich gehört habe, dass Du mit Günter Ski gefahren bist, habe ich mich sehr gefreut. Ihr habt sicher herrliche Tage miteinander erlebt. Du hast mir ja die ganzen Tage reizend beschrieben, so kann ich mir ein ganz gutes Bild davon machen, nun hast Du also erkannt, wie schön Skifahren ist, da freue ich mich, bis wir zwei einmal fahren können. Hier, in dieser Gegend, wäre es ideal.
Es grüßt Dich herzlich
Dein Bruderherz

---

15 Schwäbisches Milchbrot
16 MG ist die Abkürzung für Maschinengewehr
17 Auf demselben Bogen

Irgendwo,[18] den 11. Februar 1940

Liebe Mutter!
Heute kann ich drei Briefe auf einmal beantworten. Ich habe die ganze letzte Woche keine Post bekommen, und jetzt bekam ich am Freitag ein Paketchen mit Lebkuchen, Keks, Schokolade und Zigaretten, dazu ein dickes Kuvert mit 2 Büchlein *Der neue Patron*[19] und *Bunker 17*.[20] Gestern bekam ich drei Paketchen. Die zweite Kapsel, Briefpapier mit[21] Selma Lagerlöf *Eine Gutsgeschichte*. Weiterhin bekam ich noch Deinen lieben Brief vom 8.2. Das war so eine Überraschung. Da war auf der Post irgendeine Verzögerung eingetreten. Für all die vielen lieben Sachen recht herzlichen Dank. Nun kann ich mich mal wieder über den Sonntag richtig rausfuttern.
Ich grüße Euch alle von ganzem Herzen
Dein tapferer Bub Heinz

Den 15. Februar 1940

Meine liebe Mutti!

Heute Abend war ich gerade sehr hungrig und dachte, jetzt sollte ein Paketchen kommen, da traf Dein liebes Päckchen vom 7.2. ein mit den Landjägern.[22]

Du wirst froh sein, dass Vater nicht wie sein Kollege nach Polen musste.

Ich grüße Euch alle herzlich und besonders Dich, liebe Mutti, mit einem lieben Kuss von Deinem Bub

18 Offenbar durfte er nicht nach Hause schreiben, wo er war (in der Rhön).

19 Von der Deutsch-Baltin Dora Hasselblatt

20 Von dem Sozialdemokraten, aber von den Nationalsozialisten wegen seiner patriotischen Überzeugungen vereinnahmten Karl Bröger, Geschichte einer Freundschaft im 1. Weltkrieg

21 Die Konjunktion »mit« wird hier – schwäbisch – statt »und« verwendet.

22 Landjäger: eckig gepresste Rohwürste, regionale Spezialität in Schwaben

Irgendwo, den 18. Februar 1940

Liebe Christa, Beate und Siegerle!

Du musst ja scheint's sehr viel für die Schule arbeiten, liebe Christa, da wirst Du froh sein, wenn das Schuljahr voll rum ist. Deine Freundin Irmgard schrieb mir auch, sie möge gar nicht mehr gerne arbeiten. Sie ließe sich lieber auf Befehl in Schnee reinfallen.

Liebes Beatchen! Ich hoffe von Herzen, dass es Dir nun wieder besser geht. Ich glaube, dass die Verschlimmerung vom Witterungsumschlag kommt, Du musst eben Geduld haben, Du bist ja noch jung, und da wird Dein Körper die Giftstoffe schon hinausschaffen, wenn auch langsam. Du wirst jetzt sicher sehr viel lesen, oder wirst Du zu müde davon? Dann würde ich fest Flöte spielen und ein bisschen Klavier probieren. Langsam würde ich auch kleine Spaziergänge machen, dann bekommst Du wieder mehr Appetit. Wie wäre es mit etwas Gymnastik? Trink doch Blutreinigungstee und nimm Silicea.[23]

Liebes Siegerle!

Das freut mich recht, dass Du ein strammes Büble wirst, das gern Schlitten fährt. Weißt Du noch, wie wir zwei miteinander Schlitten gefahren sind? Das war doch fein! Und nun hast Du bald Geburtstag, das wird ein Fest! Da freust Du Dich doch schrecklich.

Also meine lieben drei jüngsten Geschwister, seid mir recht lieb zu Mutti, dass sie nur Hilfe von Euch hat.

Seid recht herzlich gegrüßt von
Eurem Herzensbruder Heinz

Irgendwo, den 18. Februar 1940

Lieber Vater!

Es ist so ein wunderschönes Gefühl für mich, wenn ich so merke, wie Ihr alle, alle um mich besorgt seid und Ihr mir alles Gute zukommen lassen wollt. Ich fühle mich da so ganz von Eurer Liebe umgeben.

23 Kieselsäure, die als natürliches Heilmittel bei einem breiten Spektrum von Beschwerden eingesetzt wird

Weißt Du, lieber Vater, jetzt, wo ich in ganz anderen Verhältnissen stehe, kann ich erst abschätzen, in was für einer reinen, unverdorbenen Luft ich aufgewachsen bin. Viele meiner Kameraden haben mir ihre Lebensgeschichte erzählt, doch keiner hatte so eine glückliche Jugend wie ich. Die einen wurden mit 14 Jahren in die Fremde geschickt, den anderen starb Vater oder Mutter oder gar beide Eltern, wieder bei anderen war kein Frieden im Haus.

Du siehst also, ich habe beim Kommiss einen Blick ins Leben getan und habe erkannt, wie schwer es ist, unter gewissen Umständen ein anständiger, ehrlicher Mensch zu bleiben. Für einen Menschen wie mich ist es da im Verhältnis gesehen nicht schwer, ein guter Mensch zu sein mit festem Charakter und guten, idealen Lebensanschauungen. Ideale Menschen[24] habe ich sehr wenige kennengelernt. Leider gibt es auch solche, die keinen höheren Lebenszweck kennen, als genießen und sich ausleben; doch ich glaube, diese Menschen kann man in den wenigsten Fällen noch anders machen. Ich habe gerade beim Kommiss Zeit und Gelegenheit, zu diesem Thema Studien zu machen. Wenn man sich den Beruf und die Vergangenheit solcher Leute schildern lässt, wundert man sich nicht mehr über solche Auffassungen.

Man muss an die Vorsehung glauben. Wir Soldaten haben ja keine andere Wahl. Ich bin fest davon überzeugt, dass mir mein Schicksal fest bestimmt ist.

Es grüßt Dich herzlich
Dein Sohn Heinz

Den 20. Februar 1940

Liebe Mutti!

Ich bin sehr froh, dass Magda vom Daimler wegkommt, denn ich denke, dass sie auf einem Hof ganz anders aufblüht. Das ist bestimmt ein großartiger Gedanke, und ich kann sie und Elfriede zu dem Entschluss, im Pflichtjahr auf eine Landwirtschaft zu gehen, nur beglückwünschen. Elle eignet sich ja da wohl glänzend, gerade bei Kindern. Sieh, Mutti, da bekommst Du nun ein paar

---

24 Er meint wohl: Menschen mit höheren Idealen.

stramme Töchter und keine weichen Großstadtpüppchen. Freue mich, bis ich meine Schwestern mal besuchen kann. Der Hof von Elfriede ist ja sehr groß, da kann sie allerhand lernen. Liebe Mutti, da wird es sehr ruhig bei uns daheim werden; Du wirst ja Deine beiden ältesten Töchter nicht leichten Herzens fortlassen, doch wird es für Dich bestimmt sehr gut sein, wenn Du es mal einige Zeit ruhiger hast. Du kannst Dich doch dann mal so recht Deinen drei jüngeren Kinderchen widmen. Sigi ist ja Dein Sonnenschein, er wird schon dafür sorgen, dass Du immer Umtrieb hast.

Jörg Spindler hat mir geschrieben, dass er das schulische Martyrium glücklich hinter sich habe, im Ganzen nahmen von meiner Klasse noch 9 daran teil, also sind jetzt 18 beim Kommiss, und zwar 6 bei der Infanterie. Ich hoffe, dass das für Dich ein großer Trost ist; es ist in unserer Kompanie jetzt sogar ein Siebzehnjähriger, sodass ich nicht mal zu den Jüngsten zähle.

Es grüßt Dich herzlich

Dein Heinz

Den 25. Februar 1940

Liebe Mutti!

Ich habe einige Wünsche. Erstens sollte ich wieder meine frischen Waschlappen haben, dann brauche ich ein Paar Einlegesohlen Größe 43. Weiter werden meine Hosenträger brüchig, da sollte ich mit der Zeit neue haben, und zwar keine solchen, wo ein Gummi durchgeschlungen ist, sondern andere. Ich denke, dass die haltbarer sind. Und bitte die größte Größe.

Nun aber genug der Wünsche. Es geht mir gut, besonders am Sonntag. Heute Morgen aß ich die Brote mit Butter und Erdbeergesälz, ganz wie zu Hause.

Herzliche Grüße

Heinz

Die Hosenträgerfrage beschäftigte die Familie in Degerloch über die Maßen. Alle möglichen Dinge waren aufgrund der Rationierung vieler grundlegender Güter knapp geworden, und der allgemeine Kampf um die tägliche Versorgung war eines der zentralen Themen. Obwohl bereits alle dabei mithelfen mussten, Lebensmittel für das Essen zu Christas bevorstehender Konfirmation zu beschaffen, wurde nun also noch die Älteste auf die Jagd nach Hosenträgern für den geliebten Bruder geschickt. »Hosenträger bekommt man kaum mehr mit Gummibund«, schrieb ihm die Mutter schließlich in einem der wenigen erhaltenen Briefe von ihr an die Feldpostnummer 26106 B. »Magda war in drei Geschäften, bis sie die beiliegenden bekam, sie sind nichts Großartiges, hoffentlich kannst Du sie brauchen. Du hast ja auch noch die gebrauchten, die sind besser in Qualität, aber auch nicht größer bzw. länger.«

Den 25. Februar 1940

Lieber Sigi!

Zu Deinem siebten Geburtstag wünsche ich Dir vor allem, dass Du ein recht strammer Schulerbub wirst. Jetzt kannst Du dann nicht mehr jeden Morgen auf dem Waldenbucher Platz herumspringen, sondern Du musst zu Deinem Herrn Lehrer und viel lernen. Da brauchst Du ein gescheites Köpfchen und ein ruhiges Sitzleder, sonst kommt der Lehrer mit dem Tatzenstock. Das hast Du doch schon oft mit Bea gespielt, gelt! Ich wünsche Dir also viel Glück und Freude für Deinen Schulanfang. Hoffentlich freust Du Dich auch drauf. Wie ich so ein kleiner Bub war wie Du, habe ich immer Mama gefragt, wie lange ich noch warten müsse, bis ich in die Schule komme. Denk nur, ich hab am Anfang immer gesungen unterm Schönschreiben, da hab ich eine Backpfeife bekommen, aber das hat mir nicht viel ausgemacht. In der Pause haben wir immer Räuberles gespielt, das war pfundig. Manchmal bin ich auch nicht gleich heimgegangen, dann hab ich von Mutti den Hintern vollbekommen. Geh also nur immer gleich heim, sonst kann es Dir auch so gehen. Aber das ist schon lange her, da spür ich heute nichts mehr davon. Ich glaube, Du freust Dich auch schon, bis Du zu den Soldaten kommst; vorerst musst Du halt noch viel mit Deinen Bleisoldaten spielen, das ist ja auch sehr schön.

Ich wünsche Dir einen recht schönen Geburtstag, vielleicht macht Dir Mitzi einen Schokoladenpudding, frag sie doch mal!

Es grüßt Dich herzlich

Dein Bruder Heinzi

Den 3. März 1940

Liebe Mutti!

Heute Nachmittag war die Veranstaltung zugunsten des Kriegswinterhilfswerks, in deren Rahmen ich und 19 Kameraden als Donkosaken auftraten; es hat pfundig geklappt. Wir hatten schwarze Russenhemden an, dazu Trainingshosen wie Knickerbocker gestoßen, unsere Rohrstiefel und die Koppel, darin das blanke Seitengewehr stecken; die Gesichter braun geschminkt; also sahen wir ganz waschecht aus. Morgen und übermorgen geben wir nochmals eine Vorstellung.

Die Bildchen sind ganz reizend: Sigi wurde ja wieder mal reich beschenkt, das haben auch meine Kameraden gesagt, denen ich die Bilder zeigte; auch die Zeichnungen und Brieflein von ihm zeige ich ihnen als, da freut sich jeder mit mir, dass ich so einen reizenden kleinen Bruder habe.

Du schreibst mir, ob ich einen neuen Füller habe, nein, ich schreibe immer noch mit dem alten. Es freut mich, wenn ich wirklich etwas schöner schreibe. Über Ostern bekommen die Jungen Urlaub, die zu Weihnachten oder Neujahr keinen bekommen haben. Zu Ostern könnt Ihr mir vielleicht das Buch schenken *Rebellen um Ehre* von Volck oder *Armee hinter Stacheldraht* von Dwinger; Vater wird schon davon gehört haben. Mit Rheilaperlen[25] bin ich noch ausreichend versehen.

Es freut mich sehr, dass Du Dich mit Jörg Spindler so gut verstehst, er ist mein bester Freund.

Ich bin gesund, und es geht mir gut, was ich auch von Euch hoffe.

Es grüßt Dich herzlich

Dein Heinz

Donkosaken? Ich nehme an, dass es sich bei dem lustigen Auftritt um eine Parodie des Don Kosaken Chors handelte (Heinz schrieb ihn in einem Wort, was nicht die offizielle Schreibweise ist), der nie in der Sowjetunion zu Hause war. (Ohnehin lag der Beginn des Eroberungskriegs gegen die Sowjetunion noch in der Zukunft.) Dieser

25 Hustenpastillen

Chor wurde von Serge Jaroff 1921 in einem türkischen Gefangenenlager gegründet mit Angehörigen des Don-Kosakenheers, das von der Roten Armee vertrieben worden war. Nach einem Auftritt 1923 in Wien startete dieser Chor eine Weltkarriere. Bis zum Ausbruch des Zweiten Weltkrieges hatte er seinen Sitz in Berlin. Während des Überfalls auf Polen befand sich die Truppe gerade auf einer Tournee durch die USA, die Mitglieder blieben dort und erhielten die amerikanische Staatsbürgerschaft.

Die meistens »a cappella« gesungenen Stücke des Don Kosaken Chors, russische Kirchenmusik, Volkslieder und Folklore, haben sämtliche politischen Ereignisse überdauert und sind bis heute beliebt. Ich nehme an, dass sie auch immer wieder anlässlich der bei der Familie Meyer so beliebten Radio-Wunschkonzerte gespielt wurden. Elfriede jedenfalls hörte noch Jahrzehnte später andächtig zu, wenn im Radio die kunstvollen *Abendglocken* des Don Kosaken Chores erklangen. Später trat der Chor, der übrigens Ende der 1990er-Jahre nach zwanzig Jahren Pause wiedergegründet wurde und inzwischen ausschließlich ukrainische Mitglieder hat, auch im deutschen Fernsehen auf. Viele meiner Altersgenossen erinnern sich daran: Sie trugen Pelzmützen auf dem Kopf, gegürtete schwarze Kittel, die man durchaus als »Russenhemden« bezeichnen könnte, Pumphosen und Stiefel.

Heinz war nicht nur Musikliebhaber, sondern auch eine Leseratte wie alle Familienmitglieder. Besonders in den Anfängen seines Wehrmachtsdienstes vertrieb er sich viel Zeit mit Büchern, schließlich ist Warten eine der Hauptbeschäftigungen des Soldaten auch im Krieg. Heinrich Meyer senior verschenkte zu allen Festtagen an alle Familienmitglieder sorgfältig ausgewählte Bücher, und man tauschte sich permanent über die Lektüre aus. Die Familie hörte außerdem intensiv Radio, man las die Tageszeitung und ging regelmäßig ins Kino. Ein ununterbrochener Nachrichtenstrom, wie wir ihn heute erleben, war unvorstellbar. Man hatte kein Fernsehen, kaum Telefon. Eine zuverlässige Möglichkeit, sich über das Kriegsgeschehen außerhalb der von der Propaganda kontrollierten Blase zu informieren, gab es noch viel weniger als heute.

Die Meyers waren Kinder ihrer manipulierten Zeit, und auch die Bücher, mit denen sie sich unterhielten, transportierten oft nationalsozialistisches Gedankengut. So zum Beispiel der von Heinz erwünschte »Tatsachenroman« (1918) des völkischen Autors Herbert Volck, der die Aktivitäten der Freikorps während der Weimarer Republik zum Thema hatte. Das Buch war stark antisemitisch geprägt. Die Bücher des Deutsch-Balten Volck wurden allerdings 1942 verboten. Wegen seiner Kritik an der Kriegsführung des Deutschen Reichs wurde er verhaftet und starb 1944 im KZ Buchenwald.

Edwin Erich Dwinger war ein Bestsellerautor, dessen Werk in mehr als zwölf Sprachen übersetzt wurde. Wikipedia nennt ihn den »Prototyp eines nationalistischen und faschistischen Schriftstellers«. Der Roman *Armee hinter Stacheldraht* (1929) beschrieb Leiden und Hoffen vornehmlich deutscher Kriegsgefangener in Russland vor und nach der Oktoberrevolution aus der Sicht eines Siebzehnjährigen, der sich von der Schulbank weg freiwillig meldete.

Immer wieder erwähnte Heinz in seinen Briefen Bücher, die er gerade las. Nicht zu allen habe ich Informationen gefunden. Wenn ich fündig wurde, habe ich Erläuterungen als Fußnoten beigefügt.

Den 6. März 1940

Liebe Mutter!

Du kannst Dir denken, dass mich Deine Nachrichten über Elfriede und Magda sehr überraschten; denn Du warst doch eigentlich in letzter Zeit besonders mit Elfriede in sehr gutem Einvernehmen. Doch das hat ja eigentlich mit dem nichts zu tun. Ich will Dir mal kurz die Gedankengänge an Elfriede und auf Magda schildern. Wir Kinder wurden von unseren Eltern christlich erzogen; wir sollten so zu leben lernen, wie es Gott und den Menschen wohlgefällig ist. Unrecht sollten wir lassen, weil es Gott missfällt. Den tieferen Sinn des Christentums konnten wir als Kinder aber nicht erfassen. Nun wurden Deinen Töchtern von verschiedenen Seiten andere Ausformungen gepredigt, nicht zuletzt von Frau Augustin (nur Vermutung), nämlich in der Art: Wir müssen nicht recht leben, weil es Gott gefällt, sondern weil es die Pflicht vor meinem Volk und die Achtung vor mir selbst verlangt; weiter gefällt ihnen die ganze angeblich demütige Haltung des Christen nicht. Liebe Mutti! Deine Töchter kennen das Leben noch nicht, ja, wenn ich in sorglosen Verhältnissen lebe, dann kann ich ohne Christentum beziehungsweise ohne einen Glauben leben, doch wenn mir mal das Leben übel mitspielt, wen habe ich dann; vielleicht den Glauben an meine Pflichterfüllung. Groß der Mensch, der seine Pflicht bis zum letzten Atemzug erfüllt. Doch woher nimmt er die Kraft? Solche und andere Fragen können nicht beim sorglosen Nachtessen am warmen Ofen entschieden werden, sondern das muss erlebt sein.

Du kannst Deinen Töchtern keinen allzu großen Vorwurf machen; sie haben einfach noch zu wenig Erfahrung; und der Mensch ist nun mal so, er will nichts übernehmen, sondern selbst zur Erkenntnis kommen. Etwas könnt Ihr jedoch als Eltern auf alle Fälle verlangen: Achtung vor Eurer Lebensauffassung, Achtung vor Eurem Glauben. Zwingen würde ich meine Töchter nicht in die Kirche, dadurch wird nichts besser; hier arbeitet leider nur Lebenserfahrung, denn die ist ja bekanntlich bitterer, als wenn man etwas angelernt bekommt. Für Dich ist die Tatsache wohl schmerzlich, doch, Mutter, der Kampf um eine Lebensauffassung wird uns in heutiger Zeit sehr schwer gemacht, habt Ihr es da nicht leichter gehabt? Ich glaube, das Gute wird siegen, denn Ihr steht dafür ein, das muss Dein Trost sein.

Ich bin gesund, und es geht mir gut. Heute bekam ich ein Paketchen von Jörg mit 1/2 Pfund Butter (großartig!!).
Sei herzlich gegrüßt und geküsst, liebes Mütterle, von
Deinem Herzensbub Heinz

Magda und Elfriede wandten sich in jener Phase so gründlich vom spirituellen Familienleben ab, dass sie sogar darauf verzichteten, Christa zu ihrer Konfirmation in die Kirche zu begleiten. Das war hart für die Eltern, denn Meyers lebten ein frommes Leben. Familienvater Heinrich Meyer war Mitglied einer pietistischen Brudergemeinschaft, die sich zur heute noch in Württemberg verbreiteten »Hahn'schen Gemeinschaft« zählte. Diese Gemeinschaft wurde einst von den Freunden des führenden Pietisten Johann Michael Hahn (1759–1819) aus Altdorf bei Böblingen begründet. Mein Großvater war ein hoch respektierter Stundenbruder, nicht nur wegen seiner profunden Bibelkenntnis, sondern auch als ein besonders gefragter Begleiter von Sterbenden. Er lebte nach strengen Regeln, die er sich auf der hahnschen Grundlage selbst auferlegte.

Ein Großteil der wenigen handschriftlichen Dokumente, die ich von meinem Großvater gefunden habe, besteht aus Deutungen von Bibelstellen. Beim Lesen wirken sie auf mich, als hätte sich Heinrich Meyer beim Schreiben immer mehr in Ekstase gedeutet. Der Ton wird von Absatz zu Absatz dringlicher und leidenschaftlicher, die Schrift immer wilder und undeutlicher. All das spiegelt seine Überzeugung wider, ein privilegiertes Werkzeug des Herrn zu sein, das sein Wort der Welt verständlich machen sollte. Darum, so denke ich heute, strahlte er wohl stets eine solche Sicherheit aus, im Besitz der Wahrheit zu sein. Das wiederum könnte eine späte Erklärung für die eiserne Unerbittlichkeit sein, die sich hinter seiner sanften Frömmigkeit verbarg: Weil sie nicht bereit war, sich von meinem unliebsamen Vater zu trennen, entzog er meiner Mutter später das Kindsrecht.

An Heinrich Meyers Grab sagte der Pfarrer im Juli 1975: »Wer aber in der Nachfolge Jesu lebt, der kämpft so, dass er nicht seine Ellbogen gebraucht, sondern dass er sein Kreuz auf sich nimmt.«

Nach der Logik dieses Denkens mussten eigentlich auch Adolf Hitlers Entscheidungen klaglos ertragen werden. Aufgrund seiner religiösen Überzeugungen war es Heinrich Meyer aber nicht möglich, in die NSDAP einzutreten, wie das von einem Staatsbeamten erwartet wurde. In seiner Gedankenwelt gab es keinen Platz für weitere Ideen.

Aus der Erinnerung meiner Mutter:

»1933 stand im Nazihetzblatt *Stürmer:* Oberrechnungsrat Meyer vom Dienst suspendiert. Ein sogenannter ›alter Kämpfer‹, Parteimitglied von vor 1933, hatte erfolgreich auf seinen Posten als Leiter des Personalamtes in Ulm spekuliert. Die große Familie sah sich gezwungen, 1934 nach Stuttgart umzuziehen. Vater wurde bei gekürztem Gehalt zunächst im Schlachthof beschäftigt, später in der Verwaltung eines Krankenhauses. Er musste an einem Stehpult in einem feuchten Keller arbeiten, sodass er sich ein Lungenleiden zuzog.

Ein Bruder im Geiste, Carl Schmid, half ihm aus der misslichen Lage. Vater wurde stellvertretender Direktor der neu gegründeten Württembergischen Prüfungsanstalt für Körperschaften, deren Aufgabe es war, die Finanzen der Gemeinden zu prüfen. Er bezog sogar ein besseres Gehalt als zuvor.«

Heinrich Meyer hatte nichts dagegen, dass seine drei ältesten Kinder früh in die Hitlerjugend, HJ, und den Bund Deutscher Mädel, BDM, eintraten. Und die drei genossen, naiv, wie sie waren, die Kameradschaft und den Personenkult bei diesen Organisationen, mit denen die Jugend auf Adolf Hitlers System eingeschworen werden sollte. Die Toleranz des Vaters hatte womöglich mit seiner Hoffnung zu tun, selbst nicht weiter zur Zielscheibe der Partei zu werden. Er hatte schließlich für eine achtköpfige Familie plus »Mädchen« zu sorgen und war ein seinen hoheitlichen Aufgaben leidenschaftlich ergebener Beamter.

Damit Recht blieb, was immer Recht gewesen war innerhalb der Hierarchien im Beamtenwesen der Stadt Ulm, hatte er sich sogar gleich mit mehreren Nationalsozialisten angelegt, die auf lukrative Posten scharf waren.

Nach Kriegsende, am 30. Januar 1947, bescheinigte ihm der Oberbürgermeister der Stadt Ulm Folgendes: »Verwaltungsrat Heinrich Meyer … hat dem nationalsozialistischen Regime Widerstand geleistet und ist durch dessen Maßnahmen benachteiligt worden … Er hat schwerwiegende Feststellungen über unlautere Machenschaften städt. Beamter, die im Machtkampf der NSDAP in vorderster Linie standen, getroffen und durch die Erfüllung seiner Dienstpflicht den Hass dieser Kreise auf sich gezogen … Es sind ihm starke Belastungen und wesentliche Nachteile entstanden, von der Gesundheitsbeschädigung durch die ihm widerfahrene Unbill, dem Unrecht und den Kränkungen ganz zu schweigen.«

Ich musste meine Augen reiben, als ich die Unterschrift unter dieser Bescheinigung entzifferte: Sie stammt von Robert Scholl. Er war der Vater der Geschwister Hans und Sophie Scholl, die 1943 nach einer Flugblattaktion in der Münchner Universität vom Naziregime hingerichtet wurden. Robert Scholl war von 1945 bis 1948 Oberbürgermeister der Stadt Ulm.

Den 10. März 1940

Liebes Siegerle!

Du hast ja einen ganzen Haufen Sach zum Geburtstag bekommen, da hast Du Dich sicher schrecklich gefreut. Ich habe ja eine schöne Zeichnung von Deinem Kriegsschiff bekommen; spielst du auch schon Fußball?

Deine guten Sachen, die Du mir geschickt hast, haben mir sehr geschmeckt, das war sehr lieb von Dir; ich danke Dir mit einem lieben Kuss, den Dir Mama geben soll. Es freut mich, dass Du so

lieb zu Mama bist und immer fest Lebertran nimmst; dann wirst Du ein strammer Schulerbub. Das ist recht, dass Du fest auf dem Waldenbucher Platz rumspringst, da bekommst Du rote Bäckchen. Hier kann man immer noch Schneeballen machen.
Sei herzlich gegrüßt von
Deinem Heinzi

Herzliche Grüße an Mitzi, die sicher oft mit einem Paketchen beladen für mich auf die Post geht.

Den 17. März 1940

Liebe Mutter!

Es ist gerade 2 Uhr, da sitzt Ihr vielleicht noch am Nachtisch, und Du erzählst vielleicht gerade von mir. Ich habe soeben die Sektflasche geöffnet und auf Christas Konfirmation getrunken, dazu Marmorkuchen gegessen, er ist Dir ganz ausgezeichnet gelungen. Es wird heute ein lieber Kreis von Verwandten anwe-

Sieghard am Geburtstagstisch

send sein. Hoffentlich geht es Dir heute so weit gut, dass Du alles meistern kannst.

Ich würde sehr gerne geschwind hereingucken, wie Ihr so um den Tisch herumsitzt. Christa sitzt wohl zwischen Onkel Pfründer und Onkel Walter. Du wirst wohl am Klavier sitzen und einige Lieder singen, meine Geige steht daneben und wartet, bis ich mal wieder auf ihr spiele. Siegerle springt von einem zum andern und schwätzt von der Schule.
Es grüßt und küsst Dich und die Lieben alle
Heinz

Der Sohn des Hauses erhielt – wie zahlreiche Kameraden, besonders die Bauernsöhne – viele Sendungen mit Lebensmitteln, obwohl diese längst rationiert waren. Christas Konfirmation sei »im Essen sehr kriegsmäßig« ausgefallen, schrieb die Mutter an Heinz. Aber sie habe doch einiges backen können, wovon er immerhin einen Anteil in Form von Kuchen erhielt. Die Verwandtschaft hielt zusammen und schickte Butter, Zucker, Rum, Mandeln und Sultaninen zum Backen, dazu etwas Fleisch und Wurst.

Eigentlich war es ein großer Unsinn, für die Soldaten auch noch Essen abzuzweigen, schließlich bekamen sie meist ausreichende Rationen. Zu Hause hingegen mussten die Menschen ihren Verbrauch einschränken. Der Staat wollte vorsorgen, denn er wusste: Die Kriegsmoral der Bevölkerung würde erst in dem Moment ernsthaft sinken, in dem sie hungern müsste.

Die entsprechenden Erfahrungen im Ersten Weltkrieg lagen noch nicht weit zurück. Dazu kam die angespannte wirtschaftliche Lage. Darum wurden bereits am 27. August 1939, also vier Tage vor Beginn des Zweiten Weltkrieges, die Rationierung und Bezugsscheinpflicht für eine große Zahl von Verbrauchsgütern eingeführt. Zunächst für Fett, Fleisch, Milchprodukte und Zucker, wenig später für Bekleidung.

Im Lauf der fünfeinhalb Kriegsjahre wurden die Zuteilungen pro Person immer kleiner. Mit Beziehungen konnte man sich aber vor allem zu Beginn noch Extras organisieren. Meine Großmutter schaffte es trotz der Rationierung immer wieder, zu Festtagen und Geburtstagen einiges an Essen und Kuchen aufzufahren. Allerdings gab es zum Beispiel schon an Ostern 1940 in der Familie Meyer keine gefärbten Eier, man bekam sie nicht mehr. Die geliebten Landjäger durften als Dauerwurstware laut einem Brief meiner Großmutter zu dieser Zeit schon nicht mehr hergestellt werden. Möglicherweise um dem Hamstern vorzubeugen? Ein besonderer Händlerinstinkt war in dieser zur Weltfremdheit neigenden Familie aber nicht ausgeprägt. Im Gegenteil: Grundsätzlich war man für alles, was mit Handel und Geldgeschäften zu tun hatte, viel zu moralisch.

Auch die Fresspakete für Heinz mussten auf Lebensmittelkarte bestückt werden. Vielleicht war es durch die große Zahl der Familienmitglieder leichter, etwas für den geliebten Sohn und Bruder abzuzweigen. Im Sommer 1941 wird die Mutter ihrem Sohn allerdings schreiben müssen, dass sie im Moment nichts für ihn übrig habe. Von Protesten der Bezugsberechtigten gegen die Sendungen an Heinz ist nichts bekannt, im Gegenteil: Immer wieder schickten auch die Schwestern ihm abgespartes Essen, oft Selbstgebackenes. »All die Liebe«, tröstete ihn seine Mutter in einem Brief, »hättest Du nicht erfahren, wenn Du nicht Soldat wärst.«

Den 21. März 1940

Liebe Eltern!

Der Träubleskuchen ist ausgezeichnet, ebenso die anderen Konfirmationskuchen, vielen herzlichen Dank.

Ich vertreibe mir wirklich die Freizeit mit allerhand Studien. Ich habe mir ein Buch kommen lassen, *Die Kunst des Redens;* dies ist ein ganz ausgezeichnetes Buch über die Methoden eines wirkungsvollen Redens. Ich will ja gerade kein Redner werden, doch kann ich aus dem Buch sehr viel lernen, vor allem über Menschenbehandlung ist darin allerhand geschrieben.

Dann habe ich angefangen, meine Kenntnisse in Erdkunde aufzufrischen, Läppig hat dazu ein ausgezeichnetes Buch. Läppig und Laule führe ich in die Mathematik ein, das ist für mich zugleich eine Wiederholung, so nützen wir unsere Abende wenigstens etwas aus, daneben lese ich sehr viel und spiele Karten, das ist so unsere Unterhaltung.

Ich wünsche Euch nun allen ein recht schönes Osterfest und grüße Euch herzlich
Euer Heinz

Den 25. März 1940

Liebe Eltern!

Samstag und Sonntag war ich mit Laule und Schück in einem Städtchen in unserer Gegend auf Urlaub. Wir machten uns zwei recht gemütliche Tage. Am Samstagabend gingen wir noch ins Kino, *Ihr Privatsekretär.* Nachtquartier bekamen wir in einem katholischen Heim, das als Reservelazarett gedacht ist. Übernachten mit Frühstück 70 Pfennig. Vormittags gingen wir in die Kirche und besichtigten die Stadt. Am Nachmittag ging es wieder ins Kino, *Der Feuerteufel,* und dann setzten wir uns in ein Café, wo ich sechs Stückchen Kuchen und Torte vertilgte. Am Abend gingen wir nochmals ins Kino, *Regine,* ein wunderbarer, gehaltvoller Film. Nachts um 2 Uhr mussten wir dann wieder daheim sein. Es war wohl etwas viel, drei Filme, aber zum Tanzen wollten wir nicht, und so nahmen wir doch mal wieder etwas anderes in uns auf; wir haben ja jetzt wieder reichlich Zeit, das Gesehene zu verarbeiten.

Es grüßt Euch herzlich
Euer Heinz

Den 28. März 1940

Liebe Mutti!

Die Sache mit Bea ist ja ganz komisch. Nimm mir das nicht übel, aber wird sie eigentlich durch die Mittel nicht immer kränker? Dieses blühende Mädele kann doch nicht plötzlich durch und durch aus Krankheit bestehen. Ich würde ihr Ovomaltine geben und möglichst kräftiges Essen, dazu ab und zu Höhensonnenbestrahlungen. Dann ganz geregelte Lebensweise; abends um 9 Uhr zum Beispiel ins Bett, aber im ungeheizten Zimmer; morgens um 9 Uhr aufstehen und frühstücken; nach dem Mittagessen eine Stunde spazieren, anschließend 2 Stunden Schlaf. Durch ewige Rumliegerei wird der kräftigste Mensch schwach und kränklich. Es ist mir eine rechte Sorge; ihr heutiger Brief schloss: Gruß und Kuss Deine traurige Bea!

Heute trieben wir mal wieder Sport; Raufball,[26] Tauziehen und Kugelstoßen.
Es grüßt Dich und die Lieben alle
Dein Heinz

Den 7. April 1940

Liebe Mutter!

Heute Nacht hat es mir geträumt, ich wäre daheim gewesen, und zwar anlässlich meiner Verlobung. Weiß nicht, wie ich darauf komme. Ich habe bestimmt nicht die Absicht, mich in nächster Zeit zu verloben. Ich kann mir jetzt so gut den Waldenbucher Platz vorstellen. Sigi, Beate und Christa spielen auf dem Gehweg, und Du siehst mit Vater und Magda zum Fenster heraus, alles im schönsten Sonnenschein; so war es doch manchmal, als ich in Urlaub kam. Dann denkst Du an Deinen Bub und wünschtest, dass er bei Dir wäre. Hoffen wir, dass es bald mal wieder möglich wird.
Es grüßt Dich und die Lieben alle
Euer Heinz

Den 8. April 1940

Liebe Mutti!

Heute Mittag habe ich Deinen lieben, inhaltsschweren Brief bekommen, in dem Du von Beates Blinddarmoperation berichtest. Ihr müsst doch in den letzten Tagen sehr viel mitgemacht haben, denn ich weiß, wie Ihr immer das Operieren abgelehnt habt. Ich glaube, es gibt Fälle, wo nicht mehr anders gehandelt werden kann, doch der Entschluss wird Dir und Vater nicht leichtgefallen sein.

Du kannst Dir denken, dass ich meinen Augen kaum traute, wie ich die ersten Zeilen las und wie ich befreit aufatmete, als ich las, dass alles gut verlaufen sei. Ich bin sehr froh, dass Du mir

---

26 Eine Ballsportart, Vorstufe des Rugbys, bei der es darum geht, den Ball hinter die gegnerische Linie zu bringen. Dabei sind alle Mittel des Ringkampfs erlaubt.

erst jetzt, nachdem die größte Gefahr vorbei ist, geschrieben hast, sonst wäre ich jetzt dauernd in Sorge gewesen, wie die Operation verlaufen ist. Beatchen wird es wohl sehr mitgenommen haben, doch ich hoffe, dass jetzt einmal ein Krankheitsherd endgültig beseitigt ist und Beatchen wieder so wie früher wird.
Liebes Beatle!

Heute hat mir Mutti von Deiner Operation geschrieben. Du tust mir sehr leid. Doch freut es mich, dass Du Dich so tapfer gehalten hast. Ich werde immer fest an Dich denken, vielleicht erleichtert Dir das Deine Schmerzen ein wenig. Mutti wird ja viel bei Dir sein, und Christa liest Dir manchmal auch etwas vor, dann hast Du doch immer einen Trost. Für heute wünsche ich Dir von Herzen gute Besserung.
Es grüßt Dich von ganzem Herzen
Dein treuer Bruder Heinz

Die Wahrheit ist, dass die Eltern die elfjährige Beate viel zu lange nicht am Blinddarm operieren ließen. Sie misstrauten, wie viele Pietisten auch noch heute, der klassischen Medizin. Lieber folgten sie dem Rat eines Heilpraktikers. Die Mutter verabreichte ihr Abführtee, als sie merkte, dass Beates Verdauung nicht mehr arbeitete. Bei der Operation, die unumgänglich geworden war, zeigten sich schlimme Schäden. Beate brauchte wochenlang, bis sie wieder gehen konnte, Mitte Mai konnte sie sich immer noch nicht wieder allein anziehen. Sie verlor ein ganzes Schuljahr.

Den 14. April 1940

Liebes Beatle!

Wenn Du zu Deinem Fenster hinaussiehst, dann wird vielleicht die Sonne scheinen und die Vöglein zwitschern, diese Sonne scheint auch bei Deinem Bruder und zeigt an, dass es Frühling wird, wenn es auch noch manchmal schneit, wie früher bei uns.
Für heute wünsche ich Dir von Herzen gute Besserung und grüße Dich herzlich
Dein Heinz

Den 21. April 1940

Liebe Mutter!

Nun seid Ihr mit Siegerles Lungenentzündung also wieder von einem neuen Schlag getroffen worden, wollen wir hoffen, dass auch das wieder gnädig vorbeigeht. Du tust mir so leid, denn an Dir geht sich alles hinaus, da hast Du jetzt mehr Geschäft, wie wenn Deine 6 gesunden Kinder daheim wären. Der Winter wird Siegerle halt doch mitgenommen haben, doch glaube ich auch zu wissen, dass es beinahe bei Kindern besser ist, wenn eine Krankheit gleich stürmisch auftritt.

Ich bin heute Abend von einer sehr schönen Sonntagstour heimgekommen, wie ich Deinen Brief antraf; seit gestern ist hier schönstes Frühlingswetter, so ein richtiges »Hitlerwetter«.[27] Gestern hatten wir eine Parade und dann dienstfrei. Wir legten uns mit freiem Oberkörper in die Sonne, da bin ich schon ganz nett braun geworden.

Es grüßt Dich, Vater, Christa, Beate und Siegerle von ganzem Herzen

Euer treuer Heinz

Gruß an Mitzi, sie wird jetzt auch alle Hände voll zu tun haben.

Den 25. April 1940

Liebe Mutter!

Heute Morgen sind wir wieder von unserer Übung heimgekommen, die um 3 Uhr losgegangen war. Das Wetter war mittelmäßig; in der Nacht regnete es stark, doch wir hatten die Mäntel dabei.

Ich kann mir denken, wie es Euch freuen würde, wenn ich plötzlich unverhofft zur Türe reinkäme. Das kann einmal sehr gut möglich sein; ich hoffe, dass es eventuell zu meinem Geburtstag reicht. Es ist eben so, dass jetzt Landwirte und solche mit ganz dringenden Gründen fahren, nachher kommen die anderen. Ich

27 Im Nationalsozialismus sprach man bei Schönwetter mit Sonnenschein und blauem Himmel manchmal von Hitlerwetter, womöglich angelehnt an den früher üblichen Begriff »Kaiserwetter«. In diesem Fall auch noch ausgerechnet an Adolf Hitlers 51. Geburtstag.

habe bereits bei Beas Operation wegen Urlaubs gesprochen, doch da es nur eine Blinddarmoperation war, wurde es nicht als dringender Grund anerkannt. Wir wollen uns also noch gedulden; die Vorfreude ist ja die schönste Freude.
Ich sende Euch allen viele Grüßlein
Euer Heinz

2. Mai 1940[28]

Liebe Eltern!

Herzliche Grüße aus Steinach, wo wir unsere Maienfeier[29] gehalten haben. Hab mal wieder nach langer Zeit getanzt. Wir waren im Privatquartier, haben es sehr gut getroffen. Heute marschieren wir wieder heim bei schönstem Sonnenschein. Heinz

Den 3. Mai 1940

Liebe Mutter!

Will heute Abend noch ein Brieflein schreiben, da ich weiß, dass Ihr immer sehr auf Nachricht wartet. Gestern Abend 19:30 Uhr kamen wir von unserer Maienfeier zurück. Wir mussten 22 Kilometer laufen, aber es hat sich rentiert. Es waren wirklich nette Bauernmädchen beim Tanz, so hat es mir Spaß gemacht, mal wieder zu tanzen. Ich war mit Schück bei Bauern in Quartier, die 4 Söhne im Feld haben, so wurden wir sehr gut bewirtet, der Bauer hatte gerade geschlachtet. Du siehst also, dass wir auch mal eine Abwechslung haben. Siegerle danke ich herzlich für den herrlichen Apfel.
Für heute grüße ich Dich, liebe Mutti, und die anderen alle von Herzen
Heinz

---

28 Postkarte aus Steinach/Saale, Bild vom Gasthaus zur Krone und Metzgerei Eduard Weipert – kalte und warme Speisen, Fremdenzimmer, Autogarage

29 Seit 1934 zelebrierten die Nationalsozialisten den 1. Mai als nationalen Feiertag des deutschen Volkes. Es wurden Maibäume aufgestellt, aber auch Hakenkreuze und ideologisch vereinnahmte Insignien verwendet. Hitler hielt eine Rede, die reichsweit im Radio übertragen wurde.

Frankreich

Den 11. Mai 1940

Liebe Eltern!

Endlich wieder ein Gruß von mir. Bin gesund, und es geht mir gut, was ich auch von Euch hoffe.

Konnte letzte Woche nicht so oft schreiben, da es allerhand Veränderungen gegeben hat. Doch seid ohne Sorge und vertraut auf Gott, er wird's schon recht machen. Bis jetzt sind wir noch nicht eingesetzt, weiß aber nichts Näheres. Liebe Mutti, sorge Dich also bitte nicht so sehr über die neuesten Ereignisse. Kann sein, dass ich trotz allem in nächster Zeit heimkann.

Für heute tausend Grüße und Küsse von
Eurem Heinz

Die »neuesten Ereignisse«: Am Tag, bevor Heinz diesen Brief schrieb, am 10. Mai 1940, dem Freitag vor Pfingsten, hatte die Wehrmacht den West-Feldzug begonnen. Das bedeutete Angriff auf Frankreich, das Deutschland 1939 nach dessen Überfall auf Polen gemeinsam mit Großbritannien den Krieg erklärt, aber bis dato nicht aktiv betrieben hatte. Ohne Rücksicht auf Neutralitätsverträge startete die Wehrmacht in kürzester Zeit über Holland, Belgien und Luxemburg den »Blitzkrieg«. Auch Heinz machte sich bereit.

Immer wieder entstanden jetzt bei der Familie Wissenslücken: Angaben über Standorte und Einsatz waren nicht erlaubt. Heinz' 82. Infanteriedivision wurde offenbar mit dem Zug nach Bitburg gebracht und marschierte dort los. Es soll zunächst über Vianden (Luxemburg), Hompré (Belgien) und Wiltz in Luxemburg nach Frankreich gegangen sein, nach Neufchâteau in Lothringen und Charleville in den Ardennen. Vom 31. Mai an von Charleville nach Rethel (Ardennen), Chalons-sur-Marne (Champagne), Tours an der Loire und Langres (Haute-Marne).

Diese Angaben sind aus anderen Quellen ermittelt und lassen sich aus den Briefen nicht erschließen. Was sicher ist: Heinz hat bei diesem Einsatz endgültig das Marschieren gelernt.

Den 13. Mai 1940

Liebe Eltern!

Habe in den letzten Tagen das Paketchen mit den Socken und den Lebkuchen bekommen. Jetzt ist ja fünf Tage Postsperre,[30] so werde ich wohl einige Tage ohne Post bleiben. Mir ist ja die Hauptsache, dass Ihr immer Nachricht von mir habt, denn ich weiß, dann seid Ihr beruhigt.

Ich bin gesund und munter, mein Körper hat sich allmählich an die Anstrengungen gewöhnt, sodass ich weiter keine Beschwerden habe. Wir sind guter Dinge und verfolgen mit Freude die Erfolge unserer Wehrmacht. Wo wir hinkommen, sind die Leute sehr gastfreundlich. Überall gibt's was zu trinken und oft auch was zu essen. So darf Euer Sohn nun an den großartigen Erfolgen mithelfen, die uns endlich unsere Freiheit bringen sollen.

Liebe Mutti! Sorge Dich bitte nicht unnötig; sollten wir tatsächlich mal in vorderster Linie eingesetzt werden, dann werde ich Euch Nachricht davon geben. Erst dann ist Deine Sorge eventuell mal berechtigt. Aber behalte doch Deinen festen Glauben, dass Gott alles zum Rechten lenken wird. Es ist mir nämlich ein bedrückender Gedanke, dass Du vor lauter Sorge um mich Deiner Gesundheit und Deinen Nerven schadest und ich dann, wenn ich glücklich heimkomme, ein abgesorgtes Mütterlein vorfinden müsste.

Habe von Elfriede einen sehr befriedigten Brief vom Bauernhof bekommen, hoffe, dass es Beatchen wieder etwas besser geht.

Es grüßt Euch herzlich

Euer Heinz

Besonderes Küssle an Sigi

---

30 Befristete Postsperren aus der oder in die Heimat wurden häufig verhängt, um entscheidende Momente der Kriegsführung nicht bekannt werden zu lassen. Oder um Transportkapazitäten für andere Aufgaben frei zu halten.

Den 16. Mai 1940

Liebe Mutti!

Hoffe, dass Du dieses Brieflein am Muttertag in Händen hast. Leider kann ich Dir nur im Geiste ein Sträußchen überreichen und Dir danken, was Du im vergangenen Jahre wieder Liebes an mir getan hast. Ich weiß, dass ich Dir im letzten Jahr das Leben nicht leichter gemacht habe, und es ist mein sehnlichster Wunsch, Dir mal für alle Deine treuen Sorgen danken zu können, hoffentlich wird mir dies einmal vergönnt sein.

Unser aller Vater gebe Dir doch immer genügend Kraft, dass Du alle diese Sorgen tragen kannst. Ich werde im Geiste in Eurer Mitte verweilen und mir Dein liebes, treues Muttergesicht vorstellen. Sei nicht traurig, dass ich nicht bei Dir sein kann, sondern sei stolz, dass Dein Sohn so große Dinge miterleben darf. Bitte für mich, dass mir immer die nötige Kraft geschenkt werde, dann wird, so Gott will, alles gut hinauslaufen; und ich werde einst als siegreicher Krieger in Deine Arme zurückkehren.

Bei uns hat es seit 14 Tagen nicht mehr geregnet, worüber wir sehr froh sind.

Es grüßt Dich und die Lieben alle von Herzen
Heinz

Den 21. Mai 1940

Liebe Eltern!

Wieder mal eine kleine Ruhepause, die ich zu einem Brief an Euch ausnutzen will. Vorneweg mal zu Eurer Beruhigung, ich bin gesund und munter, was ich auch von Euch hoffe. Liebe Mutti: Deine Vermutungen, als mein Paketchen mit der Wäsche und ohne Brief ankam, waren ganz richtig. Es durfte keine Zeile mehr geschrieben werden. Ohne die ganzen Ereignisse wäre ich jetzt schon im Urlaub gewesen. Mein Urlaubsgesuch war bereits genehmigt, und tags darauf wäre ich abgefahren. Ich habe mich nicht lange darüber aufgeregt, und das solltet auch Ihr nicht tun; erstens habe ich den Urlaub jetzt noch vor mir, und zweitens muss ich mir sagen, es hat alles seinen Grund, den wir jetzt gerade vielleicht nicht sehen können, der aber da ist.

Liebe Mutti! Ich habe mich sehr gefreut, dass Du die Nach-

Mutter und Sohn

richten so tapfer aufgenommen hast, und ich kann Dir bestimmt versichern, vorerst brauchst Du Dich auch bestimmt nicht zu sorgen. Wenn mal tatsächlich Kugeln um meine Ohren pfeifen sollten, dann schreibe ich es schon, und dann kannst Du gar nichts tun, als auf Gott zu vertrauen, »Er wird es wohl machen«.

In meiner Gruppe hat sich nichts geändert; ich bin mit meinen alten Kameraden zusammen, also auch mit Läppig und Unteroffizier Kopp. Denkt Euch nur, ich habe einen Unteroffizier namens Weyhenmeyer in der Kompanie, er ist mit Weyhenmeyers Besigheim[31] verwandt und ist von Hedelfingen. Er hat Auguste getroffen im Urlaub, und da hat sich's herausgestellt. Das Essen ist so weit ausreichend, doch wenn Ihr mir ab und zu etwas schicken könntet, wär's mir schon recht, zum Beispiel Dextro-Energen, das ist Traubenzucker, oder Drops. Dann Fußpuder.

Vielleicht gibt es auch mal wieder Landjäger, obwohl bei der Hitze muss man aufpassen. Für die Käpsele wäre ich sehr zu

31 Familie des Patenonkels

haben, denn so etwas bekommen wir nirgends mehr. Dann sollte ich ein handliches französisches Wörterbüchlein haben zum In-die-Tasche-stecken.

Für heute grüßt und küsst Euch herzlich Euer Heinz.

Meine Wäsche auch bitte abschicken, wenn möglich. Liebe Mutti! Ich brauche unbedingt ein paar Hausschuhe, die ich abends nach dem Marschieren anziehen kann. Entweder treibt Ihr so Stoffhausschuhe auf oder schickt meine Hausschuhe.

Den 24. Mai 1940

Liebe Eltern!

Heute Abend will ich noch schnell ein Brieflein an Euch schreiben. Es ist jetzt ½ 10 Uhr, und ich liege auf einer Wiese mit dem Pfeifchen im Mund und denke an die schöne Heimat. Ihr merkt daraus, dass es wieder mal nicht so stürmisch zugeht bei uns. Wir müssen halt immer warten, bis man uns braucht. Doch Dir, liebe Mutti, wird das ja eine große Beruhigung sein.

Das Wetter ist wirklich ganz herrlich. Tag für Tag Sonnenschein. Ihr werdet jetzt abends oft im Garten sitzen und an mich denken; so treffen sich unsere Gedanken oftmals.

Es grüßt und küsst Euch herzlich
Heinz

Den 29. Mai 1940

Liebe Mutti!

Vor 2 Tagen habe ich also mein 20. Lebensjahr angetreten. Der Tag war nicht allzu streng; wir müssen erst um 7 Uhr aufstehen; dafür kamen wir aber erst sehr spätabends an unseren Bestimmungsort; wir zelteten in dieser Nacht zum ersten Mal. Zeit zum Schreiben hatte ich also leider nicht. Dafür bekamen wir aber abends noch Post. Es kamen also Eure lieben Brieflein gerade zur rechten Zeit an.

Ich bin froh, dass Dich meine Briefe so glücklich stimmen, das hilft Dir sicher über vieles hinweg, habe an meinem Geburtstag auch Deinen Brief vom 17. bekommen, in dem Du so tapfer einfach Gott vertraust. Der Urlaub ist zurzeit gesperrt, doch wären auch die Verbindungen von F aus zu schlecht; von B wären sie besser gewesen. Heute haben wir mal wieder Ruhetag, was wir sehr gut brauchen können. Die Vanillebrötchen sind noch nicht angekommen.

Lieber Vater!

Dein lieber Geburtstagsbrief war so herzlich geschrieben, dass es mir wirklich ein rechter Geburtstagsgruß war. Die Losung ist auch sehr schön. Es ist großartig, was ich mit meinen 19 Jahren schon alles erleben kann; und auch, was unsere Truppen vorne leisten ist einfach großartig, ich glaube, die Welt kommt aus dem Staunen gar nicht mehr heraus. Auch in unseren kühnsten Träumen hätten wir an so schnelle Erfolge nie geglaubt. Denke, dass Du immer sehr viel Arbeit hast.

Liebe Edda, Beatle und Siegerle!

Heute muss ich Euch allen auf einmal schreiben, weil ich so wenig Zeit habe. Ihr habt mir mit Euren Brieflein eine große Geburtstagsfreude gemacht, und vor allem mit den wunderbaren Aufnahmen. So trage ich Euch immer bei mir, und ich habe jetzt schon oft unterwegs, wenn ich gerade an daheim denke, Eure Bilder herausgezogen und mir Eure lieben Gesichter angeschaut.

Ich grüße Euch alle mit einem Kuss recht herzlich

Euer Heinz

Den 3. Juni 1940

Meine liebe Mutti!

Gestern Abend um 9 Uhr bekam ich Deinen lieben Brief, wie ich gerade vor dem Feuer kniete und mir Fleisch und Kartoffeln bereitete. Vorher hatte ich zwei Ochsenaugen gemacht; so leben wir wie die Indianer, eben haben wir Bohnenkaffee gemacht.

Du schreibst in Deinem Brief von einem Geburtstagsgeschenk, am liebsten wäre es mir, wenn Du mir das Geld einzahlen würdest, denn nach dem Krieg kann ich es sehr gut gebrauchen; ich selbst habe auch schon wieder 60 RM bei mir.

Gestern Morgen war ich beim Feldgottesdienst; er fand auf einer Wiese statt. Es war ein Tisch aufgestellt mit einem grob geschnitzten Kruzifix. Über uns donnerten deutsche Jäger. Der Geistliche sprach über Pfingsten und Muttertag. Er sagte, wie hinter jedem von uns eine liebende Mutter stehe, daran sollten wir immer denken. Es war wirklich sehr schön und feierlich.

Liebe Mutter! Du schreibst in Deinem lieben Brief, dass wir Männer ganz anders den Krieg empfänden, glaube mir, das ist sehr gut so, wo sollten wir sonst unseren Mut und unsere Kraft hernehmen. Hier kann sich eben der Mann in uns beweisen.

Schick mir bitte ein kleines französisches Taschenwörterbuch und einen Film 6x9, dann kann einer von mir Aufnahmen machen, hier gibt es keinen Film.

Liebe Mutti! Sage bitte Christa Deinen Geburtstagswunsch, sie soll von meinem Sparbuch 5 RM abheben.

Es grüßt Dich und die Lieben alle von Herzen

Euer Heinz

Manche Passagen in Heinz' Briefen wirken so, als wäre er gar nicht im Krieg, sondern auf einer Abenteuerreise gewesen. Und so mag er es auch immer wieder empfunden haben. Zum Beispiel, wenn er zusammen mit seinen Kameraden lebte »wie die Indianer«. Er war ja bisher mit seinen 19 Jahren noch nicht viel verreist gewesen und nun dabei, Frankreich kennenzulernen. Er wollte so viel wie möglich mitbekommen, sodass ihm ein französisches Wörterbuch notwendig erschien. Die Feldpostbriefe vieler junger Soldaten enthielten damals teilweise romantisch anmutende Beschreibungen von Land und Leuten der Regionen, an deren Unterwerfung sie beteiligt waren. Offenbar konnten sie den touristischen und den kriegerischen Aspekt ihrer Anwesenheit in solchen Momenten trennen. Tatsächlich erzählten viele überlebende Männer noch lange nach dem Krieg ihre Abenteuergeschichten aus Ländern, in die sie ohne ihren Dienst bei der Wehrmacht nie gekommen wären.

Den 5. Juni 1940

Liebe Mutti!

Gestern bekam ich circa 10 Paketchen, alles noch zum Geburtstag, leider etwas verspätet, doch insofern günstig, als wir gestern einen Ruhetag hatten und ich so in Muße alles genießen konnte. Es kamen einmal meine Hausschuhe, Wäsche, Lebkuchen, Vanillebrötchen, Puder, Bonbons mit Schokolade; Päckchen von Onkel Pfründer, Alfred und Besigheim (Tante Emilie); für alles vielen herzlichen Dank. Du kannst Dir denken, wie mir das mal wieder geschmeckt hat.

Es hat mich sehr gefreut, dass Ihr an meinem Geburtstag so an mich gedacht habt, kann mir denken, mit welcher Freude Du mir einen Marmorkuchen hingestellt hättest. Doch das kann ja später noch nachgeholt werden. Ich bin sehr froh, dass Du so frisch und munter schreibst und nicht den Kopf hängen lässt. Wenn Du mich hier sehen würdest, würdest Du bestimmt sagen, hier lässt sich's schon aushalten. Ich liege nur mit einer Badehose bekleidet in der Sonne, in meiner Nähe spielt ein Radio, das an eine Autobatterie angeschlossen ist, auf einem Ofen haben wir Pfannkuchen gebacken, dazu Hühnersuppe und Kartoffeln. Heute Mittag haben wir uns mal in einem Bach wieder richtig gewaschen. So ist es natürlich auch nicht immer, wir sind auch schon 14 Tage nicht aus den Kleidern gekommen, aber ab und zu kann man sich mal wieder richtig erholen.

Ich bin also gesund und munter, was ich auch von Euch hoffe.
Recht herzliche Grüße und nochmals herzlichen Dank
Heinz

Den 10. Juni 1940

Liebe Eltern!

Leider langt es heute keinen Brief, doch ist ja die Hauptsache, dass Ihr ein Lebenszeichen habt. Denkt fest an mich, ich kann es gut gebrauchen.
Es grüßt Euch von ganzem Herzen
Euer Heinz

Den 13. Juni 1940

Liebe Eltern!

Die letzten vier Tage waren so bewegt, dass ich nur das Kärtchen absenden konnte. Am 9. Juni, also am Sonntag, war der Tag da, an dem es ernst wurde. Wir haben dort unsere Feuertaufe erhalten. Es war an der Aisne, Ihr habt sicher schon von der starken Verteidigungslinie gehört, die die Franzosen dort angelegt hatten. Glaubt mir, wie ich im Artilleriefeuer lag, da dachte ich an Euch und an meinen Schöpfer, der mich noch allein aus dem Hexenkessel herausretten konnte, und er hat mich herausgerettet. Ich war so ruhig und gefasst, dass ich mich über mich selbst wunderte, ich hatte das Gefühl, wie wenn es mich einfach nicht treffen könnte.

Nach zwei Tagen war der Widerstand gebrochen, und der Feind floh zurück. Nun sind wir plötzlich wieder circa 50 Kilometer hinter der Front, und das Land liegt wieder friedlich da. Andere, motorisierte Abteilungen haben die Verfolgung übernommen.

In der Zwischenzeit ist ja Italien in den Krieg eingetreten, so rechnen wir, dass es mit Frankreich in kürzester Zeit vollends aus ist.

Wir wollen uns herzlich freuen, dass ich meine Feuertaufe so gnädig und glücklich überstanden habe.

Für die nächste Zeit dürft Ihr ohne Sorge sein, denn wie gesagt, wir tippeln mal wieder hintendrein; und der Franzose wird sich wohl nirgends mehr festsetzen können.

Nun muss ich Schluss machen, weil um 10 Uhr Ruhe ist.

Seid alle herzlich gegrüßt von
Eurem glücklichen Heinz

Der Feldzug im Westen verlief selbst für die Deutschen unerwartet rasant und dauerte nur wenige Wochen. Dieser gelungene »Blitzkrieg« verlieh der Wehrmacht den Nimbus der Unbesiegbarkeit. Die Begeisterung in der Heimat wuchs von Tag zu Tag. Die Schlacht, in der Heinz seine »Feuertaufe« erhielt, fand am 9., 10. und 11. Juni 1940 zwischen Einheiten der Wehrmacht und der französischen Armee an Teilen des Flusses Aisne an der sogenannten Weygand-Linie statt. Sie endete mit einem deutschen Sieg.

Die Folgen: Schon am 10. Juni hatte die Regierung Frankreichs Paris angesichts des Kriegsverlaufs verlassen und war nach Tours geflohen. Zwischen der Wehrmacht, die nun in Rouen stand, und Paris befand sich keine französische Armee mehr. Am 14. Juni 1940, nur einen Tag nach Heinz' Brief, marschierten die deutschen Verbände in Paris ein.

Den 21. Juni 1940

Liebe Eltern!

Habe heute das liebe Brieflein von Sigi erhalten, es hat mir große Freude gemacht. Ich bin gesund, und es geht mir gut. Bin bei den Truppen, die in unheimlichen Märschen nach Süden rücken. Es ist beinahe unfassbar, dass wir ganz ohne Feindberührung so in Frankreichs Hinterland marschieren; jetzt sind wir wieder in bewohnten Gebieten, da gibt es herrlichen Käse, auch Milch und Butter.

Für heute grüßt Euch herzlich
Euer Heinz

Schickt mir bitte Drops. Eventuell ein Paar neue Socken.

Frankreich, den 26. Juni 1940

Liebe Eltern!

Nun ist es also so weit, wir sind plötzlich in einem feindlichen Land. Ich kann mir denken, mit welch tiefer Freude Ihr die Nachricht vom Waffenstillstand aufgenommen habt. Wir sind nun in Ruhe in unserem kleinen Dörfchen in der Nähe von Besançon. In den letzten 14 Tagen sind wir in großen Märschen nach Süden geeilt, den Feind vor uns hertreibend. Wir sind bis jetzt insgesamt 1150 km marschiert. Ihr könnt Euch denken, dass wir da mal Ruhe vertragen können. Meine Füße haben sich allerdings schon wieder erholt. Ich bin gesund und munter, man würde manchmal kaum glauben, was der Mensch eigentlich aushalten kann.

Zu essen haben wir wirklich sehr reichlich. In unserer Gegend hier findet man keine Spuren des Krieges. Da gibt es Milch, Eier, Weißbrot und Butter, auch Wein kann man bekommen. Wir haben es aber auch nötig, dass wir uns wieder »rausfressen«.

Denke, dass wir vorerst hierbleiben müssen und das Land besetzt halten.

Liebe Mutti!

Wie froh bin ich, dass Dir doch die große Sorge um mich genommen ist. Ich wurde mit Gottes Hilfe durch alles Kriegsgeschehen gesund hindurchgeführt, und so hoffen wir auch, dass wir uns nun bald wiedersehen dürfen. Wenn ich nur wüsste, wie es Günter geht, schreibt mir doch, wenn Ihr Nachricht habt.

Wir glauben, dass England ebenso schnell erledigt wird und bald wieder endgültiger Friede sein wird; ich glaube, dass denen jetzt schon die Knie zittern.
Für heute grüßt Euch alle von Herzen
Euer Heinz

Den 28. Juni 1940

Liebe Mutter!

Habe heute Abend Deinen lieben Brief vom 20. VI. erhalten; recht herzlichen Dank dafür. Du hast beim Erhalten meines Kärtchens das Richtige gefühlt. Habe es im Keller geschrieben, während um uns Granaten einschlugen. Wir waren am 9., 10. und 11. eingesetzt. Am Sonntag den 9. ging es nachts um 4:30 Uhr los bis am Abend um 17 Uhr. Wir waren den Pionieren zugeteilt und mussten unter Feindeinwirkung noch vor der Infanterie Pontons nach vorn tragen, um der vorgesehenen Infanterie den Flussübergang zu ermöglichen. Die Franzosen hatten überall Baumschützen eingesetzt, die sehr schlecht zu bekämpfen waren. Am 10. ging es an einer anderen Stelle wieder vor; abends habe ich dann das Kärtchen geschrieben. Dann kam Dein Geburtstag; wiederum wurde die Kompanie eingesetzt; ungefähr die Hälfte meiner Gruppe blieb in unserer Unterkunft, da man nicht alle brauchte. Ich und Schück als MG-Schützen mussten mit vor. Unser Unteroffizier verabschiedete uns mit Handschlag; ich steckte noch schnell eine Handgranate ins Koppel. Meine Gefühle waren natürlich gemischt; ich dachte nur, Gott wird doch meiner Mutter das Unglück nicht antun, dass ich an ihrem Geburtstag irgendeinen Schaden erleide. Wie wir nun ankommen, war es so ruhig, dass es uns ganz ungewohnt vorkam, und tatsächlich, nur noch die Granattrichter erinnerten an die Schlacht; kein Schuss fiel mehr. In der Nacht waren von Rethel her Panzer durchgebrochen und dem Feind in den Rücken gekommen. Da gab es kein Halten mehr; schon kamen die ersten Gefangenen zurück. Eine ganze Kompanie Gebirgsjäger, beste französische Truppen. Es war mir wie ein Wunder, dass plötzlich hier Frieden herrschte, so ein richtiges Geburtstagsgeschenk. Du siehst also, Deine Angst und Sorge waren nicht unberechtigt, doch Gott hat es gut hinausgeführt.

Ich bin gesund, und es geht mir gut. Jetzt gibt es sehr viel Arbeit, bis wieder unsere Ausrüstung im Stande ist. Soeben sitze ich neben einer Schüssel eingemachter Kirschen und Pfannkuchen, Du siehst, zurzeit haben wir etwas Abwechslung im Essen.

Ich kann meine französischen Sprachkenntnisse hier sehr gut gebrauchen, habe auch schon manches dazugelernt.
Seid mir alle recht herzlich gegrüßt von
Eurem Heinz

Heinz war in jener Zeit MG-Schütze, er gehörte zu einem Maschinengewehrtrupp, der, wie beim Militär noch heute üblich, um ein Exemplar dieser Waffe gruppiert war. Ein solcher Trupp bestand in der Regel aus vier bis fünf Schützen. Schütze 1, der Richtschütze, schoss mit dem Gewehr. Diese Rolle hatte Heinz inne, wie sich aus einem späteren Brief vom 3. Februar 1941 schließen lässt. Schütze Nummer 2 assistierte dem Schützen 1 bei der Bedienung des Maschinengewehrs, half bei Aufbau, Ausrichtung und Nachladen oder Ladehemmungen. Aufgabe der weiteren Schützen war der Transport der Munition – sie mussten Kisten und Munitionsgurte tragen. Auch Heinz musste stets schwer schleppen – schon allein die ungeladene Waffe wog mehr als zehn Kilogramm.

Was in den Jahrzehnten nach dem Zweiten Weltkrieg so gut wie jeder erwachsene Mann wusste, muss heute erklärt werden: Anders, als die martialische Waffe es suggeriert, brauchten MG-Schützen besonderes Fingerspitzengefühl. Ziel war es, nicht nur die ungenauen Salven abfeuern zu können, sondern auch kurze, gezielte Einzelschüsse.

Die Rolle der Baumschützen, die von der französischen Armee am Flussübergang eingesetzt waren, wirft ein Licht auf die alltägliche Brutalität des Krieges: Im Kriegseinsatz sind diese Spezialisten auf beiden Seiten extrem verhasst. Sie schießen aus dem Hinterhalt auf einen Soldaten, bevorzugt auf Stellen, wo ein Treffer extreme Schmerzen verursacht, etwa in die Nieren. Das soll bewirken, dass der Gegner vor Schmerzen so sehr schreit und sich wälzt, dass sein Kamerad nicht anders kann, als ihm zu Hilfe zu kommen, und dann ebenfalls Opfer des Baumschützen wird.

17 km vor Belfort, den 5. Juli 1940

Liebe Mutter!

Heute kann ich Euch eine sehr freudige Mitteilung machen, wir sind auf dem Heimmarsch; so hat unsere Besatzungszeit also nicht lange gedauert. Was mit uns in Deutschland weiter geschieht, wissen wir noch nicht, wir hoffen natürlich alle sehr auf Urlaub. Wir sind seit unserem letzten Standort drei Tage marschiert, und heute haben wir Ruhetag.

Ich bin gesund, und es geht mir recht gut, was ich auch von Euch hoffe. Die Hitze macht uns ja wirklich viel zu schaffen; man wird da wund am ganzen Körper. Heute Mittag bin ich eine Stunde auf einem Kirschenbaum gesessen und habe tüchtig gefuttert.

Du schreibst in Deinem letzten Brief von einem Jörg Metzger, der gefallen sei; das wird wohl mein Klassenkamerad sein; er ist Jahrgang 20. Ferdinand von Zeppelin habe ich auch gekannt. Die zwei Abiturienten kenne ich nicht. Von Unteroffizier Söller hab ich auch keine Nachricht.

Liebe Mutti! Hoffe sehr, dass ich bald bei Euch bin, dann kann ich Euch vieles erzählen, was ich alles erlebt habe: Hoffentlich können wir es dann so einrichten, dass ich Magda und Elfriede auch sehen kann.

Wir wollen uns jetzt noch so lange gedulden und dankbar sein gegen Gott, dass ich noch meine gesunden Glieder habe. Siegerle wird jetzt in der Schule schon manches gelernt haben; freue mich sehr auf ihn.

Für heute grüße ich Euch Lieben alle

Euer Heinz

9. VII. 40[32]

Liebe Eltern!

Vom deutschen Boden, den wir gestern erreichten, sendet Euch die besten Grüße Euer Heinz

Hoffe, bald zu kommen, bin gesund und munter.

32 Postkarte mit Zeppelin über Mengen bei Freiburg

Mengen, den 11. Juli 1940

Liebe Eltern!

Heute bekommt Ihr den ersten Brief von deutschem Boden. Ich will Euch zuerst mal die letzten Tage unseres Marsches schildern.

Wir sind von Besançon nach Belfort marschiert, beides sind sehr schöne Städte, die einen deutschen Eindruck machen, was Bauwerke und Sauberkeit betrifft. Man merkt dort eigentlich vom Krieg schon kaum mehr etwas: Diese Städte sind noch ganz erhalten. Die einzigen Spuren des Kriegs sind die gesprengten Brücken und einige Bombeneinschläge in Kasernen. Wir marschierten dauernd auf der Hauptstraße, was ziemlich eintönig war, vor allem setzte uns die Sonne sehr zu.

Von Belfort ging es weiter nach Mühlhausen. Vor Mühlhausen übernachteten wir in Mauspach; hier verläuft die deutsche Sprachgrenze ungefähr; dort habe ich die Turnschuhe und Deine zwei Paketchen bekommen; herzlichen Dank dafür.

Am nächsten Morgen ging es also weiter nach Mühlhausen; vormittags 11 Uhr trafen wir dort ein. Ich war mit noch einem Kameraden bei einem Architekten einquartiert. Wir hatten ein herrliches Zimmer mit fließend Wasser. Es war also seit langer Zeit wieder das erste Mal, dass ich ein Bett hatte. Mittags fuhren wir mit einer Straßenbahn ins Kino; es wurde *Der arme Millionär* gegeben. Am Abend aßen wir noch etwas in einer Wirtschaft; das Glas Bier kostete 6 Pfennig; die Leute hatten einen Sohn, der bei den Franzosen gekämpft hatte und nun entlassen worden war. Er konnte uns vieles Interessante erzählen.

Leider mussten wir bereits um 3 Uhr wieder aufstehen; doch nun ging es dem Rhein zu. Wir kamen nun durch die Maginotlinie,[33] unter der ich mir was anderes vorgestellt hatte. Um 8:30 Uhr erblickten wir den Rhein; am Ufer stand die Regimentskapelle und spielte. Unter einem »Sieg Heil« auf den Führer überschritten wir die geschlagene Notbrücke.

In Neuenburg, das sehr stark zusammengeschossen ist, wur-

33 Verteidigungslinie Frankreichs gen Osten, gebaut in den 1930er-Jahren und nach dem ehemaligen französischen Verteidigungsminister benannt.

den wir von der Bevölkerung freudig begrüßt. Nun schmückten uns die Leute überall mit Blumen; es war ein erhebendes Gefühl für uns, aber man kann wohl sagen, wir haben es auch verdient; wir sind in diesem Feldzug in 37 Marschtagen 1348 Kilometer marschiert. Ihr könnt Euch denken, dass unsere Füße jetzt erholungsbedürftig sind. Wir sind jetzt in einem kleinen Ort in der Nähe von Freiburg. Fünf Mann meiner Gruppe liegen zusammen in Betten bei sehr netten Leuten; wir essen am Tisch und bekommen immer Milch, auch Eier und Brot und Rettich, und vor allem können wir wieder aus Tellern essen. Wir haben es also wirklich sehr schön nach all den Strapazen.
Es grüßt Euch herzlich
Euer Heinz

Mengen, den 13. Juli 1940

Liebe Mutti!

Unsere Quartierleute sind ganz großartig. Gestern Mittag taten wir ihnen einen Baum voll Kirschen herunter, da bekamen wir Weißbrot, Wein, Rettich, Butter und Speck; und heute Mittag gab es für uns sieben Mann zwei Kirschenkuchen.

Gestern Abend hatten wir einen Kompanieabend mit Tanz; mein neuer Verwandter, Unteroffizier Weyhenmeyer, stiftete jedem Mann 5 Glas Bier (er muss scheint's viel Geld haben). Es war sehr nett. Dienst haben wir wirklich nicht viel; nur Waffen reinigen und instand setzen der Ausrüstung.

Liebe Mutti! Von Schlemmen und Saufen war bei uns in Frankreich nie die Rede. Wein haben wir immer genügend gehabt, aber oft schütteten wir ihn hinaus, weil es uns zu viel wurde. Manchmal erwischten wir eine Flasche herrlichen Weißweins oder Schnaps (solch gutes Getränk haben wir bei uns in Deutschland nicht). Aber das war eine Flasche für neun Mann. Zu essen fanden wir nirgends etwas außer Eiern und Hühnern. Die Gerüchte hörst Du wohl eher über die Truppen, die jetzt in den Großstädten sind. Aber wir hatten ja leider immer das Pech, in Dörfchen zu kommen.

Wir hatten in unserer Kompanie zwei Tote und etwa 10 Verwundete. Unser Leutnant sagte, es sei wie ein Wunder, dass wir nicht mehr Verluste hätten, denn so ein Granatfeuer hätte er in 3 ½ Jahren Kommiss noch nicht mitgemacht. Von meiner Gruppe wurde keiner verletzt; wir sind noch alle gesund und munter.

Unsere beiden Toten sind vorerst in Coussy an der Aisne begraben worden. Wir haben ihnen schöne Kränze gemacht und den Grabhügel mit Blumen geschmückt. Der eine von ihnen war noch nicht gleich tot; ich gab ihm noch Wasser zum Trinken und versuchte, den Fuß abzubinden, aber es war schon zu spät, sodass er nicht mehr gerettet werden konnte. Ich kam nämlich gerade in einer kurzen Feuerpause an ihm vorüber.

Viele Leute müssen jetzt sehr Schweres tragen, doch sie haben wenigstens die Gewissheit, dass ihr Opfer nicht umsonst war.

Für heute grüßt Euch alle von Herzen
Euer Heinz

Hofbieber

Hofbieber bei Fulda, den 18. Juli 40

Liebe Eltern!

Nun sind wir also wieder glücklich in unserer alten Gegend gelandet. Am 16. wurden wir »verladen« (unser aller Wunschtraum), und nun ging es in schneller Fahrt über Karlsruhe nach Fulda. Dort kamen wir um 10 Uhr an. Mittags um 16 Uhr war Parade vor dem General. Ganz Fulda war festlich geschmückt; überall hingen die Fahnen heraus; so marschierten wir ein, mit Blumen geschmückt. Wir bedauerten es nur, dass nicht Stuttgart unsere Garnisonsstadt ist; ich hätte es Euch so gegönnt, unseren Einmarsch zu sehen. Auf dem Domplatz war dann die Parade. Die ganze HJ und der BDM waren angetreten. Dann die Stadträte mit dem Bürgermeister und der Standortälteste mit vielen Offizieren.

Zuerst hielt der Standortälteste eine Begrüßungsansprache, dann der Oberbürgermeister, und jetzt sprach unser General. Er dankte uns allen für die ausgezeichneten Leistungen. Er hob besonders den Humor heraus, mit dem wir immer wieder weitermarschierten, wenn wir schon glaubten, die Füße täten nicht mehr mit. Anschließend bekamen mein Leutnant, ein Feldwebel und ein Unteroffizier meiner Kompanie das Eiserne Kreuz II. Der General heftete es ihnen an.

Dann kam der Vorbeimarsch und anschließend marschierten wir in unser Quartier, das leider 14 Kilometer von Fulda weg liegt. Wir sind hier alle in Privatquartieren untergebracht, ich bin bei Familie August und Frieda Haas, sehr netten jungen Leuten, in einem neuen Haus und habe ein schönes Zimmer; wir können uns hier in der schönen Rhön recht von den Strapazen erholen.

Es fehlt nur eines, und das ist der Urlaub. Es dürfen jetzt wieder glücklich 5 % wegfahren; vor allem Landwirte und Verheiratete; ich will natürlich tun, was ich kann, wann ich aber komme, kann ich noch nicht voraussagen.

Nun bin ich also wieder wohlbehalten dahin zurückgekehrt, wo wir vor 3 Wochen[34] mit frohem Kampfesmut hinausgezogen sind. Vieles liegt hinter mir; schöne Stunden und schwere Stunden, doch immer wurde ich glücklich geführt und durfte vor allem meine Gesundheit behalten, wir wollen da recht dankbar sein.
Es grüßt Euch von ganzem Herzen
Euer Heinz

Mutter, weißt Du die Namen der 6 gefallenen Abiturienten? Wenn ja, schreibe sie mir doch bitte.

Während der Einsätze herrschte Postsperre. Aber meistens funktionierte die Feldpost sehr gut. Sie wurde im Lauf der Kriegsjahre immer wichtiger, als die einzige Verbindung der Soldaten zu ihrem normalen Leben. Abermillionen Briefe wurden im Zweiten Weltkrieg hin- und hergeschickt. 1940 waren es etwa drei Millionen. Ein Jahr später, nach dem Beginn des Krieges mit der Sowjetunion, wuchs die Zahl auf das Doppelte an.

Mithilfe der Feldpost wurde die Kampfmoral der Truppe aufrechterhalten. Sie war kostenlos für jeden Soldaten und nur in speziellen Fällen limitiert, die Feldpostnummer reichte als Adresse. Es gab eine Zensur. Stichprobenartig wurden Briefe auf dem Feldpostamt geöffnet und gelesen. Kritische Fälle wurden an die Feldpostprüfstelle weitergeleitet. Das Erwähnen gewisser Dinge war verboten, etwa Mitteilungen über Standorte, die eigene Truppe, ihre Zusammensetzung und Ausrüstung, über Einsätze und Unterkunft, über negative Stimmung oder schlechte Verpflegung.

Zunächst galt es vor allem, Spionage zu verhindern. Später, als die deutsche Truppe nicht mehr von Erfolg zu Erfolg eilte, wurde es für die Befehlshaber zunehmend wichtiger, die Menschen in der Heimat nicht durch harsche oder gar blutige Schilderungen der Fronterlebnisse zu demoralisieren.

Außerdem scheint mir deutlich spürbar, dass Heinz von sich aus versuchte, die Empfänger seiner Briefe nicht zu beunruhigen, sich

34 Hier irrt sich Heinz. Der Beginn des Frankreich-Feldzugs lag schon mehr als fünf Wochen zurück.

also auch deswegen eine Art innere Zensur auferlegte. Wie viel hat er also wahrheitsgemäß geschildert, wie viel verschwiegen? Das lässt sich nicht mehr nachprüfen.

Heinz gab immer wieder drastische Fehleinschätzungen der Lage ab. Es ist unmöglich, festzustellen, ob sie der Propaganda in seinem Umfeld geschuldet waren und persönlichen Irrtümern entstammten, oder, mit Rücksicht auf die mögliche Zensur oder gar aus überkorrektem Gehorsam, bewusst so geschrieben wurden.

Man muss bedenken, dass Heinz – trotz des frommen Familienhintergrunds – bereits einige Jahre der ideologischen Erziehung nach Hitlers persönlichem Konzept hinter sich hatte. Zwar wurde es erst 1939 zur Pflicht, dass Kinder von zehn Jahren an Mitglieder der Nazijugendorganisationen wurden, doch war er freiwillig dem »Jungvolk« und später der HJ beigetreten. Dasselbe galt für Magda und Elfriede bei »Jungmädel« und BDM.

Meine Mutter schrieb: »Damaliges Schlagwort war: Die Jugend ist unsere Zukunft. Wir Kinder empfanden das als eine Art Aufwertung. Da war nun neben autoritären Eltern und Schulen noch eine Instanz, wo man ernst genommen wurde und schon mit 14 oder 15 Führerin werden konnte.«

In diesen Organisationen wurde für die weltanschauliche Ausbildung der Jugendlichen gesorgt. Die Mädchen wurden auf die Mutterschaft, also die Produktion von Soldaten, vorbereitet, die Jungen erhielten eine vormilitärische Ausbildung. Besonders im schematischen Erziehungskonzept manifestierte sich der allumfassende Anspruch des totalitären Staates auf den Menschen. Hitlers Ziel war es, die jungen Menschen nie mehr aus dem Einflussbereich seiner Organisationen zu lassen. 1938 sagte er: »Und sie werden nicht mehr frei sein ihr ganzes Leben.«

Für Heinz folgte jetzt ein Urlaub, bei dem er wahrscheinlich manches von seinen Erfahrungen während des Westfeldzugs erzählt hat, was er in seinen Feldpostbriefen nicht zu berichten wagte. Ob sie am Familientisch auch über die gefallenen Schulkameraden sprachen? Heinz »durfte seine Gesundheit behalten«. Noch hofften sie auf ein schnelles Ende des Krieges.

Hofbieber, den 1. August 1940

Liebe Eltern!

Nun bin ich schon wieder einige Tage hier, und die schöne Urlaubszeit kommt mir wie ein Traum vor; es war wirklich wunderschön, ich war so richtig gemütlich daheim. Meine Rückkehr war ganz abenteuerlich. Ich und zwei Kameraden trafen um 22 Uhr in Fulda ein; da kein Zug mehr fuhr, telefonierten wir beinahe eine Stunde lang an die verschiedensten Autovermietungen; nirgends war mehr ein Auto aufzutreiben. So machten wir uns um 23 Uhr auf den Weg bei strömendem Regen. Ich hatte schwer zu schleppen an meinem Gepäck; nach 5 Kilometern klopfte ich an einem Haus, in dem noch Licht brannte, und stellte mein Gepäck dort ab. In 2 1/8 Stunden bewältigten wir 13,5 Kilometer, waren allerdings patschnass. Wir hatten sehr Glück, dass wir die Straße nicht verloren, denn es war stockfinster. Wir gaben in dem Dienstzimmer bei der Wache den Urlaubsschein ab. Ich sah gleich auf den Dienstplan, da stand 6 Uhr Wecken, 7:15 Uhr bis 10:15 Uhr Exerzieren, ich dachte, nur nicht aus der Ruhe bringen lassen. Ich ging nun heim zur Familie Haas in Hofbieber – es war inzwischen 2 Uhr geworden. Ich schlich ums Haus herum, alles still und dunkel, nur der Regen plätscherte. Rufen erschien mir unmöglich, ich hätte die ganze Nachbarschaft aufgeweckt, so stieg ich über den Zaun und sah nach, ob mein Zimmerfenster offen sei; tatsächlich hatte ich Glück, ein Schwung – und dann war ich im Zimmer; ich dachte, nun klopfst du an der Schlafzimmertüre und sagst, sie sollten dich um 6 Uhr wecken. Allerdings war mein Zimmer verschlossen, und zwar von außen.

Ich legte mich nun einfach ins Bett; morgens wachte ich auf; es war schon taghell. Ich sehe auf die Uhr 7:05 Uhr; raus und ans Fenster, soeben gehen die Soldaten zum Antreten. Ich in die Kleider, Stahlhelm geschnappt, da höre ich, wie mein Zimmernachbar Laule im Gang Herrn Haas fragt, ob ich gekommen sei, er sagt nein, da muss ich doch lachen; ich rufe, aber niemand hört gerade, da hüpfe ich kurz entschlossen wieder aus dem Fenster; in dem Moment öffnet Herr Haas mein Zimmer, und er hört gerade noch meinen Absprung vom Gartenzaun. Ich springe davon, dann sehe ich ihn vorne im Hof, geh nochmals zurück, das ist eine Überraschung! Nachdem ich noch schnell meine Schuhe etwas geputzt habe, springe ich zum Antreteplatz; die Kompanie steht schon, zum Glück kann ich noch schnell eintreten, ohne dass ich notiert werde; da hatte ich nochmals Glück gehabt, wäre ich nicht durch Zufall aufgewacht, hätte es eine böse Strafe gegeben. In den drei Stunden Exerzieren bin ich dann wieder so richtig in die Stiefel reingekommen. Am Mittag habe ich dann mein Gepäck abgeholt.

Familie Haas hat sich über die Vase sehr gefreut; sie haben mich sehr nett empfangen.

Ich wünsche Euch allen alles Gute und grüße Euch herzlich
Heinz

Ungefähr 170 Mal, und damit deutlich häufiger als das Wort »Dienst«, kommt der Begriff »Urlaub« allein oder in Wortverbindungen in den Briefen meines Onkels vor. Das ist nicht verwunderlich, denn die Urlaubszeiten gaben den Rhythmus seines Lebens in jenen Jahren vor. Ihnen galten Heinz' Hoffnungs- und Sehnsuchtsgedanken. Seine Soldatenzeit war in dieser Beziehung ein ständiger Wechsel aus Vorfreude, kurzer Entspannungszeit, Abschiedsschmerz und Heimweh. Ich stelle mir vor, dass es der Familie daheim, vor allem der Mutter, mit umgekehrten Vorzeichen ganz ähnlich ging. Immer wieder muss sie sich nach Heinz' Aussichten auf Urlaub erkundigt haben, vielleicht war es ihm manchmal sogar unangenehm, ständig mit solchen Fragen konfrontiert zu sein und die ungeduldige Mutter vertrösten zu müssen.

Auch den Heimaturlaub der Soldaten nutzten die Nationalsozialisten als Instrument für ihre Propaganda. Die Wehrmacht gewährte ihren Angehörigen deutlich mehr Urlaub als etwa die Armeen der Alliierten. Auf diesem Wege erreichte das Regime die privaten Räume seiner Soldaten und konnte für mehr Motivation an Front und Heimat sorgen. Die Soldaten wurden nicht nur zur körperlichen und seelischen Regeneration in den Urlaub entlassen, sondern zum Beispiel auch aus privaten Gründen, etwa zur Klärung häuslicher Verhältnisse. Wie wir sehen werden, erhielt Heinz im Jahr 1944 sogar Urlaub wegen »Gefährdung der bürgerlichen Existenz«. Zu wissen, dass es zu Hause ein Privatleben gab, in das er eines Tages würde zurückkehren können, gab auch ihm die Kraft, sich als Soldat zu bewähren. Obwohl er im Grunde ja erst bei der Truppe erwachsen geworden war. Aber er war sicher: Zu Hause wartete eine Zukunft auf ihn.

Welchen Stress ihm die Umstellung von der häuslichen Geborgenheit zurück zum militärischen Drill bereitete, zeigen die vorangegangene Schilderung auf humoristische und die folgende Passage aus Elfriedes Aufzeichnungen auf drastische Weise:

»Immer, wenn Heinz abfahren musste, hatte er Angst, dass er die Truppe nicht rechtzeitig erreichen würde und dann als fahnenflüchtig gälte. Er bekam jedes Mal Durchfall. Schnell noch mal aufs Klo, und dann hektischer Aufbruch. Tatsächlich standen am Bahnhof Feldjäger, die gelegentlich Urlaubsscheine kontrollierten.«

Den 3. August 1940

Lieber Vater!

Zu Deinem 49. Geburtstag wünsche ich Dir vor allem viel Kraft und Gnade, dass Du die Dir gestellten Aufgaben noch recht lange erfüllen kannst. Es möge Dir immer Gesundheit und ein froher Mut geschenkt sein.

Nun ist es schon das vierte Jahr, dass ich zu Deinem Geburtstag nicht zu Hause bin.[35] Hoffen wir, dass es nächstes Jahr zu Deinem 50. Geburtstag sein kann.

In diesem vergangenen Jahr liegen sehr viel Arbeit und Sorge, doch immer wieder wurde Dir die Kraft geschenkt, alles zu bewältigen. Wir können uns getrost an den Spruch halten: »Sorge nicht für den morgigen Tag, denn der morgige Tag hat seine Sorgen.« Ich habe mich oft in Frankreich daran gehalten, und es wurde mir auch immer weitergeholfen.

Hier hat nun die Ernte eingesetzt; ich habe gestern Mittag 4 Stunden gemäht, und zwar Roggen; es hat mich nicht einmal besonders geschlaucht. Es war höchste Zeit, dass das gute Wetter kam, im Allgemeinen fällt die Ernte hier nicht sehr gut aus, weil das Frühjahr zu trocken war.

Ich wünsche Dir nun einen schönen Geburtstag und grüße Dich herzlich

Dein Heinz

35 Immerhin eine weitere der vier Abwesenheiten lässt sich klären: 1936 besuchte er als Fünfzehnjähriger die Olympischen Spiele in Berlin. Eine Ansichtskarte mit dem Olympiastadion ist erhalten.

Den 11. August 1940

Liebe Eltern!

Wir sind in der letzten Woche ganz zur Erntehilfe eingeteilt worden, und da habe ich geschafft von morgens bis abends; Zeit zum Schreiben war kaum noch da, und ihr wisst ja, hier geht es mir gut.

Was mit uns eigentlich los ist, weiß ich noch nicht genau; hätte ich einen kriegswichtigen Beruf, so würde ich bis auf Weiteres beurlaubt in die Kriegswirtschaft, nur ein kleiner Teil von uns bleibt zurück; die Zeit der Beurlaubung zählt wohl nicht als Wehrzeit, und bei mir ist es doch so wichtig, dass ich möglichst schnell den Kommiss[36] weg habe. Mein Oberleutnant sagte auch, es sei für mich als Abiturient viel besser, wenn ich hierbleibe. Mit Studieren könnte ich so ins Ungewisse doch nicht anfangen; ich kann ja dann überraschend wieder wegkommen. Wir müssen dann hier Erntehilfe machen und manchmal Wache schieben. Fest steht, dass ich nochmals 9 Tage Urlaub bekomme, die nehme ich dann, wenn Mutti wieder daheim ist.

Laule und Schück sind auch hier, die kommen auch nicht weg, Laule ist wegen mir dageblieben, er ist wirklich mein bester Freund. Wir wohnen ja im gleichen Haus.

Ich hätte andernfalls als Hilfsarbeiter anfangen müssen und müsste dann nachher doch noch ein Jahr Kommiss machen.[37]

Den 18. August 1940

Lieber Vater!

Habe gestern Mittag die herrlichen Pflaumen bekommen; vielen herzlichen Dank dafür. Das ist nun doch schön, wenn wir etwas eigenes Obst haben. Die Tomaten werden jetzt auch so langsam reif werden. Wir stehen hier fest in der Ernte. Gestern habe ich wieder den ganzen Mittag gemäht und geraffelt, das Mähen habe ich schon ganz gut los.

Denk Dir, ich bin aufs Dienstzimmer gekommen als Schreiber,

36 Der reguläre Wehrdienst dauerte zwei Jahre. Danach ging es im Krieg »freiwillig« weiter – siehe Brief vom 8. Juli 1941.

37 Das Ende des Briefs ist nicht erhalten.

da bin ich also im Begriff, Beamter zu werden. Ich bin nicht sehr begeistert davon, doch gibt es jetzt auch nicht viel zu arbeiten.
Sei nun recht herzlich gegrüßt von
Deinem Heinz

Den 18. August 1940

Liebe Mutti!

Bei uns hat sich ja manches geändert; Vater wird Dir schon berichtet haben. Hoffe, dass Du es am Bodensee gut getroffen hast, dass Ihr recht erholt zurückkommt. Bei uns ist es manchmal schon beinahe herbstlich, so vergeht die Zeit.

Nun geht es dem Engländer doch so langsam an den Kragen, hoffen wir, dass er bald erledigt ist. Bei Dir am Bodensee wird es wohl sehr friedlich sein, bei uns allerdings auch.
Viele Grüße und Euch beiden einen lieben Kuss
Euer Heinz

Nach dem raschen Sieg über Frankreich stellte sich die nationalsozialistische Führung vor, auch Großbritannien – das andere westliche Land, das dem Deutschen Reich noch im September 1939 den Krieg erklärt hatte – zu erobern. Im Gegensatz zum Vormarsch über Land startete man im August 1940 eine Luftoffensive. Sie war nur anfangs erfolgreich, worauf sich Heinz in seinem Brief recht euphorisch bezieht.

Den 21. August 1940 – nur für Mutti bestimmt

Liebe Mutti!

O Mütterle, Du tust mir richtig leid; um mich machst Du Dir immer solche Sorgen und jetzt auch noch um Deine Älteste.

Zuerst einmal, was mich betrifft. Lass Dir bitte eines sagen: Lass Dich nicht durch blöde Aufschneider kopflos machen, die Freude daran haben, der Heimatbevölkerung Angst einzujagen. Die Kriegslage steht heute für uns günstiger denn je; der Krieg ist hart, aber er wird durchgefochten, weil es notwendig ist.

Magda ist mir ebenfalls eine große Sorge; hier kannst Du im

Augenblick gar nichts tun, als gläubig sagen: »Er wird's wohl machen.«

Es ist ein großes Glück, dass Magda das wenigstens Herrn Gotthardt alles anvertraut. Das alles zeigt mir deutlich, dass sie zwischen zwei Männern steht und selbst nicht weiß, was sie tun soll, aber mit allen Möglichkeiten rechnet. Sie gibt sich also ihren Gefühlen hin, statt dass sie vernunftmäßig eine klare Entscheidung trifft, und das kann man ihr zum Vorwurf machen. Warum aber trifft sie keine klare Entscheidung? Einmal hat sie Günter sehr gerne; er schenkt ihr aber zu wenig Liebe; diese Liebe schenkende, aufopfernde Art entdeckte sie nun an R.; unwillkürlich zog sie es dorthin.

Ich will dazu aber eines festhalten: Sie ist noch so weltfremd in manchen Dingen. Ihre Liebesauffassung klingt so an *Femhof*[38] oder *Und ewig singen die Wälder* an. Sie überdenkt nicht, dass oft nur eine Leidenschaft einen Mann zu einer Frau treibt, hat er sie einmal besessen, wirft er sie weg. Dies sind die hässlichen Seiten der Liebe; solche Männer zeigen natürlich ihre Zuneigung auf stürmischere Weise als zum Beispiel so ein Mensch wie Günter.

Das kannst Du ihr mal in einer stillen Stunde auseinandersetzen. Magda muss mit Liebe auf den richtigen Standpunkt gebracht werden. Man kann einfach oft im Leben nicht nur nach Gefühlen handeln, sondern muss auch kluge Erwägungen mitsprechen lassen.

Sieh, Mutti, Du weißt ja, sie ist meine Lieblingsschwester, aber gerade deshalb muss ich ihr auch ihre Fehler aufdecken, und das ist in erster Linie mangelnde Entschlusskraft.

Doch nun noch einige andere Worte. Es freut mich sehr, dass Ihr es so gut getroffen habt am Bodensee; hoffentlich ist das Wetter auch schön, bei mir regnet es nämlich wirklich die meiste Zeit; Beatchen wird bereits rote Bäckchen haben! Und auch Deine Sorgenfalten werden sich wieder etwas glätten, würde sie Dir so gerne wegküssen, mein liebes Mütterle; doch ich komme ja bald wieder zu Euch Lieben, dann können wir wieder alles durchspre-

38 Von Josefa Behrens-Totenohl, Frauenschicksal im bäuerlichen Milieu, erschienen 1934, wird zur völkischen Massenliteratur gezählt

chen. Heute bekam ich von Vater einen Brief; teilweise im Keller geschrieben bei Fliegeralarm.[39]
Für heute seid recht herzlich gegrüßt und geküsst von
Eurem treuen Heinz

Den 25. August 1940

Mein lieber Vater!

Dein jüngster Brief war mir besonders deshalb eine große Freude, weil er mich mal in Deine Gedanken blicken ließ; unser Leben ist ja wirklich nicht allzu lang bemessen, und da kommt es oft vor, dass man aneinander vorbeilebt, ohne sich eigentlich kennengelernt zu haben; das ist eine große Tragik im Leben.

Im vergangenen Jahr ist vieles auf Dich eingestürmt, was Deine ganzen Kräfte verlangt hat; ich weiß auch, dass ich Euch, Mutti und Dir, viel Sorgen bereitet habe; doch auch von mir wurde der ganze Mann verlangt, und ich durfte mit Gottes Hilfe durchhalten und wurde Euch gesund wiedergeschenkt.

Es ist dies wirklich eine schwere, aufreibende Zeit, andererseits aber auch eine gesegnete Zeit, weil sich die Menschen wieder so mancherlei überlegen, woran sie seither nicht mehr gedacht haben.

Wenn Mutti wieder vom Bodensee zurück ist, könnte sie mir meine Frisierhaube schicken.
Ich wünsche Dir alles Gute und grüße Dich von Herzen
Dein Sohn Heinz

Den 29. August 1940

Liebe Eltern!

Nun bin ich bereits ein ganzes Jahr Soldat. Vieles habe ich in dieser Zeit erlebt, und immer wurde ich glücklich geführt.

In dem Haus meiner Quartierleute ist große Freude einge-

---

39 Heinrich Meyer war häufig beruflich unterwegs. Es ist nicht klar, welcher Fliegeralarm ihn damals zwang, seinen Brief teilweise im Keller zu schreiben. Den ersten schweren Luftangriff auf Stuttgart flogen britische Verbände am 25. August.

kehrt; am 26. August ist ein Stammhalter angekommen, August (mein Quartierherr) ist außer sich vor Freude. Gestern war Taufe; da gab es Kuchen. Ein Verwandter von August, auch Soldat, aber im Urlaub, ich und noch ein Soldat haben den ganzen Tag auf dem Feld geschafft; gestern und vorgestern war es endlich ordentlich Wetter; heute regnet es schon wieder.

Ich habe es hier sehr erträglich, nur ist es sehr eintönig und langweilig; man könnte so viel Nützlicheres arbeiten, als nur so herumzusitzen in der Schreibstube und manchmal auf dem Feld zu schaffen. Christa soll mal mein englisches Buch 1. Band mit dem Wörterverzeichnis schicken; da will ich meine Kenntnisse auffrischen.

Wenn Du, liebe Mutti, vielleicht irgendein nettes Geschenkchen für meine Quartierfrau wüsstest, wäre es mir sehr recht. Die Leute sind wirklich prima zu mir; ich bin wie daheim. Von meiner Gruppe sind nur noch Laule und ich hier; wäre der auch fort, würde es mir nicht mehr gefallen. Doch wir passen prima zueinander; er ist nicht so oberflächlich wie die meisten anderen.
Es grüßt Euch alle herzlich
Euer Heinz

Den 9. Sept. 1940

Liebe Mutti!

Deine Postkarte mit der Andeutung wegen dem Gefreiten hat mich nicht geärgert, obwohl ich ja allerhand erlebt habe. Es wurden nämlich nur noch einige Kameraden zu Gefreiten befördert, und die anderen wurden zum Teil Oberschütze, darunter auch ich. Nach einem neuen Befehl können nun noch mehr Gefreite ernannt werden, sodass ich nun hoffe, auf 1. Oktober noch befördert zu werden.

Es stürmt ja wieder allerhand auf Dich ein. Leider kann ich vor dem 1. Oktober nicht kommen, dafür bekomme ich aber 14 Tage Urlaub; das wird herrlich. Ich kann von hier aus zu Magda und Günter ja nichts weiter sagen; aber sie soll sich doch ernstlich prüfen, denn so einen »Mann« wie Günter wird sie schwerlich wieder kennenlernen. Er ist stolz, edel und treu; und das sind die höchsten Eigenschaften eines Mannes. Sieh, Mutti; mir laufen hier bestimmt viele Mädchen nach, aber meinst Du vielleicht, eine von ihnen mache mir Eindruck? Ein Mädchen muss stolz und zurückhaltend sein und ebenso auch ein Mann nicht jedem Mädchen schöntun.

Magda sollte sich immer wieder prüfen, ob sie sich nicht nur den Kopf hat verdrehen lassen. Zu einer Ehe gehört ein weltanschauliches und religiöses Fundament; Leidenschaft flieht – die Liebe muss bleiben. Sind zwei Menschen weltanschaulich miteinander verbunden, trennt sie keine Macht der Welt mehr. Ach, ich könnte darüber so viel schreiben, habe mir in der letzten Zeit so meine Gedanken gemacht über diese Probleme. Wir wollen uns mündlich noch darüber aussprechen; zeige Magda ruhig diesen Brief. Ich lasse sie herzlich grüßen, wenn ich ihr nur helfen könnte!
Es grüßt und küsst Dich herzlich
Dein treuer Bub Heinz

Den 14. September 1940

Liebe Mutter!

In der Sache Magda/Günter hatte ich eine falsche Auffassung. Wenn sie Zweifel hat, ob sie noch einen Sinn darin sieht, Bäuerin zu werden, muss sie selbst wissen, ob sie es leisten kann oder nicht. Bin froh, dass sie in der R.-Sache klar entschieden hat. Ich freue mich sehr, bis ich mal wieder mündlich mit Dir alles durchsprechen kann, liebe Mutti.

Bei meinen Quartierleuten habe ich es sehr schön und gut, es sind humorvolle, rechte Leute! Ich passe so richtig zu ihnen. Mein Hausherr ist mein richtiger Freund. Obwohl er bereits 36 ist, sage ich du zu ihm.

Die Reisemarken kann ich gut gebrauchen.
Es grüßt Euch von Herzen
Euer Heinz

Den 24. Sept. 1940

Liebe Mutter!

Die Zigaretten kann ich sehr gut gebrauchen, ich rauche wirklich etwas mehr; auch ist mein Quartierherr ein leidenschaftlicher Raucher. Sein Stammhalter macht gute Fortschritte, auch ist meine Hausfrau wieder wohlauf.

Hoffe, dass Ihr alle gesund und munter seid. Unter Fliegeralarm habt ihr ja scheint's nicht mehr so zu leiden. Den Engländern wird es ja vergehen, uns mal wieder anzugreifen!

In der Hoffnung auf ein baldiges Wiedersehen grüßt Dich von Herzen
Dein Heinz

Heinz wusste offenbar nicht, wie es wirklich im Kampf mit England stand.

»Der Engländer« hätte nach Vorstellung der Nazis zu diesem Zeitpunkt längst unterworfen sein sollen, doch die Insel wehrte sich erfolgreich gegen die Angriffe der deutschen Flugzeuge. Während des deutschen »Blitzkriegs« im Westen hatten die mit Frankreich verbündeten Briten keine große Hilfe leisten können. Das Expeditionskorps konnte sich – alles Material zurücklassend – nur noch von Dünkirchen aus retten lassen. Doch als am 10. Mai 1940 Winston Churchill Premierminister wurde, änderte sich die Herangehensweise. Er forderte seine Landsleute auf, »Blut, Mühsal, Tränen und Schweiß« (im Deutschen oft mit »Blut, Schweiß und Tränen« übersetzt) zu opfern im Kampf gegen die deutschen Imperialisten.

Während Heinz seinen Brief schrieb, war die »Luftschlacht um England«, die vom September bis November dauerte, voll im Gange. Es sah schlecht aus für das Deutsche Reich, doch die Bevölkerung wurde von der Propaganda mit Erfolgsmeldungen getäuscht. Die Deutschen brachten zwar mit ihren Bomben Tod und Zerstörung über die englischen Städte, doch sie erlangten nicht die Luftüberlegenheit. Auch darum kehrte Hitler zu seinen alten Plänen zurück, den »Lebensraum« des deutschen Volkes Richtung Osten zu »erweitern«.

Den 5. Oktober 1940

Liebe Eltern!

Ich komme voraussichtlich am 19. Oktober abends in Stuttgart an und habe dann Urlaub bis 5. November; das ist doch prima. August hat sich mächtig über die Zigaretten gefreut und lässt vielmals danken. Auch ich danke Dir, liebe Mutti, und dem lieben Beatle recht herzlich für den lieben süßen Gruß. Ihr habt mir wieder eine sehr große Freude gemacht. Wir stecken wirklich in der Kartoffelernte, habe schon fest mitgeholfen, Säcke mit 1 ½ Zentner machen mir nichts mehr aus.

Gestern durfte ich mit meinem Spieß[40] ausreiten; das war ein Genuss, unterwegs bekamen wir bei Leuten Kaffee und Kuchen, sie waren gerade beim Dreschen. Querfeldein sausten wir im Galopp, dass der Dreck nur so flog. Der Spieß ist ein Pfundskerl, lerne ihn erst jetzt richtig kennen.

Es grüßt Euch nun herzlich
Euer Heinz

Den 7. Oktober 1940

Liebe Mutti!

Du bist halt mein liebes, treu sorgendes Mütterlein. Wäre gerne schon bälder gekommen, aber es ging nun eben nicht, werde Euch das Nähere mündlich sagen. Einerseits wäre es schön, wenn ich in den Herbstferien gekommen wäre. Andererseits wäre der Umtrieb für Dich beinahe zu groß; Du hast mich dann auch noch für Dich. Die Mirabellen lasst Ihr Euch jetzt halt schmecken; Du hast mir dann wieder etwas anderes Gutes.

Liebe Mutti! Du brauchst keine Sorgen haben, dass ich keinen Weihnachtsurlaub bekomme, denn die 14 Tage sind mein »Hitlerurlaub!«[41], die stehen mir außer dem normalen Urlaub zu.

Es grüßt Dich von Herzen
Dein Heinz

---

40 Hauptfeldwebel, leitet den Innendienst

41 Als Hitlerurlaub bezeichnete der Volksmund die sogenannte Hitler-Freiplatz-Spende. In diesem Rahmen wurde verdienten Leuten, während des Kriegs Truppenmitgliedern, ein kostenloser Erholungsurlaub in einem Kur- oder Badeort ermöglicht. Ob Heinz in seinem Brief diese Einrichtung meint, bleibt aber unklar, denn dass er diese Art von Urlaub wirklich angetreten hätte, wird in den Briefen nicht erwähnt.

O. U.,[42] den 16. Oktober 1940[43]

Liebe Eltern!

Den Zug, mit dem ich komme, kann ich leider noch nicht genau angeben, weiß nicht, wie die Verbindung klappt, komme also voraussichtlich Samstagnacht oder erst im Lauf des Sonntags. Habe zwei Paketchen mit dreckiger und ausbesserungsbedürftiger Wäsche abgeschickt.

Heute Abend kommt Schwab wieder, den ich in den letzten 14 Tagen vertreten musste, da ging es noch mal hoch her. Ich kann nun in den nächsten Tagen alles noch schön vorbereiten, und dann geht's ab »Richtung Heimat«.

Also auf Wiedersehen am Samstag!

Es grüßt Euch herzlich

Euer Heinz

Es folgten zwei glückliche Wochen Urlaub zu Hause, in denen Heinz und seine Mutter in aller Ruhe Magdas Liebesprobleme durchsprechen konnten. Die Mirabellen, deren Reifezeit er verpasst hatte, dürften ihm in eingewecktem Zustand serviert worden sein. Ihr paradiesisches Aroma ist mir sofort wieder gegenwärtig: Der Mirabellenbaum stand in meiner Kindheit noch, seine Früchte fielen im Herbst in meinen Sandkasten. Vom Verzehr der ungewaschenen Früchte wurde ich regelmäßig krank. Als ich im Herbst 2020 den Garten wiedersah, war der Baum fort.

Den 6. November 1940

Liebe Eltern und Geschwister!

Bin gestern Abend um ¾ 7 sehr glücklich in Hofbieber gelandet. Ich bin mit einem anderen Kameraden bereits in Niederbieber ausgestiegen, um meinen Koffer dortzulassen und ihn am nächsten Tag mit der Verpflegung abzuholen. Wer steigt da ebenfalls aus dem Zug? Rosa mit Günter, Friedas Schwägerin und Bruder. Sie hatte ihr Fahrrad in Niederbieber, und darauf

42 Ortsunterkunft

43 Ganzer Brief in Maschinenschrift geschrieben

transportierte ich meinen Koffer. Familie Haas hatte eine mächtige Freude! Am Abend habe ich dann noch meine Schätze ausgepackt, da brachten sie beinahe ihren Mund nicht mehr zu vor Staunen und Entzücken. Frau Haas freut sich außerordentlich über die Brosche, und vor allem freuen sie sich über Löffel und Tasse. Sie holten Klein Wolfgang in die Küche herüber und zeigten ihm seine Geschenke. Die Zigaretten nahm August natürlich auch mit Genuss in Empfang. Der Pullover ist bereits zum »Sonntagspullover« erhoben. August fing dann gleich an, mit meinem Rechenschieber zu rechnen. Er interessiert sich sehr für solche Sachen; auch das Foto löste allgemeine Freude aus.

Denkt Euch nur, schon am Montag hat August gedroschen, somit kann ich da leider nicht mehr Säcke tragen, es hätte mir Spaß gemacht.

So bin ich nun wieder in der schönen Rhön und bringe meine Zeit herum. Von dem Urlaub kann ich nun wieder lange zehren.
Es grüßt Euch alle herzlich
Euer Heinz

Den 12. November 1940

Liebe Mutter!

Es freut mich, dass Euch meine Beschreibung von meiner Ankunft so Spaß gemacht hat.

In den letzten Tagen war ich nur wenig auf der Schreibstube. Ich habe Melder gemacht; da muss man den Vormittag mit dem Rad umherfahren, und am Nachmittag hat man dafür frei. Abends um 8 Uhr muss ich dann nochmals ins nächste Dorf und Befehle holen. Dieses Leben gefällt mir ganz gut. Heute Nachmittag habe ich von 2 bis 5 Uhr geschlafen. Hier toben wirklich schwere Herbststürme, und es will morgens gar nicht Tag werden.

Bin gespannt, wie die Sache mit Magdas Augen weitergeht, hoffentlich läuft alles gut ab. Ich bin ja nicht im Bilde, wie so eine Operation ausgeführt wird. Auf alle Fälle wünsche ich ihr viel Glück und einen guten Erfolg.

Für heute will ich schließen, wir wollen zu Abend essen.
Es grüßt Dich und die Lieben alle recht herzlich
Dein Heinz

Frieda und August Haas mit Stammhalter Wolfgang

Den 18. November 1940

Liebe Mutti!

Am Samstag kam Dein Brief von der überstandenen Operation. Es ist also wieder allerlei auf Dich eingestürmt, hoffentlich geht alles gut vorüber. Bis Du den Brief bekommst, wird Magda wieder so weit hergestellt sein. Siegerle hat halt immer wieder seine Erkältungen, das ist wohl schwer wegzubringen.

Gestern Mittag mussten wir, obwohl es Sonntag war, ein Schwein notschlachten; es hatte etwas am Herz. Da habe ich fest mitgeholfen, sodass ich jetzt auch ein halber Metzger bin, da gibt es heute Abend Bratwurst, das wird genusshaft.

Am letzten Freitagabend war ich mit Schwab in Fulda. Da war eine Veranstaltung vom KdF[44] mit Peter Igelhoff und Kurt Engel

44 Kraft durch Freude: Freizeitorganisation der Nationalsozialisten, die seit Kriegsbeginn auch für die kulturelle Unterhaltung der Truppen zuständig war

und sonstigen Größen. Es war für mich ein Hochgenuss, da fast alles gesangliche und musikalische Darbietungen waren.

Unser Stammhalter Wolfgang gedeiht prächtig. Wenn ich ihn auf den Arm nehme und ihm vorsinge, dann lacht er mich an; da ist Frieda immer ganz entzückt; ich gehöre so richtig zur Familie.
Grüße Euch alle herzlich
Dein Heinz

Den 12. Dezember 1940

Liebes Siegerle!

Heute will ich Dir Antwort geben auf Dein liebes Brieflein, mit dem Du mir eine große Freude gemacht hast. Ich will Dir heut aber auch eine Freude machen, und die besteht darin, dass ich Dir etwas sehr Schönes schreibe. Dein Heinzi kommt an Heiligabend zu Dir und spielt mit Dir Eisenbahn und mit Deinen anderen schönen Spielsachen. Wie schön wird es sein, wenn das Glöcklein läutet und die Lichter am Christbaum alle brennen; da freust Du Dich doch sicher schon schrecklich darauf.
Bis dahin grüßt Dich von Herzen
Dein Heinzi

Den 16. Dezember 1940

Liebe Elfriede!

Die Ski sind glücklich angekommen und einen Tag darauf auch die Stiefel und Zubehör. Vielen herzlichen Dank für Deine Bemühungen. Es ist mir sehr leid, wenn ich vergessen habe, auf Deinen letzten Brief näher einzugehen, meine aber, ich habe Dir doch geschrieben. Wenn nicht, so will ich es gleich nachholen.

Vater hatte mir nämlich bereits im letzten Urlaub erzählt, dass, wenn Du die Kunstgewerbeschule besuchen wolltest, Du eine Schneiderlehre machen müsstest; nun hast Du scheinbar diesen Entschluss gefasst. Wie mir scheint, kommst Du bei Fräulein Schick in ein erstklassiges Geschäft, was mich sehr freut. Wir können uns ja bald mündlich über alles das unterhalten. Voraussichtlich komme ich am 20. oder 21. Dezember. Du kannst Dir denken, wie ich mich schon darauf freue.

Du hast mich ja in Deinem Brief erst mal zurechtgestellt von wegen Kriegsjahr und nichts backen usw. Doch trotz alledem hoffe ich, das Haus nicht ganz leer zu finden, was Du doch selbst nicht glaubst. Ich denke, dass Du mich richtig verstehst, wie ich das gemeint habe.

Anbei schicke ich Euch die Bildchen vom Urlaub. Das Bildchen mit Euch vier Schwestern hat überall Bewunderung erregt. Man wollte mir nicht glauben, dass ich vier so schöne Schwestern habe; wo ich doch selbst so schön bin!

Also auf Wiedersehen am Sonnabend!

Es grüßt Dich herzlich
Dein Bruder Heinz

Dies ist der einzige erhaltene Brief, in dem Heinz einen unwirschen Ton anschlug – ausgerechnet gegenüber meiner Mutter. Von Beate schrieb er später noch, sie sei »nicht leicht zu meistern«, doch das wirkt auf mich eher fürsorglich und ein bisschen pädagogisch. Und für Magdas Liebesleben brachte der in solchen Dingen eigentlich unerfahrene Neunzehnjährige enormes Verständnis auf. Elfriede hingegen handelte sich in diesen paar Zeilen gleich zwei Rüffel ein. Erstens: Sie habe sich zu Unrecht beklagt, dass Heinz ihr einen Brief nicht beantwortet habe. Zweitens: Sie habe ihn »zurechtgestellt«, dass er zu hohe Erwartungen habe an die Versorgung im Elternhaus. Sie hatte ihm wohl die schwierige Versorgungslage in Degerloch geschildert und wahrscheinlich nicht besonders liebevoll darauf hingewiesen, dass er diesmal an Weihnachten nicht wie sonst mit allen möglichen Leckerbissen verwöhnt würde.

Das alles lässt tief blicken. Der erste Punkt war typisch für Elfriedes Situation in der Familie. Als erstes Nicht-Wunschkind geboren, musste sie sich vieles erkämpfen, was für Magda und Heinz selbstverständlich war. Während die beiden zum Beispiel mit der Zahnradbahn vom Gymnasium im Stuttgarter Talkessel den steilen Weg hinauf nach Degerloch fahren durften, musste sie zu Fuß gehen. Während die älteren Geschwister zum Frühstück ein gekochtes Ei erhielten, musste sie sich mit Marmeladenbrot begnügen. Alle fanden es normal, wenn sie zu kurz kam. Also hatte sie auch keinen Grund, sich zu beklagen. Diese Konstellation hat sie sehr geprägt und damit auch mich. Sie nahm nichts als selbstverständlich, weder materielle noch immaterielle Zuwendungen. Sie war der Überzeugung, dass man auch die Liebe seiner Mitmenschen nicht geschenkt bekam. Man musste sie erarbeiten – oder konnte sie, wo man die Macht hatte, den anderen abfordern.

Der zweite Punkt war typisch Elfriede, so wie ich sie sehe. Wahrscheinlich wollte sie ihren Bruder in ihrer praktischen Art nur vorwarnen. Aber natürlich brauchte Heinz mit seinem vom Heimweh schweren Herzen etwas anderes. Er war nun schon seit mehr als einem Jahr Soldat. Er war beim Frankreich-Feldzug unter Granatfeuer gelegen. Er war knapp einem Himmelfahrtskommando entkommen. Er hatte einem sterbenden Kameraden Wasser zu trinken gegeben und vergeblich versucht, seinen Fuß abzubinden. Er war bei großer Hitze in 37 Marschtagen 1348 Kilometer weit marschiert. Und während viele seiner Kameraden nach der Rückkehr monatelang in den Urlaub geschickt worden waren, musste er als Erntehelfer und Schreiber in der Rhön bleiben. Er brauchte jetzt Wärme, Fürsorge, Trost – und keine Informationen darüber, wie knapp das Essen zu Hause war. Das klang ja fast so, als müsste er sich bei seiner Heimkehr als lästiger Esser fühlen. Diesen Schuh zog er sich als Lieblingssohn des Hauses natürlich nicht an.

Ja, so war sie, meine Mutter. Eine Pragmatikerin. Ihr Einfühlungsvermögen war nie besonders groß. Es ist fast tröstlich, so spät zu erfahren, dass sie schon immer so war, lange, bevor ich auf die Welt kam. Sogar gegenüber ihrem über alles geliebten Heinz.

Der Brief muss ihr wehgetan haben. Wahrscheinlich sparte sie etwas ganz Besonderes für seinen Weihnachtstisch auf, um die Sache wiedergutzumachen.

Ich stelle mir vor, dass die Verlustängste des Krieges auch ihre spätere Haltung zu Männern prägten. Sie fand, dass Männer nicht nur das Recht hatten, Gerechtigkeit für sich einzufordern. Sie durften von den Frauen Opfer einfordern. Darin erkenne ich sie wieder. Es war nicht nur ihr eigener Grundsatz – sie erwartete von mir innerhalb der Familie dieselbe Duldsamkeit. Unwillkürlich brachte sie mir damit das Gegenteil bei.

Nachdem ich diesen Brief gelesen hatte, musste ich schlucken. Plötzlich schien der zeitliche Abstand zwischen Onkel Heinz und mir zu schrumpfen. Seitdem weiß ich, dass ich herausfinden muss, welche Botschaft hinter all diesen Worten so lange auf mich gewartet hat.

Ich bin nun also dabei, die Gedanken meines verlorenen Onkels wieder zum Leben zu erwecken. Und auch die Klage meiner Großeltern, meiner Mutter und ihrer Geschwister über den Verlust ihres Lieblings. Es ist das Äußerste, was ich all diesen Toten aus meiner Familie noch geben kann. Wieso aber habe ich das Bedürfnis, so etwas zu tun? Mag sein, dass ich durch meine Tüchtigkeit meiner Mutter, der Benachteiligten und später sogar in Ungnade Gefallenen, posthum zu einer Aufwertung im Kreis ihrer Geschwister verhelfen will. Das wäre doch nichts Ungewöhnliches: Kinder wollen das Leben ihrer Eltern reparieren. Sie wollen sie glücklich machen, ein Leben lang – und das bleibt ein Reflex noch lange über ihren Tod hinaus.

Wenn es mir gelingt, der großen Untröstlichkeit noch einmal ein Echo zu verleihen – vielleicht habe ich dann die Schuldigkeit meiner Mutter gegenüber getan und werde endlich frei von einem alten Zwang.

Nach mehr als 80 Jahren hätte sich der Brief meines Onkels an meine Mutter dann verändert. Er könnte jetzt auch ein Geschenk an mich sein.

Den 18. Dezember 1940

Liebe Eltern!

Bald bin ich bei Euch. Ich komme am 21.12. mit dem Zug von Frankfurt her, der um 13 Uhr ungrad, ich weiß die Zeit nicht genau, in Stuttgart ankommt. Da sind wir am Sonntagmittag schon alle gemütlich beisammen. Habe sehr Glück gehabt, so in Urlaub zu können.

Freue mich sehr, mal wieder bei Euch zu sein; zumal ich letztes Weihnachten nicht daheim war.

Auf Wiedersehen!

Herzliche Grüße

Heinz

Entschuldigt die schlechte Schrift; es ist schon 11 Uhr, und ich habe meinen Füller gar nicht gefunden.

Es folgte der kurze Weihnachtsurlaub, in dem er trotz Elfriedes Ankündigungen nach Kräften verwöhnt wurde und auch noch ausreichend Süßes mit auf den Weg bekam.

Den 28. Dezember 1940

Liebe Eltern und Geschwister!

Bin gestern Abend um 19:00 Uhr glücklich in Hofbieber angekommen. Meine Quartierleute empfingen mich mit großer Freude. Frau Haas hatte einen guten Bohnenkaffee gemacht, und dazu gab es Marmorkuchen; über die Pralinenschachtel hat sie sich sehr gefreut.

Ich hatte heute sehr viel zu tun; Schwab ist heute Abend weggefahren, und Hainig ist doch auch noch weg, somit hängt alles Geschäft an mir. Bei uns hier hat es sehr viel Schnee, hoffe, dass ich morgen zum Skilaufen komme.

Liebe Mutti! Du hast mir ja unheimlich viel Gutsle eingepackt, habe es erst im Auspacken bemerkt, vielen herzlichen Dank; da kann ich in den nächsten Tagen kräftig futtern und dabei an die schönen Tage daheim denken.

Hoffe nur, dass es Vater ordentlich geht, wenn es natürlich auch seine Zeit brauchen wird, bis er die Erkältung überwunden hat.

Viele Grüße und jedem einen lieben Kuss sendet Euch

Euer Heinz

Den 30. Dezember 1940

Liebe Eltern und Geschwister!

Zum neuen Jahr wünsche ich Euch allen viel Glück und Segen, dass jedes an seinem Platz seine Pflicht erfüllen kann. Dann wünsche ich Euch Gesundheit und Kraft, um allen Fährnissen des Lebens mit Entschlossenheit entgegentreten zu können.

Hoffen und glauben wir, dass uns dieses Jahr den Endsieg bringen wird und wir am nächsten Neujahr wieder alle glücklich versammelt sind.

Euch allen nochmals alles Gute wünschend grüßt Euch von Herzen

Heinz

So nahe ich mich diesem nie gekannten Onkel gerade noch fühlte: Diesen Brief lege ich ratlos auf den Stapel zurück. Wie fern diese Zeiten doch sind, denke ich jetzt wieder. Ich merke, dass einzelne Begriffe im Lauf der Zeit ihre Bedeutung verändert haben, und versuche, mir darüber klar zu werden, was sich hinter der »Pflicht« im Denken meines Onkels verbarg.

Es ist schwer zu ergründen, welche »Pflicht« nach Heinz' Meinung seine Familienmitglieder, jedes an seinem Platz, erfüllen können sollten. »Groß der Mensch, der seine Pflicht bis zum letzten Atemzug erfüllt«, schrieb der junge Soldat im März 1940 an seine Mutter. Für mich klingt das erst einmal gar nicht nach ihm, aber natürlich traktierten die Naziideologen auch seinen Kopf mit ihren Floskeln.

Ich stelle mir vor, wie in einer Welt des Populismus und der Lüge jede Interpretation der »Pflicht« in die Irre führen muss. Heinz könnte eine »höhere Pflicht« im religiösen Sinne, Familiensinn, Fürsorge, Nächstenliebe oder die Pflicht zu einem gottgefälligen Leben gemeint haben. Möglicherweise aber auch im Sinne Adolf Hitlers die Pflicht als Deutscher und damit als Eigentum des totalen Staates, zu tun, was seine Nation von ihm verlangte. Dieses Thema führte er an keiner Stelle in seinen Briefen explizit aus. Im März postulierte er lediglich, dass die Kraft für die Pflichterfüllung aus dem Glauben kommen müsse.

Was mich – von meiner Warte des Friedenskindes aus – nachhaltig irritiert: Es sieht so aus, als hätte er den eklatanten Widerspruch zwischen den Fundamenten seines Glaubens, beginnend bei »Du sollst nicht töten«, und seinem Mitwirken in einem brutalen Aggressionskrieg nicht einmal bemerkt. Er fügte sich ein in das System der Nationalsozialisten, ohne es infrage zu stellen, ja, er versuchte, darin voranzukommen. Es sieht an keiner Stelle so aus, als hätte er sich anstrengen müssen, eventuelle Zweifel am System zu unterdrücken. Allerdings findet sich auch an keiner Stelle ein Hinweis, dass er ein Anhänger der Naziideologie gewesen wäre, es gibt zum Beispiel keinerlei aggressive Ausbrüche gegen Juden. Lediglich ein paar wenige verbale Muskelspiele, wie er sie wahrscheinlich jeden Tag in seinem Umfeld zu hören bekam.

Was man daraus schließen kann? Es erscheint mir wenig sinnvoll, das persönliche Verhalten meines Onkels während seiner Soldatenjahre mit den Wertmaßstäben der heutigen Zeit zu beurteilen, auch wenn es in der Rückschau doppelbödig anmutet. Doch wer weiß, ob wir Heutigen je erfahren werden, auf welchen Fehlannahmen und Irrtümern wir unser eigenes Weltbild aufgebaut haben. Ich ahne es ein wenig, wenn ich daran denke, dass ich mit meinem jahrzehntelangen Konsum und Komfort zur größten Katastrophe beigetragen habe, mit der die Menschheit sich heute konfrontiert sieht: der Zerstörung unserer Natur und des Klimas.

Wie also hat Heinz die Welt und sich selbst damals gesehen? In dem 2011 erschienenen Buch *Soldaten* empfehlen der Militärhistoriker Sönke Neitzel und der Sozialpsychologe Harald Welzer sinngemäß eine »Referenzrahmenanalyse«, anhand derer die Wahrnehmung der damals handelnden Personen untersucht wird. Vor diesem Hintergrund kann das Geschehene in einen plausiblen Zusammenhang gesetzt werden. Als Referenzrahmen der damaligen deutschen Bevölkerung sehen die Wissenschaftler eine Verankerung von militärischen Werten im Bewusstsein der Menschen. Sie nennen es eine »wehrgeistige Durchdringung«. Staats- und Militärführung sei es gelungen, »die deutsche Gesellschaft in erheblichem Maße zu militarisieren«. Der Erfolg dieser propagandistischen Bemühungen habe nicht so sehr darin gelegen, »dass alle Männer den Krieg befürworteten, sondern dass sich ein Rahmen ausgebildet hatte, der sie das Wertesystem des Militärs teilen oder doch zumindest nicht infrage stellen ließ«.

Ich würde es salopper ausdrücken: Die damaligen Machthaber schafften es, viele Männer zu Spielfiguren für ihre verbrecherischen Pläne zu erziehen.

Heinz wurden schon in der Schule, in der Hitlerjugend und später in der militärischen Ausbildung die soldatischen Tugenden eingebläut, die Ordnung von Befehl und Gehorsam und auch der allumfassende Pflichtbegriff gegenüber seinem Volk. Alle Soldaten mussten einen Eid auf Adolf Hitler schwören. Heinz sah es als seine Pflicht an, seine Aufgaben in der Truppe so gut er konnte zu erfüllen.

Sein Vater sah es als seine »Dienstpflicht« an, die Regularien seines Amtes auch gegen die neuen Mächtigen zu verteidigen, wie ihm Robert Scholl schriftlich bestätigte. Meine Großmutter hatte angeblich ihre Pflicht dem Führer gegenüber erfüllt, indem sie sechs Kinder gebar. Dafür erhielt sie das Mutterkreuz in Silber. »Unsere Mutter ging zu der Verleihung, und es gefiel ihr«, schrieb Elfriede. »Obwohl ihre Kinder ja alle vor dem neuen ›Zeitgeist‹ geboren waren.«

Auch die SS-Leute, die sich an den Gräueltaten wie etwa Massenerschießungen im Osten beteiligten, rechtfertigten dies damit, dass sie ihre »Pflicht« getan hätten. Heinrich Himmler, Reichsführer SS, sagte in seiner berühmten Posener Rede vom 4. Oktober 1943 vor SS-Gruppenführern, in der er ganz unverfroren den Genozid an den Juden ansprach und rechtfertigte: »Wir hatten das moralische Recht, wir hatten die Pflicht gegenüber unserem Volk, dieses Volk, das uns umbringen wollte, umzubringen.«

Heute wird der Begriff »Pflicht« seltener benutzt. Er löst zwiespältige Gefühle aus, kündet von der Unterordnung unter ein höheres, womöglich betrügerisches System. Damals aber galt Pflichterfüllung allgemein als etwas Edles, auch wenn sie inhaltlich verschwommen war. Schließlich gab es auch die »Christenpflicht«, die eine wichtige Rolle im Wortschatz von Heinrich senior spielte. Die Antwort auf die Frage, worin diese Christenpflicht während der Nazidiktatur bestanden hätte, kann jeder Christ nur für sich selbst beantworten.

Der evangelische Pfarrer und Widerstandskämpfer Dietrich Bonhoeffer hatte ein klares Bild davon. Er schrieb in seiner Zelle in der Militärabteilung der Haftanstalt Tegel zum Thema Pflicht:

»Aus der verwirrenden Fülle der möglichen Entscheidungen scheint der sichere Weg der Pflicht herauszuführen. Hier wird das Befohlene als das Gewisseste ergriffen, die Verantwortung für den Befehl trägt der Befehlshaber, nicht der Ausführende. In der Beschränkung auf das Pflichtgemäße aber kommt es niemals zu dem Wagnis der auf eigenste Verantwortung hin geschehenden Tat, die allein das Böse im Zentrum zu treffen und zu überwinden vermag. Der Mann der Pflicht wird schließlich auch noch dem Teufel gegenüber seine Pflicht erfüllen müssen.«

Bonhoeffer schrieb diese Worte an der Wende zum Jahr 1943 mit 37 Jahren. Heinz war 19 Jahre alt, als er in seinem Brief vom Dezember 1940 über die Pflicht schrieb.

Die tiefen, aufrührerischen Gedanken eines Bonhoeffer hätte er nicht entwickeln können, und wenn doch, wären sie ihm in der Wehrmacht schlecht bekommen. Entweder hätte er drakonische Strafen auf sich gezogen, oder er hätte durch Grübeln so viel Kraft verloren, dass er sich im Kampf nicht mehr lange hätte behaupten können.

Im Nachhinein gelesen machen die Worte des großen Märtyrers der evangelischen Kirche aber noch einmal ganz deutlich, wie die

Nazipropaganda und die willfährige militärische Führung den guten Willen vieler jungen Leute ins Gegenteil verkehrten. Und bevor Heinz Gelegenheit bekommen hätte, zu sich selbst auf Distanz zu gehen und seine Rolle in dieser Eruption der Gewalt zu reflektieren, zu verstehen, zu verteidigen, zu bedauern oder gar zu bereuen, musste er sterben.

Den 12. Januar 1941

Liebe Mutti!

Das Neujahrskärtchen war eine Idee von August; sie haben sich alle sehr gefreut, dass es Euch Spaß gemacht hat. Ihr habt ja allerhand Besuch auf Neujahr gehabt; da kann ich mir denken, was Du für einen Umtrieb gehabt hast; dazu noch zwei Kranke. Gott sei Dank sind Vater und Magda schon wieder auf dem Weg der Besserung. In der Sache Günter muss man abwarten, da kann man sich vorerst noch kein endgültiges Urteil bilden; die Liebe geht oft sonderbare Wege.

Die Zigaretten habe ich erhalten, gerade als ich und August keine einzige mehr hatten. Du hast das also mal wieder erraten.

Ein großer Genuss ist, dass wir jetzt Radio auf dem Dienstzimmer haben; einen Kleinempfänger, der aber gut zu hören ist.

Dir viele liebe Grüße und einen herzlichen Kuss
von Deinem Bub

Den 19. Januar 1941

Liebe Elfriede!

Komme leider erst heute dazu, Dir zu antworten. Bin nämlich jetzt 1. Schreiber geworden; Schwab ist nicht mehr auf dem Dienstzimmer, so hatte ich allerhand zu tun. Es ist mir ja nicht so ganz recht, aber Befehl ist Befehl. Seit zwei Tagen habe ich nun wieder einen 2. Schreiber, der sich ganz gut macht.

Nun aber zu Dir: Du hast es also gepackt, beginnst Deine Ausbildung zur Schneiderin und stehst nun mitten im Leben drin. Kann mir wohl denken, dass Dir manches ungewohnt ist, aber wenn man bereits einen festen Standpunkt gewonnen hat, kommt man immer durch alle Situationen hindurch, ohne dass man sich dabei untreu wird.

Du kannst Dir jetzt ungefähr ein Bild machen, wie es war, als ich mit meinen 18 Jahren von Vaters Haus weg unter Leute von 21 bis 23 Jahren hineinkam, die schon allerhand hinter sich hatten. Ich kann heute stolz sagen, ich habe immer nur das gemacht, was ich meinen Grundsätzen nach machen durfte; möge es auch Dir so gehen.

Das Schneestapfen hast Du nun also auch gelernt, wenn ich wieder daheim bin, kommt auch das Skifahren dazu. Beim Schneeräumen hätte ich gerne mitgeholfen; hier müssen die Leute auch Schnee schippen, aber nicht nur die Ortsstraßen, sondern auch die Landstraßen (»Feldwege«).

Dass ich herrlich Ski fahren kann, stimmt allerdings. Heute Morgen um 10 Uhr bin ich fortgefahren, und heute Mittag um 4 Uhr kam ich wieder heim. Habe eine Strecke von 18 km zurückgelegt bis in die Hohe Rhön hinein. Da liegt der Schnee manchmal meterhoch. Es ist dies wirklich der richtige Ausgleich für mich, wenn ich die Woche über auf dem Dienstzimmer sitze.
Es grüßt Dich recht herzlich
Dein Heinzebua

O. U., den 22. Januar 1941

Liebe Mutti!

Nun ist also Mitzi abgereist, ohne dass Du Ersatz für sie hast. Das ist natürlich schlimm für Dich, aber Ihr müsst halt alle zusammenhelfen. Hoffen wir, dass Du bald einen Ersatz bekommst.

Habe gestern mit Deinem Brief zusammen einen Brief von Magda bekommen, über den ich mich ordentlich gefreut habe. Sie schreibt so frisch und munter, und ich gönne ihr so sehr ihre neue Stellung beim Buchverlag. Es scheint mir, dass sie da etwas Pfundiges erwischt hat. Sie kann in dieser Stellung bestimmt ihre ganze Persönlichkeit einsetzen, und das ist die Hauptsache. Es ist dies keine mechanische Arbeit nach Zeit und Akkord. Sieh, Mutti, so wird es doch immer wieder recht.

Ich habe mit großer Freude Deinem Brief entnommen, dass Vater wieder auf sein kann und sogar schon wieder ins Amt geht. Es wird ja ein Berg Arbeit auf ihn warten, er soll nur nicht zu sehr gleich hineinfahren.

Was das Lotterielos betrifft: Der Anfang mit Gewinnen wäre scheinbar gemacht, hoffen wir, dass noch allerhand nachkommt.

Sigi ist scheint's auch wieder ganz munter, sonst könnte er doch nicht so draußen herumspringen. Wie geht es denn Beatle, möchte ihr schon immer mal schreiben, kam aber bis jetzt nicht dazu.

Das Buch *Die Wölfe* habe ich erhalten, August hat sich sehr gefreut, er hat den ganzen Tag darin gelesen, ich glaube, er hat es schon durch. Wenn Du mal wieder Wäsche schickst, dann schicke bitte das Buch mit *Der Traum vom Tode,* das ist beinahe die Fortsetzung der *Wölfe.*[45]

An Wäsche brauche ich zzt. nichts, es wäre mir recht, wenn Du mir in einiger Zeit noch mein zweites Franzosenhemd schicken würdest, dass ich meine Kommissausrüstung beieinanderhabe. Dann könntest Du mir meine alten Socken schicken, sie dürfen ruhig zerrissen sein, ich kann sie vielleicht umtauschen.

Es grüßt Dich von Herzen mit einem lieben Kuss
Dein Heinz

45 Abenteuerbücher von Herbert Volck

Frankfurt

Frankfurt (Main), den 29.1.41
Gutleutkaserne Zi. 67

Meine liebe Magda!

Ich bin in der Zwischenzeit in Frankfurt gelandet. Es ist hier ein zehntägiger Kurs für Schreiber. Wir lernen Maschinenschreiben und Stenografie und sonst Allgemeines. Schwab musste so lange wieder aufs Dienstzimmer. Ich bin einerseits froh, etwas fort zu sein, denn wir haben wirklich sehr viel zu tun, andererseits ist es hier nicht besonders. Um 7 Uhr Wecken. Von 9–10 Uhr Arbeitsstunde. Von 10:20 bis 12:20 Uhr Unterricht; Mittagessen, von 14–16 Uhr Unterricht; in der übrigen Zeit sitzt man herum. Ausgang gibt's fast keinen bis jetzt. Im Maschinenschreiben komme ich mit. Stenografie habe ich für mich angefangen, komme aber nicht mit, habe noch zu wenig Übung.

Es grüßt Dich und die lieben Eltern und Geschwister mit einem lieben Kuss

Euer Heinz

Frankfurt, den 31. Januar 1941

Liebe Mutti!

Hier gefällt es mir inzwischen sehr gut. Gestern habe ich das Goethehaus besichtigt, und dann ging ich mit einem Kameraden ins Schumann-Varieté. Das war einfach wunderbar. Ich habe bestimmt schon viele Varietés gesehen, aber was da geboten wurde, war ganz großartig. Unter anderem trat eine Reiterin auf mit einem Schimmel. (Du hast das, glaube ich, schon mal im Stadtgarten gesehen.) Heute Abend will ich ins Schauspielhaus und am Sonntag wenn möglich ins Theater. Es ist für mich mal eine schöne Abwechslung, denn in letzter Zeit hatte ich nicht einmal mehr am Sonntag frei.

Gegen Stuttgart ist Frankfurt etwas ganz anderes. In jedem Café eine Kapelle, allerdings ist das ganze Niveau hier anders. Vom Krieg merkt man nicht viel, Fliegeralarm war »Gott sei Dank« noch keiner, seit wir hier sind. Meine Kaserne ist vielleicht 3 Minuten vom Hauptbahnhof, liegt also äußerst günstig.

Nun noch eine Bitte, liebe Mutti: Es wäre mir sehr recht, wenn Du mir 10 RM schicken würdest. Bin nämlich im Geld etwas knapp dran, und wenn ich nun schon hier bin, möchte ich das doch etwas ausnutzen. Ich glaube, dass Du das ruhig in einem Brief schicken kannst; wenn es Dir jedoch nicht sicher genug erscheint, könnte man es ja auf meine Adresse einzahlen, dann bringt es der Geldbriefträger, nur ginge es mit dem Brief wohl schneller.

Es grüßt Euch alle herzlich
Euer Heinz

Frankfurt (Main), den 3.2.1941

Liebe Mutti!

Habe bereits heute Morgen Deinen inhaltsreichen Brief erhalten, vielen herzlichen Dank, ebenso für die Marken, die ich im letzten Brief versehentlich übergangen habe. War gestern Abend im Opernhaus in »Vogelhändler«, das war wunderbar. Morgen will ich in »La Bohème«. Man bekommt hier 50 % Ermäßigung.

Am Samstagnachmittag fuhr ich nach Hofbieber zum Kameradschaftsabend, die Regimentsmusik war da. Ich wollte sehen, ob es was Neues gibt. Wie ich in Frankfurt auf den Bahnhof kam, steht meine halbe Kompanie da, also wurden wieder alle zurückgeholt. In Hofbieber war Hochbetrieb auf der Schreibstube, die Männer arbeiten dort, und ich habe das Sauglück, zurzeit weg zu sein. Wie ich höre, kann es bald weggehen, vermutlich irgendwo Besatzung. Dann hat das schöne Leben wieder aufgehört.

Du solltest mir wenn möglich schnell meine Wäsche schicken, dazu die Socken, sie sind ja nicht zerrissen. Ich weiß nicht, ob nachher noch größere Pakete geschickt werden können.

Also, Mutti, keine unnötige Sorge, es ist alles halb so schlimm. So wie ich hörte, fangen sie mit uns nicht allzu viel an. Es fällt mir ja schwer, von Hofbieber fortzumüssen, bin wie daheim. August sagte zu mir, wie ich am Samstag ankam, die ganze Woche hat uns was gefehlt, und Frieda hatte Kuchen gebacken. Sie waren beide beim Kameradschaftsabend. Um ½ 5 Uhr legte ich mich ins Bett. Schück war gekommen von Fulda, es waren wieder die alten Kameraden beisammen. Rapp hat seine Frau da. Ich bin ja nicht mehr in seiner Gruppe, also auch nicht mehr MG-Schütze. Bin froh, muss nicht mehr so viel schleppen, und als Schütze 1 hat man's nicht leicht, hab's ja lange genug gemacht.

Also Mutti, Kopf hoch, nächstes Jahr um die Zeit möchte ich längst wieder daheim sein und mal was lernen; das Herumsitzen habe ich doch bald satt. Du hast ja den Führer gehört,[46] wie mutig er gesprochen hat.

Seid alle herzlich gegrüßt und jedem einen lieben Kuss

Euer Heinz

Heinz freute sich: Er bekam in Frankfurt Kultur zum halben Preis zu sehen. Schön, denkt man sofort, dass er als Soldat und Kind einer bildungsbürgerlichen Familie eine solche Vergünstigung für ein harmloses Vergnügen erhielt. Allerdings gab es im totalitären Deutschen Reich nichts Harmloses mehr: Die Nationalsozialisten machten sich auch alle Formen der Kultur für ihre Propagandazwecke zunutze. Gerade die Oper, deren Besuch nun nicht mehr nur den Eliten vorbehalten war, passte in ihr Konzept. Schließlich spiegelte diese Kunstform das Pathos der eigenen Ideologie am besten wider: Als die pompösesten Opern in Nazideutschland können die Reichsparteitage in Nürnberg angesehen werden. Muster-Oper des sogenannten »Dritten Reichs« mit ihrer Verherrlichung der »deutschen Tugenden« waren denn auch die »Meistersinger von Nürnberg« – zumal Adolf Hitler schon seit seiner Jugend für den Komponisten Richard Wagner schwärmte und bei dessen Nachfahren in Bayreuth aus und ein ging.

Bis weit in den Krieg hinein blieb der Spielbetrieb der Theater erhalten. Operetten wie der »Vogelhändler« – leichte, harmonische Stücke – standen auf dem Programm und dienten als Ablenkung vom kriegsbedingt immer schwierigeren Alltag. Die Opern wurden zwar

---

46 Vermutlich handelt es sich um die Rede Adolf Hitlers zum 9. Jahrestag der Machtergreifung am 30.1.1941.

inhaltlich nicht verändert, aber der Spielplan wurde von den Nazis gesteuert. Erwünscht waren nationale Stoffe und die klassische italienische Oper. Komponisten der Moderne lehnte das System ab. Reichspropagandaminister Joseph Goebbels giftete, dass sie »hinter modischer Dissonanzsucht ihre eigenen Unzulänglichkeiten zu verbergen« suchten. Zielsicher konzentrierten sich die Nazis – besonders auch mit den extrem beliebten Kinofilmen – auf den Massengeschmack.

Hofbieber

Hofbieber, den 8. Februar 1941

Liebe Mutter!

Bin gestern Abend glücklich von Frankfurt zurückgekommen. Morgen früh schicke ich meine andere dreckige Wäsche ab; schicke mir dann bitte noch eine leichte Unterhose mit, weil ich die warmen Unterhosen beim Marschieren wohl kaum anziehen kann. Was ich noch brauchen könnte, wäre eine Mullbinde. Sonst bin ich gut ausgerüstet. Was Näheres ist noch nicht bekannt.

Habe wegen einem Mädchen[47] mich erkundigt, aber das Arbeitsamt in Fulda lässt keine Mädchen aus ihrem Kreis heraus. Vielleicht hast Du doch noch Glück.

Ich bin gesund und munter, was ich auch von Euch hoffe. Wenn Du es nur durchhältst, es ist mir eine rechte Sorge.

Also, liebe Mutti, vielen Dank für Deine treue Muttersorge.

Herzlich grüßt und küsst Dich

Dein Heinz

Hofbieber, den 11. Februar 1941

Liebe Eltern!

Kann mir denken, dass Ihr etwas überrascht wurdet, doch einmal geht es halt wieder los. Ich habe hier wirklich eine schöne, ruhige Zeit verlebt, so bin ich gestärkt und zuversichtlich auf das, was kommen wird. Ich weiß, dass Ihr mich immer begleiten werdet.

Etwas Geld sollte ich noch haben. Ich habe nun mit August Folgendes vereinbart: Er gibt mir 15 RM und Du, liebe Mutti, lässt von meinem Konto 15 RM abheben und schickst sie an August Haas. So komme ich noch zu dem Geld. Mein Bild schenke ich

47 Hausmädchen für den elterlichen Haushalt

noch selbst Frau Haas, sie wollen unbedingt eins, ehe ich weggehe, habe ja noch eins hier. Sie haben mir sehr viel Gutes erwiesen, esse doch jeden Tag bei ihnen mit.
Für heute grüßt Euch von Herzen
Euer Heinz

Niederlande

16.2.41

Liebe Eltern!

Nun ist es passiert. Sobald ich Euch wieder schreiben kann, gebe ich Euch sofort Nachricht. Ich bin guten Mutes. Seid vertrauend und begleitet mich.

Es grüßt Euch von Herzen
Euer Heinz

Die kurze Nachricht dürfte nicht gerade zur Beruhigung der Familie beigetragen haben. »Seid vertrauend und begleitet mich« – könnte sich hinter diesem Satz auch eine gewisse Angst vor dem Kommenden versteckt haben? Klar wurde aus den paar Zeilen, dass Heinz die sichere Kaserne in der Rhön und das beschauliche Quartier in Hofbieber wie angekündigt hatte verlassen müssen. Am wahrscheinlichsten war, wie er schon in seinem Brief vom 3. Februar angekündigt hatte, dass er und seine Kameraden in einem eroberten Territorium als Besatzungstruppe eingesetzt würden. Aus den Unterlagen zu seiner Division geht hervor, dass es in die besetzten Niederlande ging. Wie bang es seinen Eltern und Geschwistern wurde, ist nicht mehr zu rekonstruieren. Die wenigen Briefe meiner Großmutter an ihren Sohn, die erhalten geblieben sind, entstanden in anderen Phasen. Viele von den Briefen, die er erhielt, gingen schon deswegen verloren, weil die Wehrmachtssoldaten bei jedem Stellungswechsel alle Post, die sie erhalten hatten, vernichten mussten. Sie sollte dem Feind nicht in die Hände fallen.

Den 19. Februar 1941

Liebe Eltern!

Ihr habt wohl meine Zeilen von Hofbieber aus inzwischen erhalten. Der Abschied war sehr schwer; August hatte Tränen in den Augen, und Frieda konnte sich nicht mehr halten vor Weinen. Ich habe noch Wurst und Speck mitbekommen, sodass ich in den nächsten Tagen noch allerhand zu futtern habe.

Ich bin gesund und munter, was ich auch von Euch hoffe.

Für heute grüßt Euch von Herzen
Euer Heinz

Den 20. Februar 1941

Liebes Siegerle!

Zu Deinem Geburtstag wünsche ich Dir von Herzen alles Gute und vor allem viel Kraft und Gesundheit, dass Du ein recht strammer Bub wirst. Nun bist Du schon 8 Jahre alt und bist schon kein so kleines Bübchen mehr. Ich weiß noch, wie ich so klein war, da haben wir nur Indianerles gespielt und die Schutzleute geärgert, frag mal Nanna, wie schön das war; aber das machst Du lieber nicht nach, man kann dabei auch mal die Backen vollkriegen.

Hier, wo ich jetzt bin, ist es sehr schön, nur pfeift der Wind ordentlich.

Ich wünsche Dir also einen recht schönen Geburtstag.

Viele Grüße und einen lieben Geburtstagskuss
Sendet Dir
Dein Bruder Heinz

Das Geburtstagsgeschenk folgt noch.

Liebe Mutti!

Schick bitte meine Wäsche und die Socken noch nicht ab, erst wenn ich es schreibe; schick mir aber bitte die Schachteln, die ich heimgeschickt habe, und eine Anzahl 20-Pfennig-Marken. Kann hier allerhand einkaufen. Dann sollte ich einen Sprachführer haben, deutsch-niederländisch.

Es grüßt und küsst Euch von Herzen
Euer Heinz

Schicke mir bitte mein Handtuch.

Es war sehr schön, der Wind pfiff ordentlich, und Heinz brauchte einen deutsch-niederländischen Sprachführer: Nun wussten sie wieder, wo er war. Dem achtjährigen Siegerle wurde womöglich im Atlas gezeigt, wohin Heinz abgestellt worden war. Am liebsten wäre er zu jener Zeit wohl auch Soldat gewesen. Überhaupt wollte er so werden wie sein angebeteter großer Bruder. Sein Tod traf auch ihn furchtbar. Für den langen Rest seines Lebens – er starb 2008 – zog sich Sieghard an jedem 22. Februar, dem Todestag seines Bruders, zurück, um zu trauern.

Holland, den 24.2.1941

Liebe Mutti!

Nun sind schon wieder einige Tage vergangen, seit wir hier sind, ich meine manchmal, die Zeit fliege nur so, und das ist auch gut.

Hier gefällt es mir ganz gut. Gestern bin ich lange am Meer gewandert, es ist herrlich, so in die Ferne zu blicken, nur ist es bis jetzt meistens etwas neblig gewesen. Man findet hier sehr nette Muscheln, es macht mir großen Spaß, da herumzuklettern zwischen den Dünen und Muscheln zu suchen. Ich glaube, auch Dir würde es hier gefallen, denn wo es mir gefällt, gefällt es doch auch Dir!

Die Holländer hier haben alle Trachten an. Die Frauen Holländer Häubchen, langen Rock bis auf den Boden, schöne Mieder mit kurzen Ärmeln und darüber ein schwarzes Umschlagtuch. Ich muss immer an den Roman denken, die *Rose von Amsterdam.* Die Männer haben schwarze Manchesteranzüge, Holzschuhe und schwarze Samtkäppchen, die Häuschen sind alle schön gestrichen, alles ein Bild der Sauberkeit; sonntags haben die Frauen sehr schönen Schmuck an.

Sieh, Mutti, so kommt man in der Welt herum; das hätte ich mir vor zwei Jahren auch nicht träumen lassen.

Es grüßt Euch alle herzlich
Euer Heinz

Holland, den 1. März 1941

Liebe Mutti!

Bereits gestern habe ich Dein liebes Paketchen mit dem Handtuch und den feinen Gutsle erhalten. Die Beförderung geht also schneller, als ich dachte. Am Tag vorher bekam ich die Socken und heute die Schachteln und das Mühlespiel, mit dem Du mir eine ganz große Freude gemacht hast; vielen herzlichen Dank.

Hoffe, dass Siegerle an seinem Geburtstag wieder gesund war. Ich hatte am 27. ja auch einen großen Tag; 1 ½-jähriges Dienstjubiläum, so vergeht die Zeit. Kann mir denken, wie Ihr mit Spannung meine ersten Zeilen erwartet habt; ich allerdings auch die ersten von daheim. Ich bin hier auch auf der Schreibstube, und der Betrieb gefällt mir sehr gut, es ist viel interessanter wie in Hofbieber. Abends mache ich meistens noch einen Spaziergang ans Meer, das ist vielleicht 300 m von unserer Unterkunft weg; wir sind da auf einer Insel.

Familie Haas werde ich allerdings wohl nicht so schnell vergessen. Mein Plan ist, während meiner Studentenzeit mal dorthin in die Erntehilfe zu gehen; sie haben mich alle bestürmt, doch im Frieden mal wiederzukommen. Die von Dir aufgeführte Post habe ich sämtlich bekommen, bis auf den Brief von Magda. Die Militärwäsche könntest Du mir jetzt schicken, Socken noch nicht. Schicken darfst Du Paketchen bis 1 kg mit 25-Pfennig-Marke.

Liebe Mutti, es ist für mich so ein schönes Gefühl, Euch mit Euren Gedanken bei mir zu wissen, aber ich bitte Dich, mach Dir keine Sorgen. Es ist bestimmt nicht nötig. Wir sind natürlich nicht so weit vom Schuss wie in Hofbieber, aber es ist hier nichts los, wir können hier ruhig schlafen, man macht sich da aus einem Flieger nichts. Die fliegen ja alle sowieso ins Hinterland, wenn überhaupt mal einer kommt.

Es grüßt und küsst Dich herzlich
Dein Heinz

Holland, den 4. März 1941

Meine liebe Magda!

Ich freue mich so, bis ich wieder bei Euch sein kann und wir uns unterhalten können über Deine neue Tätigkeit. Wir haben's endlich einmal gut getroffen, landschaftlich und auch sonst in jeder Hinsicht.

Heute habe ich 2 Paar Strümpfe gekauft, Größe 8 ½ und 9 ½.

Schreibt mir, ob die Größen recht sind. Ich kann noch mehr kaufen, wenn Ihr es brauchen könnt. Schreibe mir, was Ihr sonst noch an Wäsche nötig habt; man kann noch allerhand bekommen, natürlich auch Wolle oder Stopfgarn. Wenn Du jemand weißt, der eine Uhr oder Uhrenarmband oder so etwas Ähnliches benötigt, schreibe es mir. Hier gibt es prima Schweizer Uhren und äußerst billig. Die Strümpfe kosten nach deutschem Geld das Paar 1,85 RM,[48] ist das teuer oder billig?

Gestern war es hier sehr stürmisch; es hatte ordentliche Wellen. Es ist wunderschön, so am Strand zu stehen und der Brandung zuzusehen (Du siehst, ich bin schon poetisch geworden). Abwechslung haben wir hier ja nicht viel, ein nettes Lokal ist im Ort nicht zu finden; wir haben aber eine Kantine, da trinke ich abends halt mein Fläschchen Bier (übrigens noch gutes Vollbier) oder auch eine Flasche Kakao oder Milch, was es gerade gibt. Marken sind hier auch eingeführt, auch Punkte,[49] aber man bekommt vieles auch so. Manchmal erwischt man noch Vollschokolade, sonst halt nur gefüllten. In den ersten Tagen habe ich unheimlich Schokolade gegessen, es war mal wieder etwas Neues, doch ist der Schokolad ziemlich teuer; eine Tafel nach deutschem Geld 1,20 RM.

Es grüßt Dich herzlich mit einem lieben Kuss
Dein Heinz

Entschuldige den Fettfleck.

Holland, den 5. März 1941

Liebe Mutti!

Mit dem Geld können wir es ja so angehen, dass Du mir 10 RM schickst und Magda 10 RM. Wenn ich hier so allerhand einkaufe, brauche ich natürlich noch etwas Geld. Ich bekomme

48 Die Reichsmark wird im April 1941 auch als gesetzliches Zahlungsmittel in den Niederlanden eingeführt.

49 Zum Zweck der Rationierung gab es Karten, auf denen für bestimmte Produkte (zum Beispiel Kleidung) eine festgelegte Anzahl Punkte abgestrichen wurde. Für andere Güter (zum Beispiel Lebensmittel) wurden Karten mit Marken ausgegeben, die zum Bezug berechtigten.

ja hier wohl auch Löhnung, kaufe mir aber meistens auch noch etwas zu essen.

Bin so froh, dass Du wieder so weit hergestellt bist. An Frau Auer hast Du scheint's eine treue Hilfe; da kannst Du ja froh an ihr sein.

Das war ein guter Gedanke mit dem Schreibpult für Sigi; da hat er sich sicher sehr gefreut. Er ist ja wieder reich beschenkt worden.

Den Sprachführer habe ich bekommen, werde Vater in den nächsten Tagen schreiben.

Nun noch eine freudige Mitteilung. Es gibt Urlaub. Für mich allerdings noch nicht gleich. Zuerst kommen jetzt die Verheirateten dran.

Für heute grüßt Dich von Herzen
Dein Heinzelbub

Holland, den 14. März 1941

Liebe Mutti!

Bin wirklich so beschäftigt, dass ich kaum zum Schreiben komme. Ich muss auch noch die Kantine verwalten und den Einkauf regeln, habe zu meiner Verfügung allerdings noch einen zweiten Schreiber und zwei Melder. Ihr seht, ich bin wirklich ein viel beschäftigter Mann. Habe natürlich auch einen Vorteil davon.

Hier ist es herrliches Wetter. Die Sonne brennt schon ganz heiß.

Heute am 16. will ich glücklich meinen Brief fortsetzen. Heute Morgen hatten wir eine schöne Heldengedenkfeier[50] mit Flaggenparade. Wir präsentierten das Gewehr, und anschließend kam ein Vorbeimarsch im Exerzierschritt. Es war das erste Mal hier, dass ich wieder im Glied stand, ich machte aber mit, um mei-

50 Den in der Weimarer Republik eingeführten Volkstrauertag, an dem zuvor die Toten des Ersten Weltkriegs betrauert worden waren, benannten die Nationalsozialisten in Heldengedenktag um. Von 1939 an wurde er auf den Sonntag vor dem – oder genau auf den – 16. März gelegt. Es gab Paraden, Hitlerreden und Fahnenhissungen.

nem Kompaniechef zu zeigen, dass ich trotz der Tätigkeit in der Schreibstube noch exerzieren kann. Wir vom Kompanietrupp haben dafür vorher auf der Bude fest geübt.

Ich will Dir mal die Leute vom Kp.-Trupp[51] vorstellen: Da ist der Gefreite Schander, Beruf Kellner im »Hotel Graf Zeppelin« in Stuttgart. Er ist Bursche beim Chef. Dann kommen 4 Melder: Rall von Sillenbuch, 23-jähriger Lehrerssohn und halber Volksschullehrer mit Abitur. Gefreiter Salfner, Maler, der die Hochschule besucht hat und unser Zimmer schon mit schönen Bildern schmückt. Übrigens ist er verlobt, weißt Du, mit wem, mit Alma, die Haushilfe bei Glasers war; er kennt Familie Glaser, auch Lotte ein wenig. Weiter Gefreiter Stierle von Heslach, er ist zzt. Kradmelder und Hornist, auch Maler von Beruf; dann kommt noch Gefreiter Schmid, Elektriker, 23 Jahre; aber er ist zzt. im Heimaturlaub. Du siehst also, alles Leute mit geistigem Interesse, ich habe viel mehr Anregung wie früher in meiner Gruppe.

Unser Führer ist Feldwebel Geßler, aktiver Offizier von Wolpertswende bei Ravensburg. Er ist ein gestandener Kerl und kann was. Du siehst, wir sind ein ganz feiner Klub.

Heute Mittag hörte ich wieder im Radio das Wunschkonzert[52], da gehen meine Gedanken immer zu Euch. Ich versetze mich im Geiste auf unser Sofa, die Stehlampe brennt, und Du sitzt am Klavier und singst mir vor.

Es grüßt Euch alle herzlich
Euer Heinz

Die Mutter Magda Meyer, das Zentrum der Familie, war sehr musikalisch, hatte eine schöne Naturstimme, begleitete sich beim Singen selbst auf dem Klavier und spielte auch anspruchsvolle Stücke. Meine Mutter schwärmte noch im hohen Alter von den Abenden mit Hausmusik. Die Nachbarn hätten die Fenster aufgemacht, wenn Meyers

51 Kompanietrupp

52 Das »Wunschkonzert für die Wehrmacht«. War eine Propagandasendung, die Musikwünsche von Soldaten und deren Angehörigen spielte und so Heimat und Front verband. Meistgespieltes Lied war »Lilli Marleen« von Lale Andersen.

musizierten, um ihnen zuzuhören. Sie weinte manchmal an Weihnachten, weil niemand von uns mehr mit ihr mitsang und wir Kinder uns irgendwann weigerten, misstönende Aufführungen mit C-Flöten zu bestreiten.

Als ich mir nach Beates Tod das Haus am Waldenbucher Platz noch einmal ansah, fand ich neben lauter kargen Zimmern mit glatten Linoleumböden, weiß gestrichenen Wänden und uralten Stores an den Fenstern nur eine einzige wirklich gemütliche Ecke. Dort, wo das Klavier stand, ein schönes, hölzernes Instrument in einer warmen Farbe. Ein Notenbuch lag immer noch aufgeschlagen auf dem Ständer. Daneben ein Regal, vollgepackt mit weiteren Noten, klassischen Klavierstücken und Liedern, mürbe vom Blättern. Sie muss auch noch im hohen Alter viel gespielt haben zwischen diesen verlassenen Wänden und den Fotos der Toten, und ich stellte mir das gespenstische Echo vor, das die Wände zurückgeworfen haben.

Die Familie Meyer, als sie noch vollständig war, sang gemeinsam zur Klavierbegleitung Schubert-Lieder. Manchmal imitierte meine Mutter die Art, wie meine korpulente Großmutter den Kopf senkte, um die hohen Töne herauszupressen, und dadurch ihr Doppelkinn zu einem Dreifachkinn zusammendrückte.

Kurz vor der Schlafenszeit spielte meine Großmutter Märsche, zu denen die vielen Kinder um den großen Esszimmertisch paradierten.

Das Musizieren der Mutter mit ihrem Sohn, dem Liebling, der sang und Geige spielte, war für beide ein tiefer Quell des gemeinsamen Glücks.

Den 16.3.41

Lieber Sigi!

Heute bekommst Du endlich Dein versprochenes Geburtstagspaketchen; leider etwas zu spät, aber Du isst ja die Schokolädchen heute auch noch gerne. Hoffe, dass Dir die Halbstrümpfe gut passen.

Du solltest nur bei mir sein, da könntest Du am Strand herrlich spielen im Sand und Muscheln suchen.

Einen lieben Kuss
Dein Heinz
Lass Deine Schwestern auch mitessen.

Holland, den 28.3.1941

Liebe Mutti!

Es geht mir mal wieder wie in Wildflecken und in Mainz; es gibt keinen Urlaub mehr. Ich habe es mir eigentlich gedacht, es ist ja auch verständlich. Sei also nicht traurig, ich habe dann dafür den Urlaub noch vor mir. Vielleicht wird die Sperre auch bald wieder aufgehoben, dann komme ich gleich zuerst dran.

Es grüßt Dich von Herzen
Dein Heinz

Lasst Euch den Bohnenkaffee und den Tee schmecken, es kommt noch mehr. H.

Holland, den 9. April 1941

Liebe Eltern und Geschwister!

Nun ist es schon das zweite Osterfest, das ich beim Militär verbringe. Wir stehen heute ganz unter dem Eindruck der herrlichen Erfolge in Jugoslawien und Griechenland.[53] Heute Mittag kam eine Sondermeldung nach der anderen. Wir im Kompanietrupp haben uns ein Kofferradio gekauft für 75 Gulden, das sind 100 RM. Diesen kann man sowohl an jede Stromart anschließen als auch ohne Strom nur mit eingebauter Batterie laufen lassen. Wir können ihn also mit an den Strand nehmen. Dann haben wir uns ein Tischtennis gekauft, so haben wir hier feine Abwechslung.

Heute Abend waren wir am Strand, es gab einen herrlichen Sonnenuntergang. Man kann sich da stundenlang die Zeit vertreiben.

Es grüßt Euch von Herzen und wünscht Euch recht schöne Ostern
Euer Heinz

53 Balkanfeldzug, am 17. April kapitulierte Jugoslawien, zwischen dem 20. und 23. April gab es mehrere griechische Kapitulationsangebote.

Holland, den 14.4.41

Liebe Mutti!

Gestern hatte ich ein nettes Erlebnis. Der Kompanietrupp machte einen Ausflug in einen benachbarten früheren Badeort; da spielte in einem prima Lokal mit Korbsesseln und prima eingerichtet zum ersten Mal wieder eine Kapelle. Lauter deutsche Schlager und Lieder. Es waren nur Soldaten da, auch unser Kompaniechef. Die Musiker hatten ein Mikrofon, und einer von ihnen sang ab und zu. Wie nun die Kapelle Pause machte, spielte Kolb vom Kompanietrupp Klavier, und ich sang durchs Mikrofon *Komm zurück.* Wir bekamen rasenden Beifall. Spät am Abend waren wir nochmals dort; da spielten sie das Lied *Hörst Du mein heimliches Rufen.* Der Klavierspieler hatte deutsche Noten mit Text; da fing ich an zu singen, plötzlich war es ganz ruhig im Saal. Der Sänger von den Musikern stand auf, hielt mir das Mikrofon hin, und er sang die zweite Stimme. Dann sangen wir noch *Dunkelrote Rosen,* und *Sing mir das Lied noch einmal.* Alles raste natürlich vor Beifall. Der Wirt von dem Lokal, ein sehr gebildeter, feiner Mann, weißt Du, das ist ein Badehotel und er ist der Besitzer, sagte zu mir, ich habe einen selten schönen Naturtenor, den ich unbedingt pflegen müsste. Er sagte, ich würde bestimmt nochmals an ihn zurückdenken. Ich hatte gestern allerdings auch eine selten schöne Stimme.

Du kannst Dir denken, wie ich so an dem Klavier stand, war ich im Geist bei Dir zu Hause, vielleicht hab ich auch deshalb so schön gesungen.

Ich bin gesund, und es geht mir gut, was ich auch von Euch hoffe.

Habe von Vater einige Karten geschickt bekommen von Prüfungsreisen in verschiedene Ortschaften, es hat mich sehr gefreut, vielen Dank.

Es grüßt Euch alle von Herzen
Euer Heinz

Ohne Datum

Liebe Magda, liebe Beate!

Heute möchte ich Euch zwei eine Freude machen. Hoffentlich passen Euch die Strümpfe. Deinen Brief, liebe Magda, habe

ich vorhin erhalten. Ich kann Dir mitteilen, dass ich Dir wohl die meisten Wünsche erfüllen kann, nur mit dem Mantel wird's hapern; dafür wollen die hier nämlich auch Punkte. Du musst mir natürlich Geld schicken, denn so viel habe ich ja nicht hier. Eine Beschränkung der Geldsendungen besteht nicht. Schicke mir also circa 50 RM. (Gute Lederschuhe kosten beinahe 20 RM, aber 1A Ware.)
Herzliche Grüße
Heinz

Heinz freute sich, dass er seiner Familie so viele in Deutschland knappe Waren zukommen lassen konnte. Ich stelle mir vor, wie stolz das den liebevollen Sohn und Bruder gemacht hat, welch ein gutes Gefühl der Fürsorglichkeit es ihm gab. Wie gründlich die deutschen Besatzer die Länder Europas leer kauften und ausraubten, konnte er nicht wissen.

Als Heinz in Kremsier war, galten dort noch Einkaufsbeschränkungen, als aber im Oktober 1940 die Zollgrenze für Böhmen und Mähren fiel, packte die Soldaten auch dort die Kaufwut. Frankreich wurde nahezu leer gekauft: Kaffee, Kakao, Wein, Cognac, Seife, Kosmetikartikel, seidene Damenwäsche, Kleidung und weitere Herrlichkeiten wurden nach Hause geschickt und geschleppt. Die Franzosen bezeichneten die kauflustigen Soldaten als »Kartoffelkäfer«. Aus Norwegen transportierten die Deutschen später tonnenweise Hering nach Hause, aus dem Osten kamen Schweinespeck und Würste.

Die Nazi-Führung hatte festgelegt, was später unter dem Begriff »Schlepperlass« bekannt wurde: »Was der Soldat tragen kann, und was zu seinem persönlichen Gebrauch oder zu dem seiner Angehörigen bestimmt ist, soll er mitnehmen dürfen.« Es gibt Fotos von Wehrmachtssoldaten, die aus dem besetzten Frankreich auf Urlaub heimkehrten und die sich mithilfe von Tragriemen vollgehängt hatten mit Koffern, Packen und Paketen. Auf Raub und Diebstahl gründete das Nazi-Regime – und entsprechend agierten seine Soldaten.

Offensichtlich gelang es den Niederlanden, mit der Zeit zumindest eine teilweise Rationierung auch für Besatzungssoldaten durchzusetzen. Doch musste Holland für die Kosten der Besatzung astronomische Summen aufbringen. In den Jahren 1940 bis 1942 laut dem Historiker und Journalisten Götz Aly pro Monat 100 Millionen Gulden. Der Wechselkurs zwischen Gulden und Mark wurde auf 1:1,33 festgelegt. Um dies zu bezahlen, musste das Land sich erheblich verschulden.

Es gab einen Unterschied zwischen Löhnung, die Heinz vom Zahlmeister erhielt, und dem Gehalt, das er nach seiner ersten Beförderung erhielt und das auf sein Konto in Stuttgart überwiesen wurde. Dass ihm weiteres Geld aus der Heimat für diverse Einkäufe geschickt wurde, lag im Trend, denn durch die Rationierung im Reich war ein Überhang an Kaufkraft entstanden. Millionen wurden so in die besetzten Länder transferiert, umgesetzt und die Bevölkerung ausgeplündert. Dafür, dass Heinz jemals aus den Niederlanden enorme Warenmengen mit nach Hause gebracht, sie gar in irgendwelchen Grauzonen organisiert und damit Geschäfte gemacht hätte, gibt es aber keine Anzeichen, es hätte auch nicht zu ihm gepasst. Zu seinem nächsten Urlaub, der allerdings bereits vor seinem 20. Geburtstag am 27. Mai 1941 wieder zu Ende war, brachte er den in Raten abbezahlten Mantel für Magda mit.

Ohne Datum

Liebe Eltern!

Habe meine Gasmaske vergessen. Schickt sie mir bitte getrennt, also Büchse und Maske, sonst ist sie zu schwer. Ihr müsst aber beide Teile wiegen, ob sie nicht zu schwer sind. Sollte die Büchse zu schwer sein, dann schickt mir bitte den Maskenkörper, aber ich glaube, dass beides nicht mehr wie zwei Pfund wiegt.

Dass ich das auch vergessen konnte, es regt mich schwer auf; also macht es bitte sofort.

In Eile!
Heinz

Holland, den 18.V.1941

Liebe Eltern und Geschwister!

Zuerst das Wichtigste! Meine Gasmaske ist soeben angekommen. Ihr habt das ganz fabelhaft gemacht; ich hatte nämlich noch gar nicht gemeldet, dass ich sie vergessen habe. Vielen Dank für Eure Bemühungen.

Bin gestern Mittag ½ 5 Uhr angekommen. Es war eine sehr lange, aber auch interessante Fahrt. Wir kamen über Nimwegen und haben dabei allerhand von Holland gesehen. Ich wurde freudig empfangen und in unser schön hergerichtetes Zimmer geführt. Das Einleben wird mir etwas schwer. In meinen Gedanken bin ich noch ganz bei Euch; besonders bei Dir, liebe Mutti, denn heute ist ja Muttertag. Es war sehr schön im Urlaub; nun kann ich in der nächsten Zeit wieder von der Erinnerung zehren. Heute Mittag hörte ich das Wunschkonzert, da kamen ja wieder reizende Sachen.

Ich hoffe, dass Sigis Fieber nun etwas gesunken ist.

Das Brieflein, das ich in Heidelberg eingeworfen habe, werdet Ihr ja in der Zwischenzeit erhalten haben. Wie wir aus dem Bahnhof in Stuttgart hinausfuhren, fiel es mir ein. Ihr könnt Euch vorstellen, wie ich mich aufgeregt habe. Aber ich habe einfach nicht mehr daran gedacht. Das nächste Mal bringe ich die Gasmaske gar nicht mehr mit in Urlaub.

Ich muss mich nun halt wieder an das Soldatsein gewöhnen.

Es grüßt Euch von Herzen mit einem lieben Kuss
Euer Heinz.

Holland, den 25. Mai 1941

Liebe Magda, liebe Christa!

Habe nun Eure zwei Stoffe eingekauft. Der eine mit Grund Dunkelblau ist für Dich, Nanna, der andere für Edda. Hoffentlich gefallen sie Euch. Der Meter kostet nach deutschem Geld ca. 3,50 RM. Es ist Waschseide. Ich glaube bestimmt, dass Euch die Stoffe gut zu Gesicht stehen. Schuhe kann ich erst in ca. 14 Tagen schicken, da das Geschäft dort wieder welche bekommt in Eurer gewünschten Art.

Freue mich, dass das neue Mädchen noch gekommen ist, so habt Ihr es doch etwas gemütlicher.

Es grüßt Euch herzlich
Euer Heinz

Holland, den 29. Mai 1941

Liebe Mutti!

Vielen herzlichen Dank für alle Deine Liebe, welche Du mir zu meinem Geburtstag geschenkt hast. Ich habe einen sehr netten, ruhigen Tag erlebt. Morgens durfte ich einmal ausschlafen, und mittags hatte ich frei, das ist so Sitte bei uns. Mein Oberleutnant und Hauptfeldwebel gratulierten mir herzlich. Am Abend hatten wir eine kleine Feier beim Kp.-Trupp, die sehr nett verlief. Um 12 Uhr ging ich dann ins Bett. Nun bin ich 20 Jahre, und ich komme mir eigentlich noch gar nicht so alt vor. Manchmal ist es mir, wie wenn ich hier in einem Traum leben würde und es später daheim wieder an derselben Stelle weiterginge, an der vor 1 ¾ Jahren mein Leben daheim unterbrochen wurde. Doch wenn ich meine Kameraden mit 22 und 23 und noch älter betrachte, dann kommt es mir immer wieder, dass, wenn diese erwachsen und reifer sind, ich es wohl auch schon bin, denn nur wenige sind mir da in ihrer geistigen Entwicklung voraus. Doch das hat auch große Vorteile für mich, ich bin dadurch viel weniger irgendwelchen Einflüssen ausgesetzt.

Es grüßt und küsst Dich, liebe Mutti, von Herzen
Dein Heinz

Holland, den 6. Juni 1941

Meine liebe Mutti!

Zu Deinem 49. Geburtstag wünsche ich Dir von Herzen vor allem Gesundheit und einen frohen, zuversichtlichen Mut, dass Du allen Fährnissen des Alltags fest und getrost begegnen kannst und Du alle diese von der guten und schönen Seite siehst. Dann wünsche ich Dir, dass Du auch in Deinem Streben nach weiterer geistiger Vervollkommnung Erfolg haben mögest.

Wie viel Schweres und auch Schönes liegt wieder in diesem Lebensjahr. Es ist nicht so, dass das Leben mit jedem Jahr leichter und unkomplizierter wird, oft türmen sich die Schwierigkeiten auf, wenn man sie am wenigsten vermutet hätte.

Leider hat der Krieg uns auch wieder in diesem Jahr getrennt, doch meine Gedanken werden über die weite Strecke zu Dir eilen, wie sie es im letzten Jahr getan haben. Ich werde den 11. Juni 1940 nie vergessen. Wie die Kameraden mir noch Handgranaten in das Koppel packten und es dann losging. Mein einziger Gedanke war, meine liebe Mutter, wird sie die Gefahr spüren, die mir droht, und dann kam aber die Gewissheit über mich; Gott wird es nicht zulassen, dass ich an ihrem Geburtstag nicht mehr wiederkehre; und nachher lag die Landschaft friedlich vor mir, kein Schuss fiel mehr, die Franzosen hatten sich ergeben; da überkam mich selbst eine Geburtstagsfreude, ich war am größten beschenkt worden.

Liebe Mutti; Du kannst Dir denken, dass auch die Gedanken all meiner Kameraden in diesen Tagen um ein Jahr zurückgehen und wir still und dankbar sind, dass wir glücklich diese Schlacht überstehen durften.

Hoffe, dass Du bald das Paketchen erhalten wirst; in dem einen Socken wirst Du etwas Schönes finden; musste es vorsichtshalber so verstecken.

Wünsche Dir einen recht schönen Geburtstag.
Es grüßt und küsst Dich von Herzen
Dein treuer Heinz

Holland, den 15. Juni 1941

Liebe Mutti!

Nun ist Dein Geburtstag vorbei, und Du stehst wieder im Alltag. Wünsche und hoffe, dass Du Dein 50. Lebensjahr mit Freude, Kraft und neuem Mut angefangen hast, möge es uns den Frieden bringen, dass ich zu Deinem 50. Geburtstag an Deiner Seite sitzen kann.

Hoffe, dass Du meinen Brief und das Paketchen erhalten hast, Du wirst ja die Überraschung darin gefunden haben. Das Kettlein hat 14 Karat Gold; ich denke, dass es Dir gefällt. Es war eine besondere Gelegenheit, dass ich es bekam. Hier ist ein deutscher Juwelier, und dieser hat es mir verkauft; er hatte nur noch zwei Goldketten, man bekommt solche Sachen hier auch kaum mehr.

Habe mir in den letzten Tagen einen Popelinemantel gekauft und bereits weggeschickt. Er gefällt mir ausgezeichnet und passt mir gut. Freue mich, bis ich ihn mal tragen kann.

Es grüßt und küsst Euch von Herzen
Dein Heinz

»Es ist so ein feines, schönes Stück, dieses feine Kettchen mit dem reizenden Anhänger«, schrieb die Mutter in ihrem Dankesbrief. »Doch für mich ein fast zu zartes Gebilde. Ich werde es einst Deinem ersten Töchterchen wieder schenken zu seiner Taufe.«

Holland, den 24. Juni 1941

Liebe Eltern!

Es ist ja seit meinem letzten Brief allerhand passiert. Ihr könnt Euch denken, wie bei uns die Nachricht vom Kriegseintritt Russlands eingeschlagen hat. Es war doch alles ahnungslos. Wenn wir die Lage genau betrachten, ist es vielleicht besser, jetzt die Entscheidung zu erzwingen, wie in 3 oder noch mehr Jahren. Ich glaube auch, dass wir zur Besiegung Russlands nicht allzu lange brauchen werden. Seid also zuversichtlich und stark, wir sind es auch. Wenn einst Russland besiegt sein wird, ist der letzte Albdruck weg, der noch auf uns in Europa gelastet hat.

Hoffe, dass Ihr alle gesund und munter seid.

Es grüßt Euch von Herzen
Euer Heinz

Heinz war offenbar überzeugt, dass die Sowjetunion von sich aus in den Krieg eingetreten war. Er meinte, dass das Deutsche Reich ahnungslos gewesen sei. Der Brief liest sich nicht so, als wüsste Heinz es eigentlich besser und nähme Rücksicht auf die Zensur. Die Propaganda hatte ihn ein weiteres Mal in die Irre geführt, was nicht weiter verwunderlich ist.

Nach damals offizieller Naziversion hatte ein Angriff der »jüdisch-bolschewistischen« Sowjetunion kurz bevorgestanden, und das Reich hatte einen Präventivschlag führen müssen. Doch es war andersherum, tatsächlich wurde Diktator Josef Stalin von Hitler überrascht: Der Krieg zwischen dem Deutschen Reich und der Sowjetunion begann am 22. Juni 1941 mit dem seit einem Jahr geplanten Überfall durch die deutsche Wehrmacht – ohne Kriegserklärung. Hitler brach damit den deutsch-sowjetischen Nichtangriffspakt vom 24. August 1939, auf dessen Grundlage er überhaupt erst den Überfall auf Polen gewagt und damit den Weltkrieg begonnen hatte. Und den Deutsch-Sowjetischen Grenz- und Freundschaftsvertrag vom 28. September 1939, in dem eine engere Zusammenarbeit der beiden Staaten vereinbart und die Aufteilung der künftigen Territorialbeute mit dem Herzstück Polen manifestiert worden waren.

Zu Beginn des deutsch-sowjetischen Krieges kam die Wehrmacht in einer Serie von Kesselschlachten rasch voran, sie traf auf eine veraltete, schlecht ausgerüstete Rote Armee, deren führende Offiziere in großer Zahl Josef Stalins Gewaltaktionen zum Opfer gefallen waren. Teilnehmer berichteten, in der Anfangszeit habe nicht einmal jeder sowjetische Soldat ein Gewehr gehabt. Der geplante deutsche »Blitzkrieg« scheiterte trotzdem.

Tatsächlich war Hitler zunächst davon überzeugt, die Sowjetunion könnte in nur acht Wochen erobert werden – Heinz, der an der Westfront einen solchen »Durchmarsch« miterlebt hatte, glaubte offensichtlich diesen absurden Prognosen. Ein Blick auf die Landkarte hätte eigentlich genügen müssen, um diesen Plan als größenwahnsinnig zu entlarven. Oder ein Blick in die Geschichtsbücher, auf das Kapitel über Napoleon und sein Scheitern im russischen Winter. Zeitzeugen aus Berlin berichteten, dass die Nachricht vom Krieg im Osten in der Bevölkerung denn auch keinerlei Begeisterung ausgelöst habe. Im Gegenteil: Viele Deutsche seien starr vor Schreck gewesen.

Nach drei Monaten hatte das Deutsche Reich mit seinen Zangenbewegungen tatsächlich ein riesiges Gebiet erobert, die Wehrmacht stand kurz vor Moskau, hatte die fruchtbare Ukraine besetzt, Leningrad eingeschlossen und drei Millionen Soldaten der Roten Armee gefangen genommen. Hitler erklärte den Gegner für geschlagen. Doch so ging es nicht weiter. Es folgten energische sowjetische Gegenangriffe, der Krieg dauerte sehr lange an.

Holland, den 1. Juli 1941

Liebe Eltern und Geschwister!

Habe gestern Elfriedes Brief erhalten und so nach der Postsperre wieder das erste Lebenszeichen von Euch bekommen. Die 50 RM habe ich auch bekommen, vielen Dank.

Der Krieg hat ja nun wieder eine ganz neue Wendung genommen. Doch geht ja der Kampf wie in den seitherigen Feldzügen mit noch größerer Schnelligkeit und Erfolgen vor sich. Ihr könnt

Euch denken, wie wir die Kämpfe von unserem Holland aus mit Spannung verfolgen. Ich hätte nicht gedacht, dass die Entscheidung mit Russland so schnell kommt, doch genau darin liegt heute wieder unser Vorteil.

Wir haben hier ein ganz nettes Leben. Am Sonntag war ich an einem See, etwa 7 km von hier entfernt, und habe gesegelt. Das ist ein herrlicher Sport und gefällt mir besser, wie im Café sitzen. Man kann das Boot mieten, wenn einige zusammen ein Boot nehmen, ist es sehr billig. Gestern durfte ich mal wieder mit meinem Spieß ausreiten, auch das war ein Hochgenuss. Überhaupt verbringen wir unsere Freizeit hauptsächlich mit Sport, Speerwerfen, Gerät, Hochsprung, Kugelstoßen usw.

Lieber Vater! Es ist bereits am 20. April eine Bestimmung herausgekommen über die Studienförderung. Danach bekomme ich mit einer zweijährigen Dienstzeit bereits ¼ des Studiums bezahlt und für diese Zeit monatlich 50 RM Zuschuss, bei Auswärtsstudium 100 RM. Mit 2 ½ Jahren bekomme ich die Hälfte bezahlt, und so steigert sich das. Diese Verordnung kam im Heeres-Verordnungsblatt, und dort wurde auf folgendes Blatt verwiesen: Reichsministerialamtsblatt Deutsch/wiss/Erziehg/Volksbilg. Es wäre sehr gut, wenn Du dieses Blatt auftreiben könntest, damit wir die Bestimmung später in Händen hätten.

Nun kommen ja so viele noch zum Einsatz, von denen man es nicht mehr gedacht hätte, mögen sie gesund wiederkommen.
Es grüßt Euch mit einem lieben Kuss
Euer Heinz

Heinz scheint aus den anfänglich großen Territorialgewinnen der Wehrmacht in der Sowjetunion geschlossen zu haben, dass dieser Krieg bald entschieden würde. Diese Phase, in der Hitler und seine Komplizen in den Stäben der Wehrmacht die irrwitzigen Pläne umzusetzen begannen, mit denen sie Heinz und viele seiner Kameraden am Ende in Tod und Gefangenschaft trieben, erlebte er selbst als eine Zeit der Hoffnung: Würde er bald schon frei sein? Würde bald sein wahres Leben beginnen als Student und Maschinenbauer? Würde er sich eine Braut suchen und eine Familie gründen können?

Das sind ganz normale Fragen eines jungen Menschen. Die Antworten, die ihm die folgenden dreieinhalb Jahre gaben, sind niederschmetternd. Es gibt unzählige Familien, denen die Nazis, etwa im Rahmen des Holocaust, noch viel schlimmere Gräuel angetan haben als meiner. Aber der Kummer kennt keinen Wettstreit. Heinz wurde, wie so viele, für dumm verkauft und in den Tod geschickt.

Während ich seine Briefe lese, spüre ich seinem Heimweh nach, seinem Bemühen, mit den Anforderungen und den Kameraden zurechtzukommen. Und seinem tiefen Verantwortungsgefühl für die Familie zu Hause, die er ständig zu beruhigen versuchte. Doch die Momente, in denen Heinz mir am nächsten steht, sind die im Boot, im Sattel und auf Skiern. Denn diese drei Lieben haben wir gemeinsam, über so viel Zeit, Raum und Schrecken hinweg.

Erst jetzt, an dieser Stelle, erkenne ich, dass ich in diesem fernen Onkel einen Verwandten gefunden habe, womöglich sogar den einzigen, dem ich mich je nahe gefühlt habe. Er ging mit großer Neugier durch die Welt, er beobachtete genau, stellenweise meine ich zu erkennen, dass er Freude am Schreiben hatte. Ich ertappe mich bei dem Gedanken, dass er auch Autor hätte werden können wie ich. Aber ich weiß ja, dass er Maschinenbauer werden wollte.

Wie viel von meinen Gedanken ist Wunschdenken? Wandle ich womöglich nur auf den Spuren meiner Mutter und meiner Tanten, die alle hofften, seine Lieblingsschwester zu sein?

Ich bin immer wie eine Fremde durch diese Welt gewandert. Nun scheint es mir plötzlich, als hätte das Schicksal beschlossen, mir einen Gesellen zur Seite zu stellen, der mir ähnlich ist. Mir diese Briefe in die Hand zu geben, damit ich endlich erfahre, dass ich nicht aus dem Nichts komme.

Wie wäre es wohl gewesen, einen solchen Onkel zu haben? Hätte er mich gelehrt, mithilfe des Glaubens Widersprüche auszuhalten? Hätte er mich gelehrt, auf Gott zu vertrauen? Oder wäre er am Ende genauso schwer beschädigt nach Hause gekommen, genauso stumm wie die meisten Soldaten und Kriegsgefangenen, die den Krieg überlebten? Vielleicht hätte auch er sich in eine dieser einschüchternden Gestalten verwandelt, die ich in der Kindheit als Väter kannte. Verschlossene Männer mit kurzer Lunte, randvoll mit unterdrückter Wut. Männer, die ihre Gefühle hatten auslöschen müssen, um weiterleben zu können. So waren nicht alle. Aber als Mädchen dachte ich: Väter sind so.

Viele dieser Männer wurden im hohen Alter von ihrem verdrängten Trauma eingeholt. Plötzlich fingen sie wenigstens erratisch zu sprechen an, so als wäre es angesichts des nahenden Todes nötig geworden, dass auch ihr zweites Ich hervorkam, damit es mit ihnen sterben konnte.

Bis hierher war ich auf der Suche nach den Ursachen für die Wut und die Traurigkeit meiner Mutter. Jetzt begegne ich meiner eigenen Traurigkeit.

Kann man verlieren, was man nie besessen hat? Heute weiß ich: Ja. Das kann man. Der Phantomschmerz, der immer da war, aber erst nach mehr als sechs Jahrzehnten in mein Bewusstsein drang, beweist es. Ich bin mehr als zweieinhalbmal so alt, wie mein Onkel werden durfte. Am 27. Mai 2021 wäre er 100 Jahre alt geworden. Ich habe an diesem Tag einen Marmorkuchen gebacken.

Der Kummer war so groß, dass er diejenigen, die ihn ursprünglich fühlten, überdauert hat.

Warum durfte ich diesen Onkel niemals kennenlernen? Warum wurde er mir im Krieg weggeschossen?

Wenn es überhaupt eine Antwort gibt auf diese Frage, dann liegt sie vermutlich jenseits von jedem Warum.

Holland, den 8. Juli 1941

Liebe Mutter!

Bei uns hier ist es wieder drückend heiß, wir laufen fast nur in Turnhosen herum, sonst hält man es überhaupt kaum aus. Am Sonntag bin ich wieder gesegelt. Das ist eigentlich das Schönste hier. Ich habe auch schon allerhand dabei gelernt. Man kann hier kaum glauben, dass irgendwo im Osten Kanonen donnern, so wenig merkt man hier vom Krieg. Noch nicht ein Mal hat uns der Engländer besucht. Die Holländer sind ja nicht besonders freundlich, das stört uns weiter nicht; frech zu werden getrauen sie sich nicht.

Die Erfolge im Osten sind ja überwältigend, doch müssen sie erkämpft werden. Bin gespannt, wo Günter steckt, nachdem er sich freiwillig an die Ostfront gemeldet hat, vielleicht könnt Ihr mir ja mal von ihm Nachricht geben. Nun ist also mein Freund Alfred auch eingezogen worden. Er wird ja wohl nicht herauskommen, da er nur garnisons-verwendungsfähig[54] ist. Dies wird ihm wohl schwerfallen.

Nun ist es bald ½ Jahr, dass wir in Holland sind, so vergeht die Zeit; nächsten Monat feiern wir unser zweijähriges Jubiläum, in Friedenszeiten wäre ich nun schon fertig, so machen wir halt noch 1 Jahr freiwillig.

Es grüßt und küsst Dich von Herzen
Dein Heinz

Holland, den 27. Juli 1941

Meine liebe Mutti!

Ich hoffe, dass Dich mein Brief hier in rechter Erholungsstimmung antrifft, hoffe auch, dass Dein Husten wieder vorbei ist.

Liebe Mutti, ich weiß, dass ich in der letzten Zeit etwas wenig geschrieben habe, aber weißt Du, hier war so eine fürchterliche Hitze, dass man überhaupt nichts mehr anfing. So lagen wir fast jeden Abend im Schatten und aßen Eis. Ich saß den ganzen Tag in der Badehose auf dem Dienstzimmer. Doch jetzt ist es hier wieder angenehm, und ich werde auch wieder öfter schreiben.

Ihr könnt allerdings froh sein, dass ich in Holland bin, es ist ja grauenhaft, wie die Bolschewiken gehaust haben, da kann man nicht mehr von Menschen reden. Es werden wohl einige Kameraden von mir im Osten sein. Hoffentlich ist an dem Gerücht nichts dran, dass Otto Weyhenmeyer gefallen sein soll, das wäre ja furchtbar, doch der Krieg ist hart und unerbittlich.

Das Geschenk für Vater habe ich noch nicht gekauft, will morgen noch danach sehen; Du kannst Dir denken, wie gerne ich an seinem 50. Geburtstag bei Euch wäre; doch es kann eben leider nicht sein. Wir wollen dankbar sein, dass wir alle gesund und munter sind und Vater seinen Geburtstag im Kreis seiner Familie feiern kann. Er könnte ja auch irgendwo in Polen sein oder sonst irgendwo. Wie viel mehr Sorgen hättest Du dann, liebe Mutti.

Liebe Nanna!

Hoffe, dass es Dir ordentlich geht und Du Dich hier nett erholen kannst. Leider wirst Du durch Deine Gedanken um

54 Tauglichkeitsgrad der Wehrmacht, nicht an der Front einsetzbar

Günter nicht richtig zur Entspannung kommen, doch lasse Dir von Deinem Bruder etwas sagen. Sieh, es wird bestimmt sich alles zum Guten wenden, Du musst nur fest daran glauben, denn es geschieht nichts Willkürliches auf der Welt. Der Mensch muss innerlich stark sein, um allen Anforderungen gewachsen zu sein, und besonders nötig haben wir dies im Krieg. Sei also guten Mutes und benutze diese kurzen Tage zu Deiner Erholung.
Es grüßt Dich, liebe Mutter, und Dich, liebe Nanna, mit einem lieben Erholungskuss
Euer treuer Heinz

Heinz konnte zu jenem Zeitpunkt den wahren Charakter, die Brutalität dieses Feldzugs im Osten kaum kennen: Das »Unternehmen Barbarossa«, der Überfall der Wehrmacht auf die Sowjetunion, bedeutete nicht nur einen Bruch bestehender Verträge. Er war als Vernichtungskrieg geplant, der nach Adolf Hitlers Vorstellung dem »arischen Herrenvolk« mehr »Lebensraum im Osten« bringen und der »Zerschlagung des jüdischen Bolschewismus« dienen sollte. Die Bevölkerung, die nach Hitlers Überzeugung einer minderwertigen Rasse angehörte, sollte aus den fruchtbaren Gebieten vertrieben, versklavt oder umgebracht werden, um den überlegenen Germanen Platz zu machen und die Versorgung des Reichs zu sichern. Die dort lebenden Juden sollten allesamt getötet werden.

Nachzulesen sind die Ziele bereits in Adolf Hitlers Manifest *Mein Kampf*, das 1925/26 erschien: »… Demgegenüber müssen wir Nationalsozialisten unverrückbar an unserem außenpolitischen Ziel festhalten, nämlich dem deutschen Volk den ihm gebührenden Grund und Boden auf dieser Erde zu sichern. Und diese Aktion ist die einzige, die vor Gott und unserer Nachwelt einen Bluteinsatz gerechtfertigt erscheinen lässt:… Der Grund und Boden, auf dem dereinst deutsche Bauerngeschlechter kraftvolle Söhne zeugen können, wird die Billigung des Einsatzes der Söhne von heute zulassen, die verantwortlichen Staatsmänner aber, wenn auch von der Gegenwart verfolgt, freisprechen von Blutschuld und Opferung.«

Meine Mutter sagte stets, dass niemand in ihrer Familie *Mein Kampf*, je gelesen habe. Ob das die Wahrheit ist, und ob mein Onkel

Heinz nicht wenigstens Auszüge aus diesem Buch kannte, das sein Todesurteil enthielt, ist nicht mehr zu klären.

Die Planung und Führung dieses Vernichtungskrieges werden den Befehlshabern der deutschen Wehrmacht als Kriegsverbrechen angelastet. Zu den Verbrechen ihrer Soldaten zählen Massenmorde an der Zivilbevölkerung. Und die Misshandlung von Millionen von Kriegsgefangenen, die unter dem Schutz des Kriegsrechts hätten stehen müssen. Diese von den Nazis als lebensunwert angesehenen Menschen gingen ohne Versorgung in primitiven Lagern elend zugrunde. Ukrainische Frauen, die ihren Männern Essen ins Lager bringen wollten, wurden nicht durchgelassen.

Hinter der Front, die zunächst in hohem Tempo vorankam, erledigten die sogenannten Einsatzgruppen der Sicherheitspolizei und des »Sicherheitsdienstes des Reichsführers SS« den Auftrag, die jüdische Bevölkerung systematisch umzubringen – sie taten dies auf barbarische Weise. Die Beteiligung von Wehrmachtssoldaten ist unstrittig, das Ausmaß unklar. Der Potsdamer Historiker Rolf-Dieter Müller schätzte in einem Interview mit dem *Spiegel* 1999, dass maximal fünf Prozent der Wehrmachtssoldaten in Kriegsverbrechen »verwickelt« gewesen seien. Erst mit der ersten, noch nicht überzeugenden Wehrmachtsausstellung 1995 begann in Deutschland ein Diskurs darüber, der beispielsweise in einer weiteren, veränderten Wehrmachtsausstellung und der Ausstellung »Größte Härte… Verbrechen der Wehrmacht in Polen September/Oktober 1939« seinen Widerhall fand.

Fest steht: Angehörige der Frontverbände waren weniger damit konfrontiert als Angehörige der Besatzungsverbände. Insgesamt gilt für die einfachen Wehrmachtssoldaten: Wenige haben viel, viele haben wenig zu verantworten. Viele wussten von Gräueltaten, sahen aber weg.

Holland, den 29. Juli 1941

Mein lieber Vater!

Zu Deinem 50. Geburtstag wünsche ich Dir von Herzen alles Gute. Es mögen alle Deine persönlichen Wünsche in Erfüllung gehen. Vor allem wünsche ich Dir im Besonderen viel Kraft und Gesundheit, dass Du Deinem Amt mit Frische vorstehen kannst und Du täglich mit neuem Mut und Gottes Beistand Deinen Lebenskampf weiterkämpfen kannst.

Ich kann mir denken, dass man an so einem Tag einmal zurückblickt auf sein vergangenes Leben und in der Erinnerung schöne, aber auch schwere Tage auftauchen. Doch glaube ich auch, dass einem dann manches erst klar wird, warum man das Leben gerade so geführt hat und für was dies oder jenes gut war. Du musstest ja in Deinem Leben viel Schweres durchmachen, Du hast Deine Mutter früh verloren, und Dein Vater war sehr hart zu Dir: Geschwister hast Du auch keine gehabt. Ich selbst durfte und darf es ja gerade erfahren, wie schön das ist. Du hast vielleicht auch dadurch schon in frühen Jahren den Weg zu Gott gefunden und hast Dich dann später durch ihn führen lassen und alle Deine Sorgen auf ihn geworfen. So wurde Dein Leben unter dieser Schirmherrschaft glücklich. Du durftest dann später in unserer guten Mutter und in den Kindern, welche sie Dir geschenkt hat, Dein größtes Glück finden und Gottes reichen Segen erkennen.

Lieber Vater! Wenn heute Deine Kinder vielleicht in manchen Auffassungen nicht ganz in Deine Fußstapfen treten, so wäre mir der Gedanke leid, wenn Du daraus vielleicht ein hartes Urteil über Deine Kinder fällen würdest oder vielleicht sogar Undankbarkeit Dir gegenüber herauslesen wolltest. Sieh, Vater, die neue Zeit gibt dem Menschen, natürlich besonders dem jüngeren Menschen, so viele Fragen auf, besonders auch religiöser Art, dass wohl der innerliche Entscheidungskampf größer ist, wie er früher war. Daraus ergibt sich zwangsläufig, dass eine Auffassung nicht ohne Weiteres aufgenommen wird, und ich persönlich halte das auch für gut so. Hat sich ein Mensch nach einem Kampf entschieden, so wird er an diesem Sieg fester halten, wie wenn er einen Kompromiss geschlossen hätte. Du kannst jedoch die Gewissheit haben, dass Du in jedes Deiner Kinder einen guten Kern gelegt hast, der einmal aufgehen wird. Sollte unser Weg auch nicht ganz der Deine werden, so wird er doch das gleiche Ziel haben.

Ich freue mich so für Dich, dass Du jetzt ein Weilchen ausspannst und Du wieder neue Kraft schöpfen kannst.

Ich habe vor einigen Tagen eine Aktenmappe an Dich abgeschickt, ich hoffe, dass Du sie gut gebrauchen kannst. Möge sie möglichst wenig Akten mit nach Degerloch bringen.

Ich wünsche Dir einen recht schönen Geburtstag und grüße und küsse Dich herzlich

Dein treuer Sohn Heinz

Holland, den 31. Juli 1941

Meine liebe Mutti!

Habe heute Abend Deinen lieben Brief von Wildberg erhalten. Freue mich so, dass Ihr es hier so nett getroffen habt. Ruhe und ein schöner Ausblick ist ja für Dich die beste Erholung. Bin auch so froh, dass es Nanna so gut geht. Es freut mich, dass Du als ein Bier trinkst, da kannst Du immer an mich denken; ich trinke wirklich abends auch immer ein Fläschchen Bier und mache mir einen Tomatensalat, das ist herrlich, da wird man satt.

Hoffe, für Sigi ein Paar Schuhe zu bekommen. Würde Dir gern Trauben und Pfirsiche schicken, aber die halten eben nicht. Es ist so lieb, wenn Du Dich freust, dass ich mir so etwas kaufen kann. Aber auch Ihr werdet mal wieder Obst in Hülle und Fülle essen, wenn ich mal meine Bananenkisten aus Deutsch-Ostafrika schicke?!?!?!?!?

Kann mir denken, dass es Dir recht ist, wenn ich in Holland bin. Mir ist es natürlich auch nicht unrecht, obwohl wir es schön haben, solange andere bluten müssen, aber im Westen braucht man auch Leute, sonst würde der Engländer doch mal frech, und eisern Dienst machen wir auch; da wird uns nichts geschenkt.

Ich wünsche Euch noch recht gute Erholung und grüße und küsse Euch herzlich

Euer Heinz

Heinz' Witzelei über Bananen aus Deutsch-Ostafrika war von der NS-Propaganda geprägt. Die deutschen Kolonien in Afrika, die mit dem Versailler Vertrag sämtlich abgetreten worden waren, sollten zurückerobert werden. Dieser Plan wurde mit Kriegsbeginn zuerst verändert und trat schließlich hinter dem Vorhaben, neue Räume in Osteuropa zu erobern, völlig in den Hintergrund. Doch die Idee, Deutschland neben allem anderen auch einen »Platz an der Sonne« zu verschaffen, blieb lebendig.

Holland, den 6. August 1941

Liebe Eltern und Geschwister!

Nun seid Ihr ja alle wieder glücklich beieinander. Vermutlich werdet Ihr jetzt gerade beim Nachtessen sitzen und Mutti von der Sommerfrische erzählen. Nachher werdet Ihr vielleicht etwas musizieren, obwohl es heute mal wieder drunter und drüber gehen wird, bis alles für Vaters Geburtstagsfeier vorbereitet ist.

Denkt nur, Salfner hatte am Samstag Hochzeit, er ist in Urlaub. Da ist Alma natürlich glücklich, er hat sich auch furchtbar gefreut.

Den Stoff, liebe Elfriede, werde ich voraussichtlich bekommen, werde am Samstag danach sehen. Da hast Du eine prima Lösung gefunden. Freue mich sehr, dass Dir der Kleiderstoff so gut gefällt, Du siehst, mich kann man einkaufen lassen. Es macht mir aber auch Spaß. Werde Dir also den Stoff so bald als möglich zustellen.

Euch allen und besonders Dir, lieber Vater, herzliche Grüße und einen lieben Geburtstagskuss

Euer treuer Heinz

Elfriede konnte den Stoff sehr gut gebrauchen. Sie hatte Anfang 1941 ihre Schneiderlehre begonnen, die Vorbedingung für ihren eigentlichen Berufswunsch, Modezeichnerin, war. Die Stoffe wurden also umgehend verarbeitet. Entweder wurden sie für die Schwestern und die Mutter verwendet oder zu speziellen Bedingungen an Kundinnen weitergegeben. Gut möglich, dass dabei gelegentlich mit Lebensmitteln bezahlt wurde.

Holland, den 17.8.1941

Liebe Mutti!

Habe Deinen inhaltsschweren Brief vom 13.8. erhalten, vielen Dank. Zur gleichen Zeit kam von Vater die Nachricht, dass Otto bei Smolensk gefallen wäre. Du kannst Dir denken, wie mich das getroffen hat, habe es natürlich gleich Karl Weyhenmeyer gesagt, der noch nichts wusste. Habe heute den Besigheimern kondoliert. Es ist das ein furchtbarer Schlag für den armen Onkel Theophil und für Anneliese. Dann die traurige Nachricht von Günters schwerer Verwundung, wollen wir das Beste hoffen. Dieser Kampf im Osten ist halt äußerst hart und fordert viele Opfer; von Angehörigen meiner Kompanie sind auch schon zwei Brüder gefallen.

Liebe Mutti! Es freut mich, dass Du meinen Geburtstagsbrief an Vater lesen durftest; sieh, es war mir ein Bedürfnis, meinen Brief so zu schreiben. Wie leicht lebt man selbst in seiner Familie aneinander vorbei oder sogar auseinander, und das wäre mir bei uns ein schmerzhafter Gedanke, es müssen da dauerhafte geistige Brücken vorhanden sein. Vater hat mir sehr schön darauf geschrieben.

Es grüßt Dich von Herzen
Dein Heinz

NB: Liebe Mutti, stelle bitte fest, ob ich Geld direkt auf mein Sparkonto überweisen lassen kann; es handelt sich um Kriegsbesoldung.

Inzwischen erschien im *NS-Kurier* täglich eine ganze Seite mit winzigen Todesanzeigen von Gefallenen im Osten. Darunter viele Schwaben, wie die Mutter feststellte.

Magdas Verlobter Günter Martin war nun schwer verwundet. Er hatte sich als Ausbilder der Gebirgsjäger am falschen Ort gewähnt und sich 1941 freiwillig an die Ostfront gemeldet. Doch er kam nicht bis zur Sowjetunion. Schon in Polen wurde er von einer sogenannten »Maschinengewehr-Garbe« getroffen, sein Körper war von Wunden übersät. Er wurde ins Lazarett gebracht, wo er mit dem Tod rang.

Der bei Smolensk ums Leben gekommene Otto Weyhenmeyer war der Sohn von Heinz' geliebtem Patenonkel Theophil Weyhenmeyer, eines auf komplizierte Weise mit der Familie Verwandten und führenden Mitglieds der pietistischen Hahn'schen Gemeinschaft. Theophil hatte in Besigheim einen Kolonialwarenladen mit Eisen- und Kohlenhandlung. Sein Sohn Otto arbeitete schon früh dort, machte eine passende Lehre in Stuttgart und trat ins väterliche Geschäft ein, wo er die Nachfolge übernehmen sollte. Die Meyer-Schwestern beeindruckte er mit seinen großen Radtouren in die Schweiz – und er war sogar in Spanien gewesen. Otto fotografierte außerdem sehr gut. Er war 32 Jahre alt, als er an der Ostfront sein Leben lassen musste.

Holland, den 26.8.41

Liebe Mutti!

Ich habe Euch etwas lange auf Nachricht warten lassen, aber es ging nicht anders, wir sind mal wieder gewandert, nun sind wir wieder nah am Meer. Es ist hier auch ganz schön, besonders auch die Unterkunft. So lernen wir allmählich ganz Holland kennen.

Heute habe ich von Besigheim eine Danksagungskarte erhalten. Liebe Mutti! Was Du mir da von Werners schwerer Verwundung schreibst, ist ja auch schrecklich; er wird wohl kaum noch seinen Beruf als Bauer ausüben können. Einen Albrecht Dölker habe ich sehr gut gekannt; er war im Karlsgymnasium und bei mir im Jungvolk als Führer: Er ist ein Jahr älter als ich. Kurt Stahl war mit mir Jungenschaftsführer.[55] Es ist arg, wie viel junge, aufblühende Leben da zu Ende gehen. Die drei besten Freunde von meinem Freund und Kameraden Rall aus Sillenbuch sind auch gefallen.

Gestern bekam ich nach langer Zeit einen Brief von Jörg Spindler. Er liegt in Warschau in einem Lazarett. Er bekam in Russland einen Pistolenschuss hinters Handgelenk, die Kugel wurde erst jetzt im Lazarett entfernt. Er schrieb den ganzen, mehrseitigen Brief mit der linken Hand, tadellos. So ist er gnädig davongekommen. Sieh, Mutti, er wurde erst im Herbst 40 eingezogen und ist nun in Russland dabei. Du merkst, die Wege des Einzelnen sind irgendwie vorherbestimmt.

Bis Ihr diesen Brief bekommt, bin ich schon über zwei Jahre Soldat. Morgen haben wir Jubiläum. In Friedenszeiten wäre ich nun schon daheim, so sind wir weiterhin eisern Soldat. Auch dieser Krieg hört einmal auf.

Es grüßt Dich und die Lieben recht herzlich
Euer Heinz

---

55 Anführer einer Gruppe von etwa 10 Jungen im Jungvolk, der Organisation der Hitlerjugend für die Zehn- bis Vierzehnjährigen

Holland, den 7. Sept. 1941

Meine liebe Mutti!

Vielen Dank für Deinen lieben Brief vom 23.8. Bin so froh, dass es Dir wieder so weit gut geht.

Bin so froh, dass es Euch allen gut geht, besonders auch Nanna, ich habe oft Sorge um sie, hoffentlich wird noch alles gut mit ihr, man sieht gar nicht klar. Ich bin froh, dass ich noch kein Mädel habe, so fallen doch die Liebessorgen weg. Habe nach dem, was ich beim Kommiss gesehen habe, die feste Absicht, möglichst lange ledig zu bleiben.

Sieh, Mutti, da gibt es junggebackene Ehemänner in meiner Kompanie, die immer schon am ersten Abend ein Mädchen haben und jedem Rock nachspringen. Ich kann das nicht verstehen, ich bin da viel zu stolz. Zudem laufen einem die Mädel hier nach. In der Beziehung ist Holland viel leichter als Deutschland. Um mich brauchst Du Dir in der Beziehung keine Sorgen zu machen. Ich lese lieber ein schönes Buch oder treibe Sport, habe zum Glück auch viele gleichgesinnte Kameraden.

Über Magdas Lockenfrisur kann ich erst urteilen, wenn ich sie richtig gesehen habe. Auf dem Bildchen hat sie mir, ehrlich gesagt, nicht besonders gefallen, aber ich glaube schon, dass es sehr hübsch ist. Das Bildchen von Vater ist sehr nett.

Wünsche Euch allen alles Gute, es grüßt und küsst Dich herzlich

Dein Heinz

Ob Magda sich damals schon eine Dauerwelle hatte legen lassen? Immerhin war sie 22 Jahre alt, doch es ist fraglich, ob dies ins Frisuren-Reglement der frommen Eltern gepasst hätte. Die Mutter trug ihr Leben lang einen Dutt. Die Töchter mussten ihr Haar zu zwei dicken Zöpfen flechten, die sie erst mit 16 Jahren abschneiden lassen sollten. Selbst der immer wieder in den Schulen ausbrechende Kopfläusebefall musste mit dem überlangen Haar ertragen werden. Elfriede erzählte immer wieder von dem Moment, als der Friseur ihr im Jahr 1939 die Zöpfe endlich abnahm. Ihr Kinn sei kurz auf die Brust geschnappt, weil ihrem Kopf plötzlich der Gegenzug gefehlt habe.

Christa

Holland, den 14. Sept. 1941

Meine liebe Christa!

Endlich sollst Du ein Brieflein von mir erhalten. Ich freue mich immer sehr über Deine originellen Briefe, die ich von Dir erhalte. Kann mir denken, dass Du fest im Lernen bist, dass Du mal eine brauchbare Hausfrau wirst; denn die Liebe der Männer geht durch den Magen. Allerdings muss eine Frau auch noch auf anderen Gebieten etwas können.

Nun ist der Sommer ja bald wieder vorüber, und Du musst wieder in der Zahnradbahn sitzen. Du wunderst Dich vielleicht, wie ich auf solche Gedanken komme, aber oft ist mir die Zeit vor dem Kommiss wie ein Traum. Wie lange liegt das alles zurück. Wie erwachsen kam ich mir damals schon vor, und wie sorglos und kindisch waren wir doch damals noch. In der Zwischenzeit ist der Ernst des Lebens hervorgetreten und hat die Türe zu unseren schönen Kindertagen zugeschlagen. Bei Dir zeigt sich das ja nicht so deutlich, aber auch in Eurem Leben hat der Krieg Veränderungen gebracht. Die harmlose Sorglosigkeit ist einfach weg.

Bin so froh, dass Ihr alle Mädchen seid, sonst hätte ich noch einige Brüder im Felde. Mir geht es gut, ich kann mich wirklich nicht beklagen. Will sehen, ob ich noch für Dich ein Jäckchen bekommen kann, obwohl das sehr schwer sein wird. Soviel ich weiß, wolltest Du es doch in Weiß.
Es grüßt und küsst Dich herzlich
Dein Bruder Heinz

Holland, den 14. Sept. 1941

Liebe Mutti!

Heute schicke ich wieder 2 Paketchen an Dich ab mit 2 Pfund Zucker, Kakao und Tee, auch Schokolade, diesmal Vollmilch. Freue mich immer, wenn ich Euch etwas schicken kann. Wenn Du Zwiebel oder sonst irgendetwas nötig brauchst, schreibe es mir.

Kann mir denken, dass Euch die Fliegeralarme sehr mitnehmen, aber man muss dankbar sein, wenn immer alles gut abgeht. Du schreibst mir schon wieder zwei Todesfälle. Viele meiner einstigen Kameraden sind schon gefallen; es ist sehr traurig. Der Bruder von Richard Stierle, einem Kompanietrupp-Kameraden von mir, ist auch gefallen bei Smolensk.

Kann mir denken, dass es in Besigheim jetzt viele Veränderungen gibt. Onkel Theophil weiß ja nun nach Ottos Tod nicht mehr, wofür er überhaupt sein Geschäft weiterführt. Auch einen Willi Kurrle habe ich entfernt gekannt.

Liebe Mutti, kann mir denken, dass Dich all das Schwere, was Du hörst, sehr mitnimmt, besonders ein Mutterherz kann so was kaum ertragen, da musst Du Dich eben an Gott halten und bitten, dass alles sich zum Guten wende und Du die Kraft bekommst, der Zukunft ruhig ins Auge zu blicken. Soeben habe ich Deinen Brief vom 11. erhalten mit der traurigen Nachricht von Willi Pfründer. Er tut mir sehr leid; möge ihm die Kraft geschenkt sein, sein schweres Opfer zu tragen.
Es grüßt Dich und die Lieben alle herzlich mit einem lieben Kuss
Euer Heinz

PS: Zu lesen habe ich noch genügend, wir haben in der Kompanie auch eine kleine Bücherei, wo es sehr schöne Bücher gibt.

O. U., den 19. Sept. 1941

Lieber Vater!

Vielen Dank für Deine liebe Karte von Ellwangen. Es freut mich, dass Du manchmal so kleine Ausflüge machst, das gibt doch immer neue Anregungen. Kann mir denken, dass Du nach wie vor in fester Arbeit steckst. Hoffe, dass Du von Deinen Mitarbeitern gute Nachrichten hast, es sind doch auch bestimmt welche in Russland. Wir hier in Holland merken davon natürlich wenig. Höchstens, dass wir mal eine Radstreife nach einem abgestürzten Flugzeug machen, aber sonst verspürt man nicht viel. Heute Mittag kamen wieder inhaltsreiche Sondermeldungen im Radio, im Osten bahnt sich wieder eine große Entscheidungsschlacht an. Wollen wir hoffen, dass dieser furchtbare Kampf bald zu Ende geht. Viele mussten schon ihr hoffnungsvolles Leben dafür hergeben. Mehrere meiner Kompaniekameraden mussten schon Brüder hergeben.

Kann mir denken, dass Onkel Carl die schwere Verwundung seines Sohnes auch sehr schwer mitgenommen hat. Gerade wo Werner als Bauer gesunde Glieder besonders nötig braucht. Und Willi Pfründer tut mir auch sehr leid, es zeigt eine tiefe innere Vollkommenheit, dass er den schweren Verlust so tragen kann.

Ich bin gesund und munter, habe in der letzten Zeit sogar etwas zugenommen, ich wiege 68 kg. Bald geht es wieder irgendwohin an die Küste. Wir sind die reinsten Zigeuner, in der letzten Zeit waren wir nirgends mehr als 3–4 Wochen. Das ist aber auch ganz interessant. Von Haarlem aus, wo wir uns einige Zeit aufhielten, war ich einmal in Amsterdam. Es ist eine sehr schöne Stadt, ganz modern gebaut, besonders die neuen Siedlungen, riesenhafte Gebäudekolosse, aber sehr schön und weiträumig. Die Wohnkultur ist in Holland im Allgemeinen sehr hoch entwickelt. Die Straßen sind auch sehr schön, besonders fallen die großen, breiten Fahrradwege überall auf. Man kann sich eine Straße ohne Fahrradweg überhaupt nicht denken. Ich war mit meinem Freund Salfner (Almas Mann) im Reichsmuseum. Dort ist eine Sammlung wunderschöner Gemälde. Leider waren die echten Rembrandts alle im bombensicheren Keller, so waren nur Reproduktionen zu sehen. Aber sonst waren noch viele Werke alter holländischer Meister zu sehen. In Amsterdam ist jede zweite

Querstraße ein Kanal. Meistens von Blumen eingefasst. Das macht einen sehr freundlichen Charakter. Wir haben uns dann noch die ganze Stadt angesehen, zum Schluss wurde ein Schnitzel verzehrt, was wir uns allerdings auch nur an besonderen Feiertagen leisten können. Bedient wird man von den Kellnern meistens sehr zuvorkommend, obwohl man das sonst nicht gerade sagen kann.

Ich bin glücklich darüber, dass ich so meinen Horizont erweitern kann, wir haben so schon etliches von Holland gesehen.

Mutti schrieb mir, Onkel Carl denke daran, irgendwohin ins besetzte Russland zu gehen. Würde mich freuen, wenn Du mir mal so gelegentlich etwas darüber schreiben würdest.
Wünsche Dir von Herzen alles Gute und grüße und küsse Dich
Dein treuer Sohn Heinz

»Onkel Carl«, Carl Gottlob Schmid, dessen Sohn Werner so schwer verwundet wurde, habe ich nicht nur in den Aufzeichnungen meiner Mutter aus dem Jahr 2007 wiedergefunden, sondern auch in der polnischen Version von Wikipedia. Er war Jurist und offenbar ein ebenso korrekter Beamter wie Heinrich Meyer.

Schmid hatte Heinrich Meyer einst aus der Bedrängnis seiner Stuttgarter Anfänge zur neu gegründeten Württembergischen Prüfungsanstalt geholt, deren Leiter er war. Zudem war er ein vertrauter Freund der Familie. Aufgrund seiner Fähigkeiten als Kommunalfachmann wurde Schmid in die Hauptstadt des polnischen Generalgouvernements nach Krakau versetzt, wurde Teil der schlimmsten Schrecken der deutschen Gewaltherrschaft. Von 21. Februar 1940 bis 31. März 1941 war er dort Stadthauptmann, also ziviler Verwalter. Schmid hat dort einen deutschen Verwaltungsapparat aufgebaut. Heinrich Meyer übernahm in Stuttgart derweil die Leitung des Amtes und hatte die Aufgabe, für Schmid geeignete Beamte aus Baden-Württemberg zu rekrutieren, eine zusätzliche Aufgabe, die ihn an die Grenze seiner Leistungsfähigkeit brachte.

Im Generalgouvernement, das sämtliche eroberten, aber nicht ins Deutsche Reich integrierten polnischen Gebiete umfasste, herrschte mit eiserner Hand Hans Frank als oberster Verwaltungschef. Ziel seiner Aktivitäten war es, die polnische Bevölkerung zu enteignen und entrechten und alle Juden umbringen zu lassen. Etwa eine Million polnischer Zwangsarbeiter wurden in deutsche Fabriken deportiert, die polnischen Juden wurden in Gettos eingewiesen, viele von dort aus in Vernichtungs- und Konzentrationslager gebracht. Millionen Menschen wurden ermordet und gezielt ausgehungert. Frank, damals unmittelbar Adolf Hitler unterstellt, wurde nach dem Krieg bei den Nürnberger Prozessen als Kriegsverbrecher zum Tod durch den Strang verurteilt.

Welche Rolle spielte bei diesen Verbrechen »Onkel Carl«?

Offenbar trug er sich nach der Abberufung aus Krakau mit dem Gedanken, »ins besetzte Russland« zu gehen. Ob ideologisch bewusst, als opportunistischer Karriereschritt oder aufgrund seines ganz persönlichen Wunsches, bleibt im Dunkeln.

In Krakau war er unmittelbar mit Deportationen konfrontiert. Zu Schmids Arbeitsbereich gehörten Architektur und Stadtplanung, allerdings sei er daran nur operativ beteiligt gewesen, heißt es in den Akten der Stadt Krakau aus der fraglichen Zeit. Dass er selbst den Hauptplatz in Adolf-Hitler-Platz umbenannte, vermeldete die deutschsprachige *Krakauer Zeitung*. Als die Vertreibung der Juden aus Krakau organisiert werden sollte, habe Schmid, so paraphrasiert die polnische Wikipedia aus unterschiedlichen polnischsprachigen Beiträgen, sich als »aus Skrupel nicht geeignet« erwiesen. »Daher wurde er durch den SS-Mann Rudolf Pavlu ersetzt.« Bei der »Germanisierung« Krakaus habe es ihm »an Entschlossenheit und Rücksichtslosigkeit« gefehlt. »Die Polen sahen ihn nach dem Krieg vor allem als Spezialisten auf dem Gebiet der Kommunalverwaltung und wollten ihn nicht vor ein polnisches Gericht bringen.«

Carl Schmid wurde nach Prag geschickt, danach kehrte er noch einmal in neuer Funktion nach Krakau zurück. Im Entnazifizierungsverfahren wurde er als »unbelastet« eingestuft, was allerdings wenig Aussagekraft hat. Er durfte nach einem Jahr seinen alten Arbeitsplatz wieder einnehmen und wurde wieder Heinrich Meyers Vorgesetzter.

Holland, den 28. September 1941

Meine liebe Mutti!

Nun habt Ihr also endlich Telefon, kann mir denken, dass da fleißig Gebrauch gemacht wird; werde natürlich anrufen, wenn ich in Urlaub komme. Arbeitsurlaub gibt es in diesem Jahr für uns bestimmt nicht, auch Deine andere Frage muss ich negativ beantworten, übrigens wäre das für mich gar nicht günstig, ich habe Euch doch einmal von meinen späteren Studienvergünstigungen geschrieben. Demnach habe ich einmal mindestens den größten Teil meines Studiums unentgeltlich. Arbeitsurlaub zählt aber in dieser Verfügung nicht als Dienstzeit.

Nun hat es uns auf eine Insel verschlagen. Wir sind also ziemlich von der Welt abgeschnitten. Die einzige Verbindung ist ein Schiff, das täglich einmal zum Festland und zurück fährt. Zu kaufen gibt es hier nichts, doch ich kann wenigstens etwas Geld auf die Seite legen für bessere Zeiten. Unsere Insel besteht hauptsächlich aus Sand, doch hat es auch etwas bebautes Gelände. Der Strand ist wunderbar, jetzt sollte es Sommer sein, dass man baden könnte. So gibt es immer wieder etwas Neues zu sehen. Es war für mich etwas ganz Ungewohntes, vom Festland wegzufahren und nach einer Weile nur noch den Himmel und Wasser zu sehen. Wir hatten ungefähr 2 Stunden zu fahren. Es ist hier sonst aber nicht viel los, Du brauchst Dir keine Sorgen zu machen.

Ich kann bis um die Weihnachtszeit mit Urlaub rechnen, vielleicht auch erst etwas später, will sehen, wie ich es deichsle.

In den letzten Tagen war es hier auch sehr schönes Wetter, nur ist es immer sehr windig. Ich sehe vom Dienstzimmer den ganzen Tag das Meer vor mir, da kann man so schön Ebbe und Flut verfolgen, dann fahren immer wieder Dampfer vorüber, das ist sehr schön.

Es grüßt und küsst Euch alle von Herzen
Dein Heinz

Holland, den 5. Oktober 1941

Liebe Eltern!

Heute kann ich Euch eine freudige Mitteilung machen. Ich bin Obergefreiter geworden. Ihr werdet etwas enttäuscht sein, dass es nicht Uffz.[56] ist, aber ich sitze zzt. im Kp.-Trupp auf keiner

56 Unteroffizier

Uffz.-Stelle und kann das somit im Augenblick nicht werden. Die Hauptsache ist das Gehalt. Ich bekomme nach den Abzügen ca. 75 RM; das ist ein ganz nettes Geld, denn ich brauche es ja nicht anzugreifen, da ich meine Löhnung gleich weiterbekomme. Ich lasse das Geld auf die Städt. Sparkasse überweisen.

Liebe Mutter, Du brauchst Dir über die vielen Wanderungen nicht den Kopf zu zerbrechen. Das hat gar nichts Besonderes zu bedeuten, das ist nur, dass uns die Zeit auf einem Platz nicht zu lang ist; somit lernen alle Soldaten ganz Holland kennen. Bedenke nur, was das heißt, z. B. ¼ Jahr auf einer kleinen Insel ohne jede Abwechslung, jeden 2. Tag Wache stehen, da wird man doch dumm dabei: Deshalb wird alle paar Wochen abgewechselt.

Liebe Mutti! Dein Marmorkuchen und die Zigaretten sind wohlbehalten angekommen; es war ein großer Genuss. Gerade recht zu meiner Beförderung. Vielen Dank und einen besonders feinen Kuss. Ich vermute, dass dem Kakao Zucker beigemischt ist. Hoffe, dass die Pralinenschachtel gut angekommen ist.

Heute am Sonntag was es wieder wunderbar Wetter. Ich lag den Mittag über in den Dünen mitten im weißen Sand, vor mir das blaue Meer. Es ist hier ein herrlicher Badestrand, leider ist die Badezeit vorbei. Nachher bin ich noch ein paar Kilometer mit dem Fahrrad am Strand entlanggefahren; es war wunderschön, alles voller Muscheln. Gestern war ich bei meinem Freund Laule in der Waffenmeisterei; er lehrte mich feilen, Eisen sägen und erklärte mir eine Drehbank. Ich kann das gut brauchen für meine spätere praktische Lehrzeit. So verschaffe ich mir immer Abwechslung.

Gestern habe ich die Karte aus der Liliput-Stadt erhalten. Habe mich sehr darüber gefreut. Beatle wird ja an ihrem Geburtstag schwer im Glück gewesen sein. Kann mir ganz die Augen von Sigi vorstellen, wie er die kleinen Leute gesehen hat.

Liebe Mutti! Ich hätte noch einen Wunsch: Schicke mir doch bitte 2 Obergefreiten-Winkel,[57] und zwar dunkelgrüner Stoff. Es gibt hier keine. Es sind dies zwei Winkel ineinander. Ich freue mich sehr über das Geld, kann es später mal gut gebrauchen; es

57 Rangabzeichen als Ärmelaufnäher

ist mein erstes selbst verdientes Geld, es ist dies ein erhebendes Gefühl für mich.
Es grüßt und küsst Euch alle von Herzen
Euer Heinz

Holland, den 12. Okt. 1941

Liebe Mutti!

Was Du da von Wilhelm Salfners Frau Alma schreibst, ist ja nicht besonders schmeichelhaft. Salfner ist blind vor Liebe; er glaubt, die beste Frau der Welt zu haben; werde ihn natürlich auch auf dem Glauben lassen. Er als angehender Künstler hätte niemals jetzt schon heiraten dürfen, habe ihm das auch schon vor seiner Heirat gesagt.

Du fragst mich, wann der Krieg aus ist. Ich persönlich glaube, dass wir nächstes Jahr um diese Zeit schon einige Zeit Frieden haben. Wenn es mit Russland aus ist, ist die Hauptsache geschafft. Was meinst Du, wie es da zugeht, wenn unsere ganze Luftwaffe auf England eingesetzt wird!
Es grüßt und küsst Dich von Herzen
Dein Heinz

Holland, den 20. Okt. 1941

Liebe Mutti!

Ich sitze auf dem Dienstzimmer, es ist jetzt 5 Min. vor fünf. Habe von gestern auf heute U.v.D., das heißt Unteroffizier vom Dienst, da muss ich Zapfenstreich kontrollieren, wecken, antreten lassen usw. Das ist nun eine Pflicht meiner jetzigen Würde. Ich bin wach seit gestern Abend 11 Uhr und habe eigentlich fast keinen Schlaf.[58]

Danke Nanna für den Einkauf der 2 Winkel, sie sind sehr schön. Wollen hoffen, dass Günter seine Wunden ausheilt und bald genesen wird.

Hier wehen schon die ersten Herbststürme übers Meer. Da ist

58 Schwäbisch: Ich bin fast nicht müde.

das Meer ein gewaltiger kochender Kessel, und der Sturm pfeift und heult.

Denke Dir, vor Kurzem bekam ich wieder Nachricht von Jörg Spindler, er ist wieder so weit hergestellt und war bereits in Erholungsurlaub daheim. Jetzt kommt er wieder nach Frankreich zu seinem Ersatzbataillon.

Für heute grüßt und küsst Dich herzlich
Dein Heinz

Holland, den 26.10.1941

Liebe Mutti!

Es ist heute so stürmisch, dass wir mit dem Fahrrad nicht mehr fahren konnten vor lauter Gegenwind. Da ist das Meer herrlich, wenn die Wellen heranbrausen, eine nach der anderen, da steckt eine unbändige Kraft darin. Nun ist es bald November, und der Winter steht vor der Türe, so vergeht die Zeit. Diesen Herbst werden alle Studenten und Abiturienten beurlaubt, die 3 Jahre Dienstzeit haben. So bin ich leider nicht dabei. Aber doch bestimmt nächstes Jahr, wenn ich nicht sowieso bis dahin wieder daheim bin.

Du hast mir die Traueranzeige von Fritz Hamelehle geschickt; er war mir immer ein guter Freund, so nimmt es immer wieder einen weg. Er war der einzige Sohn und Stolz der Familie. Den Hanke habe ich natürlich auch gekannt.

Es grüßt und küsst Dich für heute herzlich
Dein Heinz

Holland, den 3. Nov. 1941

Lieber Vater!

Vielen Dank für Deine lieben Karten von Ebingen, Ulm und Friedrichshafen, sie haben mich sehr gefreut. Du arbeitest scheint's wirklich viel auswärts. Es bringt Dir wohl etwas Abwechslung und Entspannung, doch wird auch viel Arbeit damit verbunden sein. Ulm und Friedrichshafen haben alte Erinnerungen in mir wachgerufen, wie es bei Dir wohl auch vermehrt der Fall sein wird. Wie lange liegen die Zeiten zurück, als ich das letzte Mal dort war.

Ich muss mich langsam damit abfinden, dass die unbesorgte Kinderzeit bereits weit hinter mir liegt und das ernste Leben mit seinen schweren Aufgaben vor mir steht. Am liebsten wäre es mir, wenn ich nach dem Kommiss an dem Zeitpunkt weitermachen könnte, wo ich vor zwei Jahren herausgerissen wurde. Doch der Krieg ist wie bei Dir vor 25 Jahren in mein Leben getreten und hat vieles anders gemacht. Die Verhältnisse wie auch die Menschen. Ich glaube ja, dass es unsere Generation im Allgemeinen härter machen wird; doch bringt es auch so viel Schmerzliches für uns.

Bei uns hier ist noch alles beim Alten, die Herbststürme pfeifen bei Nacht um unser Haus. Du kannst Dir von der Gewalt dieses Windes kaum ein Bild machen. Erst kürzlich bin ich mal ans Festland gefahren, um einiges einzukaufen. Da schaukelte unser Schiff schon ganz mächtig, doch habe ich mich als seetüchtig erwiesen; viele machten Bekanntschaft mit der Seekrankheit; doch konnte ich mich für die Seefahrerei nicht begeistern, ewig nur Wasser zu sehen, muss man ertragen können. Da sind wir Schwaben zu große Landratten. Würde Dir wünschen, mal ein paar Tage bei mir sein zu können. Es wäre für Dich auch mal ganz was Neues. Vielleicht ist uns noch mal das Glück beschieden, miteinander eine Seereise zu machen.

Zurzeit ist die Frage meines Urlaubs, was mich beschäftigt. Die Sache liegt so: An Weihnachten kann ich nicht fahren, da dieses Jahr Schwab drankommt, und an Neujahr ist es unsicher, da wir da vermutlich wieder abgelöst werden. Nun bleibt die Frage, soll ich nach Neujahr fahren oder schon im Dezember. Im Januar ist es mir deshalb nicht so sicher, weil bis dahin schon wieder Truppenverschiebungen sein können und der Urlaub dadurch gesperrt werden kann.
Es grüßt und küsst Dich von Herzen
Dein treuer Heinz

Heinz wünschte sich, dass er nach dem Dienst als Soldat eines Tages an dem Punkt würde weitermachen können, an dem er aus seinem alten Leben gerissen worden war. So, als könnte er seine Jahre als Soldat für ungültig, die Gegenwart für nichtig erklären. Auch der Zeitbegriff war also für ihn außer Kraft gesetzt. Es gab kein eindeutiges Jetzt mehr. Zumal er keine Ahnung hatte, was als Nächstes auf ihn zukommen würde.

Heinz war immer noch in Holland, während im Osten das Blutbad seinen Lauf nahm. Seine Familie war froh und dankbar, dass er zumindest vorerst in Sicherheit war. Es ist darum leicht, sich vorzustellen, wie solche Briefe in den Händen ihrer Leser zitterten. Wieder und wieder dürfte die Familie jede Zeile abgeklopft haben nach möglichen Hinweisen oder Andeutungen, wie es mit Heinz weitergehen würde. Wohin würden sie ihn schicken? Das Gespenstische: Immer wieder kamen Nachrichten so harmlos daher, die auf den zweiten Blick dramatische Bedeutung hatten.

Was steckte hinter der Information, »an Neujahr ist es unsicher, da wir vermutlich wieder abgelöst werden«? Oder dem Satz von den geplanten Truppenverschiebungen? Allen Familienmitgliedern muss das Herz bis zum Hals geklopft haben schon bei der kleinsten Veränderung des Bestehenden. Das Grauen hatte einen Namen. Die Ostfront. Die Spuren der verwundeten und gefallenen Freunde und Verwandten.

Holland, den 16.11.1941

Meine liebe Mutti!

Soeben habe ich Deinen inhaltsschweren Brief erhalten. Du kannst Dir denken, wie mich die Nachricht getroffen hat. Ich war gerade im Begriff, an Günter zu schreiben, und nun erfahre ich, dass er gestorben ist. Was Du mir von ihm geschrieben hast, hat mich sehr erschüttert. Wie rätselvoll sind doch oft die Wege der Einzelnen. Nach Deiner Beschreibung musste er ja den Schmerzensbecher bis zur Neige leeren. Ich muss oft an ihn denken, er war ein treuer Mensch. Die arme Nanna, ihr bleibt auch nichts erspart. Möge sie die Kraft bekommen, das schwere Geschick tragen zu können. Der Krieg verlangt große Opfer, und es ist schwer, sich dareinzuschicken.

Hoffe, dass vollends alles klappt mit meinem Urlaub. Werde also kommen, so bald als möglich. Schreibe mir doch bitte unsere Telefonnummer, ich weiß sie nicht mehr. Du kannst Dir denken, wie ich mich freue, mal wieder heimzukommen. Hier auf unserer Insel sind wir sehr einsam, ab und zu ist mal eine Kinovorführung. Bei Euch soll es ja schon geschneit haben, vielleicht kann ich dann auch ein bisschen Ski laufen.

Bin froh, dass Sigi wiederhergestellt ist. Freue mich sehr auf den kleinen Burschen, danke ihm auch für seine lieben Grüße. War überrascht, dass aus Edda schon so ein großes Mädel geworden ist. Es ist doch schon lange her, seit ich von Euch fort bin. Will sehen, wie die Verhältnisse heute in einem Jahr sind, wenn ich nun schon 3 Jahre Kommiss hätte, würde ich zum Studium beurlaubt.[59] Hoffen wir, dass es dann nächstes Jahr der Fall ist.
Wünsche Euch alles Gute, besonders der lieben Magda
Dein Heinz

Magdas Verlobter Günter Martin wurde drei Monate lang im Lazarett behandelt, doch sein Körper war durch die »Maschinengewehr-Garbe« an so vielen Stellen verletzt, dass er damit nicht fertigwurde. Der junge Mann starb nach einem langen, qualvollen Kampf an einer Sepsis.

Seine Verlobte Magda wurde an Neujahr 1941/42 zu Günters Eltern eingeladen, wo seine Familie ihr Näheres erzählte. Die Mutter schilderte das, was Magda erfahren hatte, in einem düsteren Brief an Heinz:

»Als ihn Suse und seine Mutter besuchten, erkannten sie ihn nicht, er musste sie zweimal anrufen, bis Suse begriff, dass das ihr Bruder Günter sein sollte, so entstellt und alt und mager sah er aus. Ein Kamerad vom anderen Zimmer sagte zu Günter: So, ist deine Frau und Tochter da gewesen. Darauf Günter: Ja, für wie alt hältst du mich denn? Er: So 45 bis 50! Das regte Günter furchtbar auf, er sei lang nicht darüber weggekommen, obwohl seine Mutter sagte, der sei aber dumm usw. Günter habe sich schon länger einen Spiegel kaufen lassen und jeden Tag seine Verwundungen und alles angesehen und sei sehr nervös und nörgelig gewesen, jedenfalls eine Folge der fortwährenden

59 Der NS-Staat ermöglichte den jungen Soldaten Studienurlaub. Zunächst wurden nur Studenten kurzfristig für Abschlusssemester und -prüfungen freigestellt. Von 1941 an gab es die Option, nach drei Jahren aktiven Wehrdienstes für ein Semester von der Front beurlaubt zu werden. Im weiteren Kriegsverlauf wurde dies wieder eingeschränkt.

Schmerzen. So fiel es ihm weniger auf, wie er aussah. Die Verwundungen seien dann schon am Heilen gewesen, als Suse nach drei Tagen abgereist sei. Frau Martin blieb bei ihm, dann habe er Lungenentzündung bekommen und Rippfellentzündung (eitrig) und musste punktiert werden, und da sei so viel Eiter gekommen, dass Günter sagte, da könne sich ja der Arzt drin baden, so viel sei es. Dann habe man auch eine Blutuntersuchung machen wollen, aber die Venen seien schon zu gewesen (Zeichen des nahen Todes). So ist er dann eingeschlafen. Aber das Herz habe immer wieder einen Schlag getan, das war aber wohl das Gesündeste noch an ihm.«

Auch Elfriede, die heimlich in den einst so schönen Verlobten ihrer Schwester verliebt gewesen war, trauerte sehr um ihn.

Für Heinz folgte der Heimaturlaub, den er schon Anfang Dezember und nicht erst an Neujahr nahm, weil er fand: sicher ist sicher.

Holland, den 17. Dez. 1941

Liebe Eltern und Geschwister!

Morgen ist es schon eine Woche, dass ich von Euch fort bin. Ihr werdet nun schon fest in den Weihnachtsvorbereitungen stecken. Bei uns wird auch allerhand vorbereitet. Jeder bekommt ein Geschenk, meistens Bücher. Dann wird ein Chor eingeübt, und auch musikalische Darbietungen unserer neu entstandenen Hauskapelle (2 Geigen, Gitarre und Mandoline) werden uns am Weihnachtsabend erfreuen. So verspricht es auch bei uns sehr nett zu werden.

Meine Kameraden freuten sich alle sehr, dass ich wieder da war. Im Dienstzimmer ging ein allgemeines Freudengeschrei los. Es waren wunderschöne Tage daheim, werde wieder lange davon zehren können. Hoffe, dass es Sigi wieder ganz gut geht. Nun muss er halt wieder allein mit der Eisenbahn und dem Matador[60] spielen. Es hat mir großen Spaß gemacht.

Hier ist es sehr warm, eigentlich wärmer als vor meinem Urlaub. Bis Ihr den Brief bekommt, wird es bald Heiliger Abend sein. Wir wollen fest aneinander denken. Liebe Mutti! Deine Quarkstollen sind wunderbar, habe einen jetzt zu ¾ verzehrt,

60 Holzbaukasten

auch die Wurst ist ausgezeichnet, so bin ich wirklich gut versorgt. Übrigens habe ich im Urlaub 2 kg zugenommen, wiege jetzt 140 Pfund.
Es grüßt und küsst Euch alle von Herzen
Euer Heinz

Holland, den 25.12.1941

Meine liebe Mutter!

Wir haben gestern Abend eine ganz nette Weihnachtsfeier abgehalten, doch kommt eben in einem so großen Kreis nie eine richtige Feierlichkeit auf. Musste heute Mittag etwas arbeiten und habe nun so meine erste beschauliche Stunde. Die Stimmung hier ist nicht besonders weihnachtlich, es ist noch kein Schnee gefallen und auch nicht besonders kalt.

Unser Chef hat eine sehr schöne Ansprache gehalten, und er bekam von der Kp. ein schönes Ölgemälde geschenkt. Jeder von der Kp. bekam auch ein Geschenk. Ich bekam 2 Bücher, *Heia Safari*[61] und die *Briefe der Lieselotte von der Pfalz*.[62]

Ich zehre halt von meinem Urlaub und erinnere mich an die schönen Stunden, die ich in Eurer Mitte verlebt habe. Man schöpft aus solchen Zeiten Kraft und Mut für andere Zeiten. Nun geht das alte Jahr seinem Ende zu, es war ein schweres Jahr im Ganzen gesehen, und doch durfte ich es gnädig durchleben, so bin ich auch fürs neue Jahr guten Muts und erwarte, was es mir Neues bringt.

Wünsche Euch allen recht viel Glück und Segen fürs neue Jahr, und dass Ihr gesund und munter bleiben möget. Es wird wohl das Jahr der großen Entscheidung sein. Vielleicht aber auch erst das übernächste Jahr; es liegt nicht alles klar, wie es kommen wird, doch darf man den guten Mut nicht verlieren.

Ich hoffe, dass ich die nächste Jahreswende in Eurer Mitte als

61 Kriegsverherrlichendes Jugendbuch von Paul von Lettow-Vorbeck, Kommandeur der Schutztruppe in Deutsch-Ostafrika, veröffentlicht 1920 und im Nationalsozialismus Teil der Grundbuchliste für Schülerbüchereien

62 Briefedition der Prinzessin von der Pfalz vom Hof in Versailles

Studienurlauber verbringen kann. So wäre ich doch mal wieder richtig daheim.

Das Buch *August Weltumsegler*[63] habe ich bereits gelesen. Es war sehr schön.

Es grüßt und küsst Euch von Herzen

Euer Heinz

Holland, den 18. Jan. 1942

Liebe Mutti!

Du schreibst mir in Deinem heutigen Brief auch wieder so Trauriges. Der Tod Herrn Schmelzles aus dem Amt wird Vater sehr nahegegangen sein. Er hat doch immer so lebensvolle, zukunftsfreudige Briefe geschrieben. Dann kannte ich den Kurt Renn sehr gut. Wir waren zusammen im Jungvolk. Weiter schreibst Du von Walter Ostermeyer, dass er vermisst sei, seine arme Mutter, die ist doch scheint's schwer krank. So trifft es immer mehr von meinen früheren Kameraden.

Das Ergebnis der Wollsammlung habe ich nun inzwischen im Radio gehört. Es ist ja ganz überwältigend. Aber es ist wohl auch bitter notwendig.

Es grüßt und küsst Dich herzlich

Dein Heinzi

»Walter Ostermeyer ist wohl gefallen«, so hatte die Mutter zuvor an Heinz geschrieben. »Sie haben keine offizielle Mitteilung, aber zwei andere schrieben es, sie haben ihn mit Kopfschuss wegtragen sehen, und seine Mutter hat auch so von ihm geträumt, und er habe ihr in dieser Nacht zwei bis drei Mal gerufen, dass sie davon erwacht sei.«

Wenige Tage, bevor Heinz diese Antwort schrieb, war die Offensive der Wehrmacht auf Moskau endgültig am Widerstand der sowjetischen Truppen gescheitert. Schon im Herbst, als die Soldaten und ihre Fahrzeuge im Schlamm versanken und die Gegenwehr der Roten Armee immer heftiger wurde, war der Vormarsch ins Stocken gekom-

63 Lügengeschichten eines Abenteurers, von Knut Hamsun, dem Norweger und Nazifreund

men. Der folgende Winter war in ganz Europa ungewöhnlich hart, in Russland waren die Bedingungen für die Soldaten extrem. Fahrzeuge und automatische Waffen versagten in der Kälte. Sie stapften durch tiefen Schnee, erfroren ihre Gliedmaßen, erfroren ganz. Damit, dass seine Armee dem harten russischen Winter mit Temperaturen bis minus 50 Grad ausgesetzt sein würde, hatte Hitler nicht gerechnet, und so fehlte die entsprechende Ausrüstung. Sie so gewissenlos ins Verderben zu schicken – das war eines von vielen Verbrechen, die er auch an den eigenen Soldaten beging. Die Wehrmachtsführung, die den Wahnsinn des Überfalls auf die Sowjetunion zweifellos hatte erkennen können, blieb servil und hinderte ihn nicht daran – er war ihr Oberbefehlshaber, und sie beriefen sich darauf, auf Hitler einen Eid geschworen zu haben.

Es gibt wahrscheinlich keine andere Organisation, die ihren eigenen Mitgliedern so viele Auszeichnungen für Tapferkeit verleiht wie das Militär. Dass Zivilcourage dort gleichzeitig einen so geringen Stellenwert hat, ist ein bemerkenswerter Widerspruch.

Bereits am 21. Dezember 1941 hieß es im Gefechtsbericht des Armee-Oberkommandos: »Es mehren sich die zu Fuß zurückgehenden Soldaten, die ohne Waffe, ein Kalb am Strick, einen Schlitten Kartoffeln hinter sich, ohne Führung nach Westen ziehen. Die von Fliegerbomben getöteten Soldaten werden nicht mehr begraben. Die oft führerlosen Trosse geben auf der Straße den Ton an, während die fechtende Truppe aller Waffen einschließlich Flak mit letzter Kraft vorn hält. Der gesamte Anhang der Truppe (Heerestruppen, Luftwaffe, Versorgungsverkehr) ergießt sich ohne Führung fluchtartig nach hinten. Eine Psychose, fast eine Panik, hat die Trosse ergriffen, die nur an stürmischen Vormarsch gewöhnt sind. Ohne Verpflegung, frierend, kopflos geht es rückwärts.«

Am 15. Januar 1942 gab Hitler den Rückzugsbefehl von Moskau. Viel zu spät: Die Truppen mussten zu Fuß zurückweichen und sämtliches schwere Gerät zurücklassen. Es würde sich zeigen, dass schon diese Niederlage 1941/42 der Anfang vom Ende für Hitlers Truppen war.

Zu Hause wurden die Menschen dazu angehalten, Wollsachen bereitzustellen, um die schlecht ausgerüsteten Verbände an der Ostfront mit Winterkleidung zu versorgen. Auch ihre Skier sollten sie spenden. »Es wird viel gegeben«, schrieb die Mutter an Heinz. »Wir meinten zuerst, wir hätten nichts, strengten uns dann aber an, und so kam ganz nett zusammen. Elle verfertigte ein Paar herrliche Fauster, außen Filz (von alten Hüten), innen gefüttert mit dem alten Kaninchenpelz vom Theaterspielen. Edda und Bea strickten 3 Paar Pulswärmer, Vater gab 2 ältere Westen, dann 1 Paar Kniewärmer, 1 Wollschal (den dicken grauen von Dir, wo Du dieselbe Weste hattest) und Deinen grauen Fahrtenteppich. Magda ihre Skier. Ich seh sie noch, wie sie sie auf der Schulter forttrug. Wir überlegten noch lange, ob wir Deine Skistiefel geben sollten, taten es aber dann doch nicht, im Fall Du sie noch selber brauchst als Soldat.«

Mehr als 67 Millionen Kleidungsstücke erbrachte die Spendenaktion. Sie weckte in der Bevölkerung neuen Zusammenhalt, doch für die Soldaten an der Front kam sie zu spät.

Holland, den 23. Januar 1942

Meine liebe Mutti!

Wir sind auf unserer Insel eingefroren, das Schiff kann nur noch manchmal anlegen, so wird die Verbindung mit Flugzeugen aufrechterhalten. Das Meer bietet einen imposanten Anblick, eine weiße Fläche, alles Eis, es sieht aus wie am Nordpol. Da ist es am schönsten in der warmen Bude.

Denk Dir, mein Freund Laule ist weggekommen, er kommt auf eine Feuerwerkerschule[64] und will sich verpflichten. Es hat mir sehr leidgetan, wie er wegging, aber es ist ja immer so, dass gerade die weggehen, die einem am nächsten stehen. Nun, ich habe ja auch noch andere Freunde. Rauleder ist sehr anhänglich an mich, und er ist auch ein guter Unterhalter.

Liebe Mutti! Salfners Frau hat geschrieben, Du habest Frau Glaser angerufen, Ihr hättet schon länger keine Nachricht mehr von mir. Ich kann das gar nicht verstehen, habe jede Woche geschrieben, es kann allerdings sein, dass durch die jetzigen Verhältnisse ein Brief nicht gleich wegkommt. Mache Dir also keine Sorgen, wenn mal acht Tage keine Post kommt. Es ist jetzt ja ein Flugdienst eingerichtet, sodass es nun wieder schneller geht.

64 »Feuerwerker« beim Militär sind Spezialisten für Sprengmaterial, Zündmaterial und Munition.

Dann hat scheint's Alma noch gesagt, ich wäre nicht mehr im Kp.-Trupp. In Tatsache ist es so, dass wirklich wieder eine Unterführerausbildung stattfindet und mich mein Kp.-Chef als stellvertretenden Gruppenführer eingeteilt hat. Es war dumm von Salfner, solche Sachen an seine Frau zu schreiben, das geht diese doch bestimmt nichts an.

Es grüßt und küsst Dich von Herzen

Dein Heinz

Holland, den 31.1.1942

Liebe Eltern!

Habe schon lange keine Post mehr bekommen, doch es ist jetzt auch ein schwieriger Weg, den so ein Brief zurücklegen muss. Wir bekommen immer noch unsere Post mit dem Flugzeug und zudem sehr unregelmäßig.

Es ist hier nicht so kalt wie vor 14 Tagen, doch das Eis ist noch nicht aufgetaut.

Ich bin gesund, und es geht mir gut, was ich auch von Euch hoffe. In Stuttgart soll es ja sehr viel Schnee haben. Vor mir liegt Dein Brief, liebe Mutter, vom 12.1. Da ich seither noch keinen anderen bekommen habe, möchte ich darauf noch näher eingehen. Ich habe mich sehr über den schönen Verlauf von Nannas Geburtstag gefreut; sie hat mir ja ein Versucherle von ihrem Geburtstagskuchen geschickt, das mir herrlich mundete. Ich kann mir Euch so gut vorstellen, wie Ihr ums Klavier herumgestanden seid und miteinander musiziert habt. Die Scharade von den drei Mädchen muss sehr schön gewesen sein. Kann mir Elle gerade vorstellen, wie sie mit Hui! hervorbrach. Des Rätsels Lösung hätte ich nicht gefunden. Hätte da gerne zugesehen, doch sie können es mir ja später mal aufführen.

Aus Deiner Schilderung von Magdas Begleiter entnehme ich, dass er wohl ein sehr netter Mensch ist.

Freue mich auch sehr über das Lob meiner Schwestern, die Dich schön fanden in Deinem Festgewand, das ist auch für mich ein Kompliment, weil ich Dir doch nachschlage, oder nicht? Bin gespannt, ob ich Beatle nun in meinem nächsten Urlaub mit Bubikopf antreffe. Wenn sie unbedingt einen haben will, so will

ich auch meine Zustimmung geben, wo wir noch jung waren, da waren die kleinen Mädchen noch nicht so eitel!
Es grüßt und küsst Euch herzlich
Euer Heinz

Sigi soll mir mal ein Brieflein schreiben, dass ich sehe, ob er recht fleißig ist.

Holland, den 7. Febr. 1942

Meine liebe Mutti!

Bin sehr froh, dass Ihr nun endlich meinen Brief erhalten habt, in dem die Sache mit meiner angeblichen Versetzung richtiggestellt wurde. Wollte Euch vorerst von meiner Veränderung nichts mitteilen, da ich Euch damit überraschen wollte und um unnötigen Sorgen vorzubeugen, falls Ihr Euch kein richtiges Bild davon machen könnt. Da Ihr es nun aber erfahren habt, so will ich es erklären. Wie ich vom Urlaub zurückkam, ließ mein Chef mir gegenüber die Bemerkung fallen, er wolle mich mit der Zeit wieder im Frontdienst verwenden. Ein paar Tage darauf, wie ich bei ihm in der Wohnung war wegen Unterschriften, fing er nun davon an. Er sagte mir, er würde mich gern wieder im Frontdienst verwenden, weil er sich verpflichtet fühle, mir die Gelegenheit zu geben, militärisch weiterzukommen. Er meinte, ich dürfe das nicht falsch auffassen, nicht, dass ich etwa meine Pflicht nicht richtig erfüllt hätte, nein, gerade das Gegenteil sei der Fall. Ich sagte darauf, dass ich mich freuen würde, wenn ich Gelegenheit bekäme, vorwärtszukommen, da ich auf der jetzigen Stelle nicht über den Obergefreiten hinauskomme und man doch damit rechnen müsste, noch einige Zeit Soldat zu sein. So einigten wir uns dann, dass ich vorerst stellvertretender Gruppenführer werde. Ich freue mich über diese Lösung, denn einmal musste ich wieder aus diesem Dienstzimmer heraus, ich konnte dabei keine Befriedigung mehr finden, zumal Läppig und Lehr nun Leutnant geworden sind und ich Obergefreiter bin. Die beiden sind nun versetzt worden. Aber nicht nach Russland.

Mein Chef war ganz tadellos zu mir, besprach sich mit mir wegen meines Vertreters und verlangte dabei, dass ich frei mein Urteil sage über einige vorgeschlagene Leute.

Ich lerne jetzt fest, um schnell wieder auf Dienst zu kommen. Wenn ich Glück habe, komme ich also das nächste Mal als Unteroffizier in Urlaub. Ich hoffe nun, dass Ihr beruhigt seid und Euch darüber keine Sorgen mehr macht.

Mit warmen Sachen bin ich genügend versorgt. Kann mir denken, dass Du bei dieser Kälte nicht aus dem Haus kannst, doch wie Du so nett geschrieben hast »und dennoch muss es Frühling werden« – das wollen wir beherzigen.

Es grüßt und küsst Euch alle herzlich

Euer Heinz

Holland, den 13.2.1942

Liebe Eltern und Geschwister!

Heute bin ich zum ersten Mal seit langer Zeit auf Wache, und so habe ich gemütlich Zeit, mal wieder ein Brieflein zu schreiben. Seit letzter Woche mache ich wieder Außendienst, und es gefällt mir sehr gut. Denkt Euch, mein neuer Freund Rauleder ist nicht mehr in der Kompanie. Er wurde als Sanitäter zu einer anderen Einheit versetzt. So war unsere Freundschaft nicht von langer Dauer. So sind nun zwei Freunde weggekommen. Mein bester Freund ist nun Bergel, unser Rechnungsführer, wisst Ihr, der Landwirtschafts-Assessor mit den vielen Schmissen im Gesicht aus seiner Studentenzeit. Er ist mir wie ein großer Bruder, mit ihm bespreche ich immer, was mich gerade bewegt. Er ist ein sehr gebildeter, angenehmer Mensch. Heute sind es schon 2 Monate, seit ich wieder vom Urlaub zurück bin. Die Zeit ist sehr schnell verflogen, doch kann uns das ja nur recht sein.

Nun habe ich eine Bitte an Dich, liebe Mutti: Sigi hat ja bald Geburtstag, und ich kann ihm von hier aus nichts schicken. So besorge ihm doch ein Geschenkchen von mir, vielleicht etwas zum Spielen, weiß natürlich auch nicht, was es da noch gibt, es soll so circa 5 RM kosten. Nun ist Sigi schon ein Bub mit 9 Jahren, wie doch die Zeit vergeht, als ich einrückte, ging er noch nicht in die Schule. Hoffe, dass er munter ist.

Es grüßt und küsst Euch alle von Herzen

Euer Heinz

Den 18. Februar 1942

Mein lieber Sigi!

Zu Deinem Geburtstag wünsche ich Dir von Herzen alles Gute. Du mögest ein strammer, kräftiger Junge werden, der seinem großen Bruder recht Freude macht. Nun bist Du schon kein so ganz kleiner Junge mehr und kannst schon lesen und schreiben. In der Schule wünsche ich Dir auch viel Glück und Erfolg, dass Du ein recht fleißiger und gescheiter Junge wirst.

An Deinem Geburtstag bin ich genau 2 ½ Jahre Soldat, so lange bin ich nun schon von Dir fort, doch deshalb haben wir uns umso gerner, jedes Mal, wenn ich heimkomme, bist Du ein Stückchen größer. Wenn alles klappt, bin ich an Deinem nächsten Geburtstag daheim, da wollen wir uns heute schon darauf freuen.

Ich wünsche Dir nun ein recht schönes Geburtstagsfest und grüße und küsse Dich von Herzen

Dein Bruder Heinz

Liebe Mutti!

Nun fährt unser Schiff wieder, somit bekommen wir nun auch wieder öfters Post. Ich habe die erste Fahrt unseres Schiffes mitgemacht, das war eine interessante Fahrt, das Schiff musste sich mühsam den Weg durchs Eis bahnen. So hatte ich einige schöne Tage auf dem Festland, bis das Schiff wieder zurückfuhr. Heute bin ich wieder zurückgekommen. So ist man immer froh, wenn es etwas Abwechslung gibt.

Es grüßt Euch für heute herzlich

Euer Heinz

In einem Brief der Mutter an Heinz fand ich zwei kleine, aus einer Zeitung ausgeschnittene Todesanzeigen. Sie schrieb dazu, am 15. Februar habe sie an einem Trauergottesdienst für 13 gefallene Degerlocher teilgenommen. Dort habe sie die Eltern eines Otto Blum und die Mutter Jörg Spindlers getroffen. Sie habe schon vorher gehört, dass ein junger Degerlocher, der wahrscheinlich Heinz' bester Freund Spindler sei, in dem schrecklichen Winter in Russland beide Beine und Arme erfroren habe, und dass sie ihm amputiert worden seien. Zum Glück sei er gestorben.

In der Trauerrede sei ein Gedicht von Gorch Fock zitiert worden: »Wir Toten sind nicht tot, ich gehe mit. Unsichtbar bin ich nur, unhörbar ist mein Tritt.«

Stuttgart-Degerloch
den 11. Februar 1942

Verwandten, Freunden und Bekannten geben wir die traurige Nachricht, daß unser inniggeliebter, hoffnungsvoller Sohn und Bruder

stud. Bau-Ing.

Otto Blum

Gefreiter in einer Panzerdivision

am 4. Dezember 1941 infolge schwerer Verwundung bei den Abwehrkämpfen im Osten den Heldentod für Führer und Vaterland erlitten hat und in fremder Erde zur letzten Ruhe gebettet wurde.

In tiefem Schmerz: Die Eltern: J. Blum, Stadtbauamtmann, mit Frau Sofie, geb. Veil, und Schwester Ilse

Wir bitten herzlich, von Beileidsbesuchen abzusehen.

Degerloch, 12. Febr. 1942
Alte Weinsteige 113

Unser geliebter Sohn und Bruder, Neffe und Vetter

Jörg Spindler

**Schütze in einem Inf.-Regt.
Inhaber des EK. II und des Verwundetenabzeichens**

ist kurz vor Vollendung seines 20. Lebensjahres am 24. Januar 1942 in einem Lazarett im Osten gestorben.

Für alle Hinterbliebenen: Oscar Spindler, Gewerbeschulrat, mit Frau / Der Bruder: Hans, Wachtm. vet.

Am Ende sollten nur zwei der Abiturienten aus Heinz' Klasse am Karlsgymnasium den Krieg überleben.

Holland, den 21.2.1942

Liebe Eltern und Geschwister!

Heute schreibe ich Euch von der Küstenwache aus. Ich bin hier als Ersatz-Wachhabender. Muss mich da als Hausmutter betätigen und die ganze Nacht Kaffee kochen. Ihr seht, mal wieder eine ganz andere Beschäftigung wie Maschinenschreiben, doch es gefällt mir sehr gut. Ich habe da mehr Zeit für mich selber, weil ich geistig nicht in Anspruch genommen bin. Es weht immer noch ein ziemlich kalter Wind, doch haben wir eine warme Bude. Es ist schön, den ganzen Tag das Meer vor sich zu sehen, herrlich muss es hier im Sommer sein. Am Ufer liegen große Eisblöcke, oft drei Meter hoch und noch mehr; das ist ein eigenartiger Anblick.

Liebe Mutti! Soeben habe ich Deinen traurigen Brief erhalten mit den zwei Todesanzeigen. Alfred hatte mir geschrieben, dass sich Jörg Spindler die Füße erfroren habe, und so vermute ich auch, dass es die Todesursache war. Ich bin sehr traurig. Jörg ist mir sehr nahegestanden und wir wären bestimmt Freunde fürs Leben geworden. So sind meine beiden Freunde, mit denen ich einst mit dem Fahrrad an den Bodensee fuhr, aus dem Leben geschieden. Und was für Pläne hatten wir damals! Nicht ahnend, was uns noch bevorstehen würde. Kann mir denken, dass es Euch allen sehr nahegeht. Es ist eine furchtbare Tragik, wenn ein so junger, voller Pläne steckender Mensch mitten aus seinen Hoffnungen herausgerissen wird.

Auch der gute Otto Blum musste sein Leben lassen. Sein Vater sagte mir im Urlaub, er habe schon mehrere Wochen keine Nachricht mehr von ihm. Er wird furchtbar getroffen sein und seine gute Mutter. Otto war ja der höchste Stolz der beiden.

Werde Frau Spindler sofort schreiben. Vielleicht erfährst Du noch etwas Näheres über Jörg.

So hatte ich nun meinen Brief in freudiger Stimmung angefangen und ahnte nicht, was ich in den nächsten fünf Minuten erfahren würde. Doch so ist das Schicksal, unberechenbar, und

doch müssen wir glauben und hoffen, dass nicht alles sinnlos ist, was um uns vorgeht. Es hat alles seinen tieferen Sinn, wenn er auch oft im Verborgenen liegt, doch wir Menschen können diesen Sinn in den seltensten Fällen ergründen.
Es grüßt und küsst Euch von Herzen
Euer Heinz

Den 1. März 1942

Meine liebe Mutti!

Der Brief von Frau Spindler ist ja erschütternd. Man ist wortlos gegenüber solch einem tiefen Schmerz. Wollen wir hoffen, dass seine arme Mutter einen Trost findet. Von Jörg habe ich die letzte Nachricht aus Karlsruhe bekommen vom Marschbataillon. Das Wort von Gorch Fock ist sehr schön und inhaltsreich. Von Frl. Roths jüngstem Bruder wusste ich nichts. Sprich ihr doch bitte mein herzliches Beileid aus.

Bin gestern wieder von Küstenwache abgelöst worden. Es hat mir sehr gut gefallen, wenn man auch nur mittelmäßig schlafen kann. Freue mich, dass Ihr mit mir einverstanden seid in meiner dienstlichen Veränderung. Es wird schon alles recht gehen; bin bis jetzt sehr befriedigt, und es fällt mir auch nicht schwer. Auf Küstenwache musste ich jeden Tag 12 Std. Dienst tun und wachen. Meistens wacht der Diensthabende bis 3 Uhr und ich dann ab 3 Uhr. Man muss sich natürlich daran gewöhnen können, bei Nacht zu wachen, was mir aber überraschend leichtfiel. Ich habe dann meistens gelesen oder geschrieben. Man hat da mal so eine ganz ruhige Stunde für sich. Denke da natürlich auch an Euch Lieben, wie Ihr jetzt wohl schön schlafen werdet, während wir hier Euren Schlaf bewachen.

Hoffe, dass Sigis Geburtstag sehr schön gewesen ist. Es ist mir recht, dass er das Segelflugzeug von mir bekommen hat. Das Spiel »Mikado« kenne ich nicht.
Es grüßt und küsst Euch alle
Euer Heinz

Den 10. März 1942

Liebe Mutti!

Habe in den letzten Tagen gleich 4 Paketchen abgeschickt mit Büchern und Briefen. Habe die Bücher ausgelesen. Ihr braucht Euch also keine Sorgen zu machen, weil das sonst oft ein Wegkommen bedeutet hat. Die Strümpfe etc. habe ich in Harlingen eingekauft, wie Du richtig vermutet hast. Wollte auch einen Füllfederhalter kaufen, konnte aber nirgendwo mehr einen bekommen.

Es grüßt und küsst Dich von Herzen
Dein Heinz

Den 29. März 1942

Lieber Vater!

Heute am Palmsonntag möchte ich Dir ein Brieflein schreiben. Habe vor ein paar Tagen Deine liebe Karte von Kirchheim erhalten mit den Grüßen Deiner Prüfer. Ich danke herzlich dafür, erwidere ihnen doch bitte die Grüße von mir. Über Ostern wirst Du hoffentlich auch einige freie Tage haben, sodass Du etwas ausspannen kannst. Nun beginnen ja wieder die Frühjahrsspaziergänge, wo man wieder mit Freude das Erwachen der Natur aus langem Winterschlaf beobachten kann. Der Frühling kommt jetzt mit Macht, worüber wir hier auch sehr froh sind. Alles Eis ist hier nun ausgestanden, sodass unser Schiff wieder täglich verkehren kann und wir somit auch täglich Post bekommen.

Hoffe, dass Ihr ein recht schönes Ostern erleben könnt. Werde fest an Euch denken. Hier haben wir einen Blumenstock in unser Zimmer gekauft, so sieht es auch ganz festlich aus. Ich habe hier sehr gute, wertvolle Kameraden. So wird man doch nie einsam oder missmutig, der eine reißt den anderen mit. Man merkt da erst richtig, was gute Kameradschaft und Freundschaft wert ist.

Es grüßt und küsst Dich herzlich
Dein Heinz

Den 15. April 1942

Meine liebe Mutti!

Was Du mir von Deinem neuen Mädchen schreibst, ist ja sehr ärgerlich. Ich hätte das kaum von Hermine gedacht; für so raffiniert habe ich sie nicht gehalten. Wie konnte sie nur ihren Eltern daheim im Elsass berichten, sie würde bei Dir schlecht behandelt. Bin nun gespannt, wie sich die Sache löst. Es ist für Dich natürlich eine ganz große Belastung.

Hoffe, dass Du Deine Gallenanfälle gut überstanden hast. Bekommst Du sie denn wieder öfters?

Liebe Mutti, ich habe nun einige kleine Bitten. In meiner Ausrüstung fehlen mir einige Kleinigkeiten. So etwas weißer und schwarzer Faden, aber kein Maschinenfaden, der ist zum Handnähen nicht zu verwenden. Dann einige Näh- und Stopfnadeln. Weiter Hansaplast. Dann sollte ich ein dunkles Säcklein haben für Schuhputzzeug. Weiter ein Döschen Xeroform, das ist Ersatz für Jod; es ist ein gelbes Pulver. Meine dicke Unterhose habe ich ja heimgeschickt, dafür könnte ich eine dünne brauchen, habe ja noch einige.

Mein Freund Salfner ist zzt. in Urlaub, dem könntest Du die Sachen mitgeben, Du müsstest Dich telefonisch mit Glasers in Verbindung setzen. Dann brauche ich mit der Zeit ein Paar Hausschuhe, das ist aber nicht so dringend, aber nicht die Frankreich-Schuhe, die nehmen zu viel Platz weg. Wie gesagt, das langt später noch, wenn mal die Päckchensperre wieder offen ist.

Lasse Dich durch diese Wünsche aber bitte nicht beunruhigen. Das deutet auf gar nichts hin, will nur meinen Vorrat wieder ergänzen. Wir halten vorerst hier die Stellung.

Für heute grüßt und küsst Dich von Herzen
Dein Heinz

Den 25. April 1942

Meine liebe Mutti!

Schwab ist wirklich in Urlaub, er wird nämlich von uns weggesetzt. Sein Vater ist im Ersten Weltkrieg gefallen, und er ist der einzige Sohn, somit kommt er von der Feldtruppe weg. Wir bedauern es alle sehr, wir hatten ihn sehr gerne. Nun muss ich natürlich ran.

Liebe Mutti, in der letzten Zeit habe ich etwas wenig heimgeschrieben, ich wollte allerdings früher keine Begründung abgeben, woher das kommt. Mein Kompaniechef hat mich zum Unteroffizier vorgeschlagen. In den letzten Wochen wurde ich nun verschiedentlich geprüft und musste deshalb neben meinen Dienstzimmerarbeiten abends noch mich vorbereiten. Es hängt davon auch eine eventuelle spätere Ernennung zum Offiziersanwärter ab. Mein Kompaniechef hat mir solche Andeutungen gemacht. Ich dachte nun, auf 20. April[65] würde die Sache klappen. Doch wie's beim Kommiss so geht; die Sache wurde nochmals verschoben. Wollte Euch natürlich überraschen, was mir nun leider nicht gelungen ist. Behaltet aber bitte diese Mitteilung für Euch, möchte nicht, dass Ihr irgendjemandem davon erzählt, ehe es wirklich so weit ist.

Hoffe, dass es Dir ordentlich geht. Die Sache Hermine wird Dich etwas mitnehmen, doch lass es Dir nicht zu nahegehen, solche Menschen sind es nicht wert, dass man sich über sie aufregt. Dass es schlechte Menschen gibt, ist uns ja allen bekannt. Die einzige Waffe dagegen ist, dass man sie sich vom Leibe hält.

Heute Mittag kam eine humorvolle Radiosendung über Stuttgart, da konnte ich mir so einen Samstagnachmittag zu Hause so lebhaft vorstellen, wie Ihr alle da sitzt, die einen machen Aufgaben, Du nähst, Sigi baut, vielleicht stehen die Brötchen auf dem Ofen, und Elle und Christa schnappen sich eins. Dann kommt Vater zur Tür herein: »Grüß euch Gott, Ihr Lieben mein.« Ja, so war es immer daheim. Es ist so schön, wenn man so liebe Erinnerungen hat. Vielleicht wird das Radio ausgemacht, doch gleich hat es wieder einer angestellt, etwas leiser als vorher.

Die Osterhäschen habe ich nun auch alle bekommen. Vater hat ja eines in ein Kuvert gesteckt. Dieses ist vor ein paar Tagen angekommen, und zwar fabelhaft verpackt, in starkes Papier mit fester Schnur. Ich packe es aus und da fällt mir gleich ein Zettel in

65 Nach Erlass des Reichskriegsministers vom 24. Januar 1936 war der 20. April, Hitlers Geburtstag, eines von mehreren bevorzugten Beförderungsdaten im Jahr.

die Hände: »Die Feldpostklinik hat das Paketchen nochmals richtig verpackt«. Da musste ich doch lachen, wie innen in 5 Papieren der Osterhase herauskam.

Hat sich Beatle die Haare schon abschneiden lassen? Sie soll mir dann mal ein Bildchen von sich schicken, bin doch gespannt, wie mein Beatle aussieht, bestimmt wie eine junge Dame. Nun hast Du schon vier Kinder, liebe Mutti, die der Schule entwachsen sind. Wie weit liegt doch diese Zeit zurück; es war eine schöne Zeit, unsere Kinderzeit. Doch auch die jetzige Zeit hat viel, was uns in schöner Erinnerung bleiben wird. Vor allen Dingen, sie treibt alles Weichliche aus den Knochen, man wird ein Mann. Leider müssen es viele teuer erkaufen.

Was macht denn Siegerle? Ist er im Moment mal wieder etwas erkältet, oder gehts ihm gut? Hoffe, dass er mit der wärmeren Jahreszeit auch wieder gesünder und fester wird. Man darf seine Schwächlichkeit nicht zu sehr beachten, sonst gefällt er sich in dieser Rolle.

Hoffe, dass Ihr alle gesund und munter seid.
Es grüßt und küsst Dich von Herzen
Dein Heinz

Das Männlichkeitsideal dieser Zeit war eindeutig: Hart musste man sein, natürlich auch hart gegen sich selbst. Tapfer, willensstark, zäh. Man durfte nicht abwägend und zögerlich sein, schon gar nicht pessimistisch, sondern musste sich bedingungslos im Kampf bewähren. Heinz hat das oft genug gehört und gelesen, etwa in der Broschüre »Die Pflichten des deutschen Soldaten«. Darin hatten am 25. Mai 1934 Reichspräsident Paul von Hindenburg und Kriegsminister Werner von Blomberg formuliert, was vom deutschen Mann erwartet wurde: Mut, Entschlossenheit, Gehorsam. Der Soldat sollte dem deutschen Volk ein Vorbild sein. Und natürlich durfte nichts »Weichliches in den Knochen« sein, wie Heinz das nannte. Er war sichtlich stolz, dass er beim Militär »ein Mann« geworden war. »Leider mussten es viele teuer erkaufen«, schob er allerdings nach. Die Mutter dürfte solche Parolen mit Sorge gelesen haben. Aber die Vorstellung, dem Ideal näherzukommen, hat Heinz wohl auch über so manche Strapaze hinweggeholfen. Und auch bei dem Bemühen, die Angst vor der sich abzeichnenden Abstellung nach Russland und die Trauer um die dort gefallenen Kameraden zu verdrängen.

Den 1. Mai 1942

Liebe Mutti!

Ich weiß, dass Ihr den Arztberuf für mich als sehr schön und befriedigend ansehen würdet, doch ich glaube, ich kann mich nicht dazu entschließen, es fehlt mir die Freude und Liebe dazu, bin mehr real veranlagt. Man kann auch in anderen Berufen seinen Mitmenschen nützlich sein und ihnen helfen. Man kann auch als Arzt sehr unglücklich sein, denn wie oft steht man der Natur hilflos gegenüber. Hoffe, dass Du meinen letzten Brief nun in Händen hast. Werde mein Möglichstes tun, um Dich nie zu lange auf Post warten zu lassen; es ist ja das Band, das uns zusammenhält, allerdings nur das äußere, das innere Band arbeitet ja auf telepathischen Wegen.

Nun ist Salfner vom Urlaub zurückgekehrt, habe mich über das Paket sehr gefreut, es war ja alles drin, was ich wollte, danke Dir von Herzen. Das Käpsele ist ausgezeichnet, ebenso natürlich die Zigaretten. Für Vaters liebe Zeilen danke ich herzlich.

Liebe Mutti, Du schreibst, es wäre schade, dass ich nicht mehr aus meiner Gemütslage in meinen Briefen schreibe. Das ist sehr schwer. Man ist beim Kommiss gewöhnt, dass man nie gefragt wird, wie es einem geht oder ob man sich wohlfühlt usw. Es gibt nur Befehl und Ausführung. Aus diesem Grunde wird man etwas abgestumpft. Man überlegt sich die Frage überhaupt nicht, gefällt dir das oder machst du das gern, man tut es, weil es eben Befehl ist. Von meiner Gruppe wäre zu erzählen, dass ich darin weiterhin der Jüngste bin, was allerdings gar nichts zu sagen hat. Komme mit den Leuten im Allgemeinen gut aus, man muss sich natürlich durchsetzen können, doch das fällt mir eigentlich nicht schwer, schon wegen des Ansehens, das ich in der Kompanie genieße. Es ist eine schöne Aufgabe, anderen Menschen Führer zu sein und mal nach eigenen Anschauungen bestimmen zu können.

Bin froh, dass Du Hermine aus dem Hause hast, so ist doch der Störenfried weg. Wenn nun Hedwig kommt, werdet Ihr schon zurechtkommen.

Nun ist mir noch die Tinte ausgegangen, es ist aber auch schon 0:30 Uhr, also höchste Zeit ins Bett.
Es grüßt und küsst Dich von Herzen
Dein Heinz

Holland, den 10. Mai 1942

Liebe Mutter!

Bin nun fest im Außendienst als Gruppenführer. Habe sehr nette Leute, worüber ich sehr froh bin. So haben wir schöne Kameradschaft, es erinnert mich lebhaft an die Zeit, in der ich Scharführer war. Man hat nun nicht nur für sich, sondern auch für seine Leute zu sorgen.

In 14 Tagen ist bereits mein Geburtstag, letztes Jahr war ich um diese Zeit in Urlaub, dieses Jahr wird es nichts werden, da wir bereits Urlaubssperre haben. Doch es ist halt nichts zu machen, man muss sich in sein Schicksal fügen. Sei deshalb nicht traurig, die Sperre wird auch wieder mal aufgehoben.

Vorgestern habe ich das Paketle von Auguste erhalten, so habe ich nun auch genügend Faden. Vor 10 Tagen habe ich 150 RM eingezahlt, wenn sie ankommen, lasse sie bitte in mein Sparbuch einschreiben. Da wir auf der Insel weiter nichts kaufen können, habe ich das Geld erspart, kann es später mal bestimmt gut gebrauchen. Damit wird mein Sparbuch bald die 1000-RM-Grenze überschritten haben.

Einen besonderen Geburtstagswunsch habe ich eigentlich nicht. Wie uns heute unser Kp.-Chef mitgeteilt hat, sind ab Mitte Mai wieder 1000-Gramm-Paketchen zugelassen, und zwar 2 Stück pro Monat, dafür werden Marken ausgegeben an die einzelnen Soldaten; ich schreibe Euch dann noch Näheres, es wird bestimmt auch daheim bekannt gegeben.

Liebe Mutti! Ich würde gerne wissen, was Du Dir zu Deinem 50. Geburtstag wünschst. Ich werde hier keine Gelegenheit haben, Dir etwas einzukaufen, vermute nun, dass Du Dir etwas von uns Kindern gemeinsam wünschst. Bespreche es doch bitte mit Nanna, sie soll mir dann Nachricht geben.
Für heute grüßt und küsst Dich herzlich
Dein Heinz

Den 17. Mai 1942

Liebe Mutter!

Bei uns hier ist herrliches Maienwetter, vielleicht könnt Ihr heute schon im Garten sitzen. Gedenke heute Deiner besonders, liebe Mutti, denn heute ist ja Muttertag. Ihr lieben Mütter müsst ja so viel an Sorgen auf Euch nehmen, besonders in Kriegszeiten. Möge Dir weiterhin die Kraft geschenkt werden, dass Du Dich von den Sorgen nicht zu sehr anfechten lässt. Gott wacht über unser aller Leben, und so, wie er's bestimmt hat, so wird das Schicksal seinen Lauf nehmen.

Von den Bombenangriffen hatte ich schon von Kameraden gehört. So finden die Flieger nun doch den Weg auf Stuttgart. Wollen wir hoffen, dass sie Degerloch nicht finden. Kann mir denken, dass Euch der Aufenthalt im Keller sehr mitnimmt, wenn man den Tag über angestrengt gearbeitet hat. Nun liegt Ihr also auch einmal wie Soldaten in zweistöckigen Betten. Ihr solltet nach Stroh für die Säcke sehen, da schläft man ganz gut darauf; man muss es natürlich gewöhnt sein.

Dein Gedanke, im Sommer zu den Verwandten nach Leutkirch zu fahren, ist sehr gut. Du könntest mal richtig ausspannen. Störs würden sich bestimmt freuen, es sind ja so liebe Menschen.

Es grüßt und küsst Dich von Herzen
Dein Heinz

Der gezielte Bombenkrieg englischer und amerikanischer Luftflotten gegen die Wohnviertel der deutschen Städte hatte begonnen.

Die Luftwaffe der Wehrmacht hatte diese neue Variante des mechanisierten Krieges, deren Folgen hauptsächlich die Zivilbevölkerung tragen musste, vorgemacht: So war Warschau im September 1939 in Schutt und Asche gelegt worden – es war das erste Flächenbombardement einer Großstadt. Im Mai 1940 war Rotterdam zerbombt worden. Bei dem gescheiterten Versuch, die britische Insel zu besetzen, hatte die deutsche Luftwaffe einen großen Teil der Londoner Innenstadt zerstört, sie griff die großen britischen Industriezentren wie etwa Birmingham, Coventry, Sheffield und Manchester an – insgesamt kamen 60 000 Zivilpersonen in Großbritannien durch deutsche Bomben ums Leben.

Die Vergeltung wurde fürchterlich. Anders als die amerikanischen Angriffe am Tag dienten die hauptsächlich nachts geflogenen britischen Bombardements deutscher Städte immer weniger dem Ziel, die Industrie, besonders die Anlagen der Rüstungsproduktion, zu zerstören. Vor allem sollte die Zivilbevölkerung getroffen und demoralisiert werden.

Für Millionen von Menschen nun auch in Deutschland bedeutete der Bombenkrieg unvorstellbaren Stress. Ständiger Fliegeralarm, Bombeneinschläge, brennende Häuser, Verlust des Zuhauses und der kompletten Einrichtung, Tod und schwere Verletzungen, Angst davor, lebend verschüttet und nicht mehr gefunden zu werden, wurden zum Alltag. Schreckensszenen traumatisierten die Menschen: Feuersturm wie etwa beim größten Angriff im Juli 1943 auf Hamburg, Kinder, die durch die Gewalt des Orkans von der Hand der Mutter gerissen und ins Feuer gewirbelt wurden, Flüchtende, die sich den Weg über Sterbende bahnen mussten, Kranke und Gebrechliche, die nicht gerettet werden konnten.

593 000 Menschen fielen im Deutschen Reich den Bomben zum Opfer, 400 000 Gebäude wurden bis auf die Grundmauern zerstört, insgesamt ein Fünftel der Wohnräume. Bei Ende des Krieges waren viele deutsche Städte in weiten Teilen nur noch Trümmerhaufen. Drei Viertel aller im Zweiten Weltkrieg abgeworfenen Bomben fielen in den letzten acht Kriegsmonaten auf deutsche Städte. Die Rüstungsindustrie verlagerte ihre Produktion allerdings erfolgreich in Tunnel und Höhlen. Das vor allem von Großbritannien verfolgte Ziel, den Krieg durch »Moral Bombing« zu verkürzen und die Bevölkerung zum Widerstand gegen Hitler zu provozieren, ging nicht auf. Bei der Bevölkerung führten die Zerstörungen eher zu einer Durchhaltestimmung, die NS-Organe profilierten sich als Nothelfer. Am 20. April 1944, Hitlers Geburtstag, brachten die Berliner an den Trümmern ihrer Stadt Transparente an mit der Aufschrift: »Unsere Mauern brachen, unsere Herzen nicht.«

Als ich geboren wurde, hatte das Haus in Degerloch immer noch einen schmutzig braunen Tarnanstrich, der es für die Bomberpiloten unsichtbar machen sollte. Die Tür zum Keller war aus schwerem Metall, um einem Feuer standhalten zu können, und hatte einen massiven Riegel. Die Vorstellung, das Haus könnte zerbombt über uns zusammenbrechen und wir könnten unter Trümmern begraben hinter dieser Tür gefangen sein, machte mir als kleines Kind schreckliche Angst.

Den 22. Mai 1942

Meine liebe Mutti!

Zu Deinem 50. Geburtstag wünsche ich Dir von Herzen Gottes reichen Segen und viel Kraft und Lebensfreude. Ich würde Dir ja so gerne die Hände drücken und Dir viel Liebes sagen, doch kann ich dies leider nur brieflich tun. Sei aber deshalb bitte nicht traurig und lasse Dir Deinen Ehrentag dadurch nicht trüben. Du würdest mir damit keine Freude machen. Ich werde in Gedanken bei Dir sein.

Sehr vieles hast Du in diesen 50 Jahren erlebt, viel schöne Stunden und auch andere. Doch immer wurdest Du geführt und Dir der richtige Weg gezeigt. Vieles haben wir Kinder Dir zu danken, Du hast uns zu ehrlichen, anständigen Menschen erzogen, die das Gute und Schöne lieben und das Schlechte verabscheuen.

Habe Dir noch eine besondere, freudige Nachricht. Ich wurde heute mit Wirkung vom 1.5. zum Unteroffizier befördert. So hat es nun endlich geklappt. Ich freue mich sehr darüber, und Ihr alle werdet Euch mit mir freuen.

Liebe Mutti! Habe in den letzten Tagen nochmals 65 RM weggeschickt und zwei Paketchen mit Briefen und einigen Heften, hebe diese Sachen gut auf, brauche sie später wieder, kann sie aber jetzt im Moment nicht mehr brauchen, da ich nicht immer so viel Gepäck mitschleppen kann, früher konnte ich diese Sachen in der Schreibstube unterbringen. Sei also unbesorgt und denke nicht, da müsste irgendetwas dahinterstecken.

Wünsche Dir noch mal von Herzen alles, alles Gute,
es grüßt und küsst Dich herzlich
Dein Heinz

Den 30.5.1942[66]

Liebe Eltern!

Habe Deinen Brief, liebe Mutti, vom 18.5. und die Karte vom Muttertag erhalten, vielen herzlichen Dank dafür. Werde Dir so bald als möglich darauf schreiben. Nun bin ich schon drei Tage 21, so vergeht die Zeit, Post habe ich noch keine erhalten. Hoffe sehr, dass bald etwas kommt.

Wünsche Dir zu Deinem 50. Geburtstag nochmals alles, alles Gute. Mögest Du einen recht schönen Geburtstag erleben.

Hätte noch einen kleinen Wunsch: Ihr solltet mir eine Sonnenbrille beschaffen. Einen Füllfederhalter konnte ich mir selbst beschaffen, so braucht Ihr Euch nicht darum zu bemühen.

Für heute grüßt Euch von Herzen

Euer Heinz

Am 27. Mai 1942 wurde Heinz 21 Jahre alt. Er war nun von Rechts wegen erwachsen, was wahrscheinlich kaum etwas für ihn änderte, da er kein ziviles Leben führte. Alt genug, um für sein Vaterland zu sterben, war er schon vorher gewesen. Nun wäre er auch alt genug gewesen, um zu wählen, wenn es noch Wahlen im Deutschen Reich gegeben hätte. Die letzte Wahl, bei der mehr als eine Partei kandidieren konnte, lag allerdings zu diesem Zeitpunkt schon neun Jahre zurück. Während des Krieges wurde die Reichstagswahl, die ohnehin nur noch eine Scheinwahl gewesen wäre, ganz ausgesetzt. Heinz wählte also nie.

Zum Geburtstag schrieb ihm sein Vater, der die nächste Abstellung seines Sohnes noch nicht kannte: »Du trittst mit Deinem 21. Geburtstag über die Schwelle der Mündigkeit, und wir freuen uns, in Dir einen wackeren Sohn mündig zu sehen, von dem wir noch viel Freude erhoffen dürfen und der einmal das Haupt der Familie sein kann, wenn ich einmal vom Kampfplatz dieses Lebens scheiden soll. Du hast also eine große Aufgabe vor Dir. Gestatte Dir darum keine Waghalsigkeiten.«

Heinrich Meyer seniors Briefe waren selten so sachlich. Üblicherweise drückte er sich mithilfe von bedeutungsschweren Bibelzitaten aus. Selbst an seine Frau schrieb er Briefe, die auf ihre Bibelfestigkeit

66 Feldpostkarte

bauten. Doch das Bangen um seinen Jungen ließ ihn konkret werden. Der Brief zeigt auf der anderen Seite, wie weltfremd er war: Gestatte Dir keine Waghalsigkeiten! Als wäre der Weltkrieg nicht eine einzige Waghalsigkeit gewesen, in die Hitler den ahnungslosen, doch folgsamen Buben gejagt hatte.

Heinz war nun auf dem Weg nach Russland. Es dauerte lange, bis die Degerlocher erfuhren, wohin er gekommen war. Die Post dauerte nun viel länger als zuvor. Noch am 11. Juni, am Abend ihres 50. Geburtstags, schrieb ihm die Mutter:

»Tag und Nacht sind ja meine Gedanken bei Dir, ja, ich kann sagen, mein Denken ist ein fortwährendes Gebet für Dich, in das Du Tag und Nacht eingehüllt bist. Du kannst Dir denken, welches Rätselraten es für uns ist, wo Ihr hingekommen seid.«

Ehemalige Sowjetunion, heute Russland

Im Felde, den 3. Juni 1942

Liebe Eltern und Geschwister!

Endlich finde ich ein wenig Zeit, Euch wieder mal Nachricht zu geben. Wie Ihr wohl aus meiner Karte schon bemerkt habt, waren wir mal wieder unterwegs. So sind wir nun an die große Front des grauen Krieges im Osten eingetreten. Es war eine lange Fahrt, die wir machen mussten, und wir haben schöne Gegenden gesehen, aber am schönsten war es natürlich durch Deutschland. Leider sind wir durch Norddeutschland gefahren, hatte ein wenig Hoffnung, wir kämen über Stuttgart.

Wir sind nun wieder richtige Soldaten geworden, und die schöne Besatzungszeit hat ihr Ende gefunden.

Nehmt diese Nachricht, liebe Eltern und besonders Du, liebe Mutter, nicht zu schwer auf. Früher oder später musste es ja doch einmal wieder zu der Front gehen. Ich bin ganz ruhig innerlich und gefasst; so wie es mir vom Schicksal bestimmt ist, so wird es mir ergehen, und ich habe den festen Glauben, dass mich Gottes gütige Hand auch hier leiten und beschützen wird, wie er mich einst in Frankreich beschützt hat. Zudem ist es bei mir zurzeit noch sehr friedlich, ich habe noch keinen Schuss fallen hören.

Ihr könnt Euch denken, dass es hier allerhand zu sehen gibt, was uns völlig neu ist. Die Menschen sind hier in Lumpen gehüllt und barfuß, ob alt, ob jung. Ihre Dörfer sind eine Ansammlung von armseligen Hütten aus Holz mit Strohdach. Eine intensive Bodenbewirtschaftung ist ebenfalls nicht bekannt. Weite Flächen fruchtbaren Landes habe ich einfach brach liegen sehen. Man macht sich aber auch keinen Begriff von der Weite des Landes.

Ich bin gesund und munter, was ich auch von Euch hoffe. Meine Gruppe macht mir sehr Freude, die Leute sind alle sehr in Ordnung, und jeder bemüht sich, gute Kameradschaft zu halten, was ja jetzt die Hauptsache ist.

Also, liebe Mutti, Kopf hoch und der Zukunft mutig ins Auge geblickt. Ich habe Dir schon einmal gesagt, ich möchte nach dem Krieg kein weißes, fast gebrochenes Mütterlein vorfinden, sondern eine noch recht rüstige, unternehmungslustige Mutti, wie Du es früher auch warst. Beherzige diese Worte bitte recht fest.
Für heute grüßt und küsst Euch von Herzen
Euer Heinz

Im Felde, den 10. Juni 1942

Liebe Eltern und Geschwister!

Gestern Abend habe ich nach fast zwei Wochen meine Geburtstagspost erhalten, Ihr könnt Euch denken, wie ich mich gefreut habe. Im Ganzen erhielt ich 9 Paketchen, 5 von Dir, liebe Mutti, eins von Vater, eins von Tante Sophie, eins von Onkel Pfründer, eins von Lotte Glaser. Von Onkel Pfründer und Lotte bekam ich Zigaretten, sodass ich nun für die nächsten Tage gut versorgt bin. Briefe erhielt ich von Mutti, Vater, Elfriede, Christa, von Beate schon 2 Tage früher, Pfründer, T. Sophie, Walter Beck, Karte von Sigi und Vater. Ihr habt mir mit Euren lieben Wünschen und Grüßen eine große Freude gemacht. Die Vanillebrötchen sind ganz ausgezeichnet, liebe Mutti, Du kannst Dir denken, wie man sich hier in unserer Lage, wo man ganz aufs Kommissbrot angewiesen ist, über so was Herrliches freut. Dann die deutschen Zigaretten, sie sind ein Hochgenuss.

Wie ich aus Deiner lieben Karte vom 26.5. erfahre, lieber Vater, habt Ihr kurz vor meinem Geburtstag die Nachricht von meiner Beförderung erhalten. Ich habe es auch als mein Geburtstagsgeschenk betrachtet. Es kam mir völlig überraschend. Am 22. Mai mussten mein Freund Schück und ich zu unserem Kompaniechef kommen, der übrigens seit einiger Zeit Hauptmann geworden ist, da gratulierte er uns zur Beförderung. Ihr könnt Euch meine Freude vorstellen, dass es nun endlich geklappt hat. Mein Kp.-Chef freute sich auch sehr darüber und sagte, gut, machen Sie so weiter wie bisher!
Es grüßt und küsst Euch von Herzen
Euer Heinz

Im Felde, den 14. Juni 1942

Meine liebe Mutti!

Habe heute Deinen lieben Brief vom 1.6. erhalten, so braucht also die Post wirklich 14 Tage. Wie ich aus Deinen lieben Zeilen erfuhr, hattet Ihr zu dieser Zeit noch keine Ahnung, dass ich nicht mehr am alten Ort war. Hoffe, dass Du, liebe Mutter, diese Nachricht nicht allzu schwer aufgenommen hast. Wir wollen glauben, dass ich die Heimat gesund wiedersehen darf. Nun sind schon 3 Tage seit Deinem Geburtstag vergangen. Habe fest an Dich gedacht den ganzen Tag. Es ist der 11. Juni ja gleichzeitig für mich ein Erinnerungstag an die Aisne-Schlacht vor zwei Jahren, wo ich so gnädig beschützt wurde. Habe in den letzten Tagen 2 Paketchen abgeschickt; das eine sind nur leere Kartons; im anderen ist meine Badehose drin, die ich hier nicht benötige. Wenn wir mal zum Waschen kommen, so ist das meistens an einem Bach, oder aber man wäscht sich in einem Eimer. Bis jetzt sind wir von Läusen etc. verschont, wir haben auch noch nie in einer der Elendshütten geschlafen oder uns nur aufgehalten, unsere Wohnung ist das Zelt; man schläft darin sehr gut und auch warm. Man wird hier so ein rechter Landsknecht und Naturmensch. Bis jetzt hatten wir meist schönes Wetter, nur einmal 3 Tage Regen, da waren die Straßen aber gleich ein Schlamm und Dreck; mindestens so, wie man es in der Wochenschau[67] sieht.

Für Deinen Glückwunsch zum Uffz. herzlichen Dank. Du kannst Dir denken, dass ich mich sehr darüber gefreut habe. Mein Monatsgehalt erhöht sich nun um 100 RM. Schreibe mir dann bitte, wenn die Nachzahlung eintrifft.

Liebe Mutti, und nun eine feine Sache. Wir bekommen hier Luftfeldpostmarken, ein jeder im Monat 4 Stück, damit können Briefe bis 100 Gramm geschickt werden. Die Briefe werden mit dem Flugzeug befördert und kommen dementsprechend rascher an. Ich schicke heute mal eine Marke mit; wenn Ihr also mal eine dringende Nachricht habt, so benutzt Ihr sie. Auf dem Kuvert muss oben Luftfeldpost stehen, rot unterstrichen, außerdem

67 Die »Deutsche Wochenschau« war eine im Kino wöchentlich ausgestrahlte Nachrichtensendung und wichtiges Mittel der Propaganda.

2 rote Diagonalstriche über das ganze Kuvert. Hebt die Marke gut auf, sie ist sehr wertvoll.
Es grüßt und küsst Dich und alle Lieben von Herzen
Euer Heinz

Im Felde, den 19.6.1942

Liebe Eltern!

Habe gerade Zeit, um Euch ein Brieflein zu schreiben. Ich bin gesund und guten Mutes. Hoffe, dass ich bald mal wieder Post bekomme. Wenn Du, meine liebe Mutter, ab und zu mal einige Paketchen mit etwas Essbarem schicken würdest, wäre ich sehr froh, denn Kohldampf gibt es hier immer.

Liebe Mutti! Sorge Dich nicht zu sehr um mich, ich weiß, dass mir kein Haar gekrümmt wird ohne den Willen meines Schöpfers. Wir wollen das immer festhalten. Ich weiß, dass Ihr in Gedanken immer bei mir seid, wie auch ich bei Euch.

Schickt mir bitte Streichholz und Esbit für Esbitkocher, das sind so weiße Würfel.
Für heute grüßt Euch von Herzen
Euer Heinz

Aufmerksam lesen!

Aufmerksam lesen? Ich habe diesen Brief viele Male aufmerksam gelesen, finde aber nirgendwo einen Doppelsinn. Ist die Berufung auf den Willen des Schöpfers oder die Betonung des immerwährenden »Kohldampfs« ein Hinweis auf das, was er in seiner Lage nicht schreiben durfte? Tatsache ist: Nun ging es wieder ans Kämpfen.

Im Felde, den 24. Juni 1942

Meine liebe Mutti!

Habe heute Morgen Deinen lieben Brief vom 11.6. erhalten, ebenso die Karte von Vater aus Backnang, hatte schon sehnlich auf Post gewartet; für Eure lieben Zeilen herzlichen Dank. Kann mir denken, dass Du sehr viel Liebe erfahren durftest an Deinem Ehrentag. Habe den ganzen Tag an Dich gedacht, liebe

Mutti, hatte auch rein äußerlich meine Freude an diesem Tag, es gab nämlich eine Tafel Schokolade, leider bekommen wir nur alle vier Tage eine. Es ist ja so lieb von Dir, dass Du Deinen Geburtstag nicht beschließen wolltest, ehe Du mir geschrieben hattest. Schicke diesen Brief mit Luftpost, dass Ihr mal etwas schneller Nachricht bekommt, kann mir denken, dass Ihr in großer Spannung wart, wo ich nun hingekommen bin. Keppler und Raff sind noch in meiner Kompanie, Ihr könnt Euch also dort erkundigen, wenn mal länger keine Nachricht kommt aus irgendeinem Grund. Außerdem ist Salfner noch bei mir. Denkt Euch, seit gestern bin ich Kompanietruppführer, so bin ich nun wieder im Kp.-Trupp, und Salfner ist auch wieder mit mir zusammen. Es ist dies ein großes Vertrauen vom Chef, und ich werde mich bemühen, mich dieses Vertrauens als würdig zu erweisen. Meine Gruppe hat das natürlich sehr bedauert.

Liebe Mutti! Ich weiß, dass Du in Gedanken stets bei mir bist, und das ist für mich ein glückliches Gefühl, ich bin nie allein und verlassen in diesem großen, unwirtlichen Land. Freue mich, dass Ihr immer regelmäßig Post bekommen habt, werde mich bemühen, Euch immer regelmäßig Post zu schicken, sonst bist Du ja doch dauernd in Sorge, Du geplagtes Mutterherz. Manchmal kann ich natürlich nur ein Kärtchen schicken, denn oft ist die Zeit knapp bemessen. So sehr in Sorge braucht Ihr auch nicht zu sein, so sehr schlimm ist es hier nicht, wohin wir eingesetzt sind. Durfte schon manchmal wieder die Fürsorge und den Schutzengel von oben spüren. Immer dann, wenn ich glaubte, es wird am schlimmsten, hat sich die Situation glücklich geändert, habe wieder meine alte Ruhe weg wie einst in Frankreich.

Bin auch nun zwei Jahre älter, was sehr viel ausmacht.

Bis jetzt bin ich noch nicht zum Offiziersanwärter ernannt worden.

Für heute die herzlichsten Grüße und Küsse
Euer Heinz

Im Felde, den 3. Juli 1942

Meine lieben Eltern und Geschwister!

Ich bin noch gesund, was ich nur meinem gnädigen Schöpfer zu verdanken habe. Über 14 Tage Kampf habe ich nun schon hinter mir. Ihr werdet im Radio die Meldungen ja gehört haben, dass im mittleren Teil der Ostfront zum Angriff angetreten wurde. Es ist ein schwerer Kampf, den wir zu führen haben, der Russe kämpft zäh und verschlagen, ich durfte schon oft die rettende Hand von oben spüren, man kann ohne einen Halt in diesem fürchterlichen Land überhaupt nicht mehr bestehen. Es ist nicht zu viel gesagt, wenn man zu der Auffassung kommt, dass man es nicht einmal seinem Feinde wünscht, dass er hier hineinmuss. Doch ich bin voll Zuversicht und Glauben, dass ich durch diese Fährnisse gnädig hindurchkomme und Euch einst gesund wiedersehen kann. Zum Glück hatten wir mit dem Wetter bisher ziemlich Glück, obwohl man hier ja alles mitmachen muss.

Heute bekam ich zwei Paketchen, eines von Dir, liebe Mutti, mit Handtuch und Sonnenbrille, kann beides sehr gut gebrauchen, vielen herzlichen Dank.

Liebe Eltern, seid nicht verzagt, sondern haltet mir ein Gebet.

Für heute grüßt und küsst Euch

Euer Heinz

Den 9. Juli 1942

Meine liebe Elfriede!

Will die kurze Kampfpause, die wir gerade haben, dazu nützen, Dir zum Geburtstag zu gratulieren. Wünsche Dir viel Glück und Freude für Dein neues Lebensjahr und recht viel Erfolg in beruflicher Hinsicht. Mögest Du immer weiter wachsen an Reife und Persönlichkeitswert.

Wenn Du mich jetzt sehen könntest, so würdest Du mich wohl kaum erkennen vor Dreck und abgerissenem Aussehen, bin halt ein rechter Frontsoldat geworden. Heute Morgen machte ich den 3. Sturmangriff mit, das kostet Nerven. Gott sei Dank durfte ich bis jetzt alles gut überstehen.

Dein Heinz

Laut den Standortmeldungen für seine Feldpostnummer befand sich Heinz wohl im Dreieck zwischen Belgorod, Kursk und Woronesch. Im nördlicher gelegenen mittleren Abschnitt der Ostfront, den Heinz erwähnte, tobte im Juli 1942 eine entscheidende Auseinandersetzung. In der »Operation Seydlitz« sollten verschiedene sowjetische Armeen voneinander isoliert werden. Die deutsche Offensive war aus militärischer Sicht erfolgreich. Aus dieser Phase stammt der letzte erhaltene Brief meiner Großmutter an Heinz. Sie fand vor lauter Angst kaum mehr zu klaren Worten, ihre Schrift ist wild, sie rief sämtliche Kräfte des Himmels an: »Mein Herzensheinz! Wann werden wir uns wiedersehen? Wie wird's sein, wenn Du mal unverhofft zur Türe hereinkommst? Da werden wir weinen vor Freude und Dank. Schenk uns Gott ein frohes Wiedersehen! Nicht sorgen, nicht sorgen, 's ist einer, der kennt dein Morgen und hat es schon bedacht. Willst du's mit ihm nicht wagen, der dich bis heute getragen durch Sonnenschein und Nacht? In seinen Händen geborgen, nicht sorgen, nicht sorgen! Du weißt, wo dieser Spruch steht.« Voll banger Ahnungen schloss die Mutter ihren Brief: »Und nun gut Nacht, mein Herzblatt! Gott grüße Dich, Er sorge und beschütze Dich Tag und Nacht, Er baue eine Mauer um Dich und sende Dir seine heiligen Engel zum Schutz und als Deckung.
Ich umarme und küsse Dich tiefinnig.
Deine Mutter«

Den 18. Juli 1942

Meine liebe Mutti!

Habe eine freudige Nachricht für Dich. Wir sind nun wieder an einem etwas ruhigeren Platz angekommen, Du brauchst Dich also in nächster Zeit nicht so zu sorgen, liebe Mutti. Gott hat mich gnädig und wunderbar geführt, ich habe ihm nur zu danken. Du kannst Dir denken, wie dankbar wir sind, mal wieder etwas verschnaufen zu können. Das ewige Schießen um einen herum zermürbt mit der Zeit doch etwas. Ihr müsst Euch das vorstellen, aber das könnt Ihr ja nicht, und das ist auch gut so, nur harte Nerven können so was ertragen.

Sitze hier in einer russischen Bauernstube, die Wände sind

mit Lehm verschmiert, der Boden ist der blanke Erdboden. An der einen Wand steht der große Kachelofen, auf dem bequem zwei Mann schlafen könnten. Rechts und links des Ofens schlafen wir auf Heu. Links mein Hauptmann und ich, rechts drei vom Kp.-Trupp; unser Hauptmann hat das EK I[68] bekommen, das ist eine Ehre für die ganze Kompanie. Eugen Raff von Degerloch ist verwundet worden, ich weiß aber nicht genau, was er für eine Verwundung hat. Kappler ist Krankenträger im Kp.-Trupp bei mir. Habe zzt. auch immer sehr viel zu tun, sodass mir die Zeit sehr schnell verfliegt, bald wird es August sein. Es sind nun schon über 8 Monate seit meinem letzten Urlaub, glaube, dass diesmal das Jahr voll wird, die Hauptsache ist aber, dass wir uns gesund wiedersehen, dann darf es auch ein Jahr oder noch länger dauern.

Freue mich, wenn Ihr mir ein paar Bildchen schickt, es ist doch für mich eine kleine »Fata Morgana«, wenn ich Euch da im Garten sitzen sehe. Kann mir denken, dass Du immer sehr viel Arbeit hast. Liebe Mutti, möge Dir immer die Kraft geschenkt werden, durchzuhalten und den Kopf hochzuhalten. Würde so gerne mal ein Weilchen neben Dir auf dem Sofa sitzen und plaudern, so wie in früheren Urlaubstagen. Hätte Dir so viel zu erzählen. Freue mich, wenn ich recht oft Post bekomme, das ist ja die einzige Abwechslung.

Liebe Mutti! Das Erste, was Du mir schickst, wenn es 1000-Gramm-Päckchen gibt, ist ein Hemd, und zwar kein helles, denn das ist gleich schwarz. Dann könntest Du mal in einer Apotheke fragen, ab es nicht etwas gibt gegen Stiche. Was für Stiche es sind, weiß ich nicht genau, vermutlich Wanzen, aber auch Flöhe und Schnaken, ich kratze halt den ganzen Tag, Läuse glaube ich nicht.
Es grüßt und küsst Dich von Herzen
Dein Heinz

68 Eisernes Kreuz Erster Klasse

Den 22. Juli 1942

Liebe Eltern und Geschwister!

Heute bekam ich ein Brieflein von Christa mit den Bildchen, habe mich sehr darüber gefreut. Ihr seid alle so nett darauf, auch Beatle gefällt mir sehr gut mit ihrer neuen Frisur. Weiter erhielt ich 5 Paketchen, 1 von Vater und 3 mit Zucker und dem Zitronenmark von Zitrolin, das ist etwas Feines und Praktisches, und 1 Päckchen mit Zigaretten. Für alles vielen herzlichen Dank, das ist mir eine große Freude. Nun zu Deinen Briefen, liebe Mutti. Es ist etwas ganz anderes, wenn man mal einen Brief bekommt, der nicht 14 Tage alt ist. Liebe Mutti, wir sind gerade in der Mitte zwischen den zwei Punkten, die Du angenommen hast. Kann mir denken, wie schwer es Dir gewesen sein mag, auf all diese Nachrichten hin, doch da durftest Du auch das Wort erfahren, wenn die Sorgen und Gefahren am größten, ist Gottes Hilfe am nächsten. Dieses Wort hat sich bei mir schon hundertfach bewahrheitet. Hoffentlich geht es Sigi wieder gut, ist er denn noch nicht kräftiger? Hoffe, dass Du auch wieder ganz gesund bist von dem Überlupfen. Du solltest Dir nicht zu viel zumuten, kannst Du denn gar keine Hilfskraft bekommen?

Ich bin gesund und munter, hatte allerdings in den letzten Tagen furchtbar Durchfall, wie hier allgemein, heute ist die Sache nun wieder so weit in Ordnung. Bin sehr froh darüber. Ein weiteres Übel ist das Ungeziefer.

Für heute grüßt und küsst Euch von Herzen
Euer Heinz

Im Osten, den 27. Juli 1942

Mein lieber Vater,

Zu Deinem 51. Geburtstag wünsche ich Dir von ganzem Herzen Gottes reichen Segen. Du mögest Deinem Amte in guter Gesundheit vorstehen dürfen und uns auch noch lange als unser Vater erhalten bleiben. Denn wir brauchen Dich ja so nötig, lieber Vater. Ich z.B. habe jetzt schon manches von der Welt gesehen, doch man muss das Gesehene auch in den richtigen Rahmen bringen können und vor allem unterscheiden lernen, was ist recht und was ist falsch. Das gelingt einem als jüngerem Menschen noch nicht immer so recht. Nun ist schon wieder ein Jahr vergangen seit Deinem 50. Geburtstag, deshalb habe ich gehofft, wenigstens im folgenden Jahr um diese Zeit mal daheim zu sein, leider ist das nun nichts geworden, hoffen wir auf nächstes Jahr, einmal muss ja auch dieser Krieg ein Ende haben, ich ahne allerdings, dass ich noch mindestens 2 Jahre Soldat bin, das sind keine ermutigenden Aussichten, aber man muss sich auf die Möglichkeit einstellen.

Hoffe, dass Du bei guter Gesundheit und nicht allzu viel Arbeit Deinen Geburtstag feiern kannst. Mit Urlaub wird es bei Dir nicht besonders hoffnungsvoll aussehen, Mutti hat mir geschrieben, dass Du fast alles selbst machen musst. Möchte Dir ein schönes Buch schenken, Dir aber selbst die Wahl überlassen, denn ich kann das von hier aus nicht machen. Ich weiß ja, dass Du immer einige Buchwünsche auf Lager hast.

Ich bin gesund und munter, worüber ich sehr dankbar sein kann. Heute ist gerade ein Monat seit unserem ersten Angriff in diesem Land.

Nochmals mit den besten Wünschen grüßt und küsst Dich
Dein Sohn Heinz

Im Osten, den 27. Juli 1942

Meine liebe Mutti!

Habe in den letzten Tagen wieder einige Paketchen bekommen, vier mit Vanillebrötchen, Drops und Schokolade und zwei mit Esbit und Streichholz, für alles vielen herzlichen Dank und einen besonders lieben Kuss. Die Brötchen waren ausgezeichnet, sie haben nur den einen Fehler, dass man sie so schnell gegessen hat. Das Esbit kann ich sehr gut gebrauchen, weißt Du, ich habe so einen kleinen Esbitkocher, das ist etwas sehr Praktisches, man kann sich schnell einen Becher Kaffee warm machen oder die Büchsenwurst braten oder mal ein Ochsenauge machen, wenn man dazu ein Ei hat. Bin gespannt, bis ich mal das schöne Werk *Der Feldzug im Westen*[69] ansehen kann, es wird mir bestimmt

69 Zweiteilige Propagandaproduktion der »Deutschen Wochenschau«, 1940

Freude machen. Es wäre natürlich ideal, wenn man Paketchen auch mit Luftpost schicken könnte. Aber das geht leider nicht. Wir warten wirklich auf die Zulassungsmarken für 1000-Gramm-Paketchen, sie sind aber bei uns noch nicht eingetroffen.

Liebe Mutti! Du schreibst in einem Brieflein, dass Du es gespürt hast, als wir zum Einsatz kamen, ich habe es ja nicht vorher geschrieben, konnte ich ja nicht, denn wir wussten ja auch nicht, wann es losging. Unser erster Angriff ging über einen Fluss, ich bin mit dem Kp.-Trupp in der Begeisterung durchgewatet, bis an die Hüften im Wasser. Die Stunden vor dem ersten Angriff waren nicht leicht, doch ich hatte die Gewissheit in mir, dass ich recht geleitet würde, und das gab mir eine große Ruhe. Zurzeit können wir es hier ganz gut aushalten, es ist keine so große Hitze, ja nachts ist es sogar oft recht kalt.

Ich bin gesund und munter. Mein Durchfall ist wieder ganz weg, so kann ich doch wieder richtig essen. Hoffe, dass Ihr auch alle gesund und munter seid.

Vor ein paar Tagen habe ich einen Brief von meinem Freund August aus Hofbieber erhalten, er wird scheint's bald eingezogen. Er denkt noch fest an mich.

Für heute grüßt und küsst Dich von Herzen
Dein Heinz

Den Angriff am Fluss, 100 Kilometer von Woronesch entfernt, hat Heinz später, im September 1943, auf der Kriegsschule Milowitz in einem Aufsatz mit dem Titel »Mein eindrücklichstes Kriegserlebnis« noch einmal geschildert. Obwohl dieser Bericht, den ich bei Beates Papieren fand, mit größter Vorsicht zu genießen ist, weil er im Rahmen der Offiziersanwartschaft geschrieben wurde und die Kriegshandlungen idealisierte, scheint hier doch ein Heinz auf, wie er sich in seinen Briefen niemals zeigt. Von Angst, Gefahr und der strapazierten Psyche durfte hier natürlich nicht die Rede sein. Doch etwas dürfte auch dran sein an der euphorisierenden Wirkung eines solchen Angriffs, wenn, wie in diesem Fall, der Angreifer seinem Gegner deutlich überlegen ist.

»Ich war in diesen Tagen Kompanietruppführer geworden und erlebte so im Kompanie-Gefechtsstand die ganzen Vorbereitungen für den Angriff mit«, schrieb Heinz. »Endlich am 27.6. abends kam durchs Telefon das Deckwort für den Angriff, morgens 2:15 Uhr sollte er steigen. Nun war es so weit, wir atmeten befreit auf, denn die Spannung war beinahe unerträglich geworden.« Drei russische Bunker seien das erste Angriffsziel gewesen.

»Um 2:15 Uhr zerriss ein unheimlicher Orkan von Salven und Abschüssen die Stille der Nacht«, schrieb Heinz. »Die Nebelwerfer hatten den Feuerreigen eingeleitet, und nun ging es Schlag auf Schlag.« Artillerie, Panzerabwehrkanone, Flugzeugabwehrkanone, Infanteriegeschütz, Großer Mörser, schwere und leichte Maschinengewehre, »alles spie sein vernichtendes Feuer gegen den Feind. Die Wirkung unserer Waffen war ungeheuer«. Er und seine Kameraden hätten später über sich einen feindlichen Baumschützen entdeckt. »Ich schoss mit meiner Lichtpistole hinauf und blendete den Schützen, während ein Melder von mir den Burschen mit dem Gewehr abschoss.« Heinz beschrieb eine »Begeisterung, welche uns vorwärtstrieb«. Heute würde man wohl von einem Adrenalin-Schub sprechen.

Ein erschreckender Ton? Es ist eine militärische Tatsache: Ein Frontsoldat muss davon überzeugt sein, dass er für die gute Sache kämpft. Die Überzeugung, dass er das tut, wird ihm in der Ausbildung und auch danach von der Propaganda eingebläut. Obwohl Hitler gegen die Sowjetunion einen äußerst brutalen Vernichtungskrieg führte, wurde den Truppen der Wehrmacht eingeredet, dass sie dort ihr Land verteidigten. Ohnehin erhielten die Frontsoldaten so wenige Informationen wie möglich über die politischen Zusammenhänge ihrer Einsätze. Mit den Informationsquellen von damals waren sie außerstande, sich ein unabhängiges Bild zu machen. Ganz abgesehen davon, dass sie im Kampf keine Zeit hatten, über Politik nachzudenken oder in ihrem Umfeld nachzufragen. Sie mussten ihr Äußerstes geben, um zusammen mit ihren Kameraden zu überleben.

Wenn ein Soldat aufhört, daran zu glauben, dass er für das Gute kämpft, sinkt seine Überlebenschance dramatisch. Ein Frontsoldat darf nicht zweifeln. Er muss in dem gegnerischen Soldaten nichts als den Feind sehen, der ihn töten will, falls er es nicht zuerst tut. Wer sich dagegen auflehnt, geht selbst in den sicheren Tod.

Soldaten töten. Das ist ihre Aufgabe im Krieg. Um in einer bestimmten Situation zu töten, ist keine bestimmte Ideologie nötig.

Im Osten, den 8.8.1942

Liebe Eltern und Geschwister!

Hoffe, dass Ihr gestern einen recht schönen Geburtstag verleben konntet. Habe den ganzen Tag an Dich gedacht, mein lieber Vater, vielleicht hast Du etwas davon gemerkt. Erhielt gestern 2 Paketchen Puddingpulver und Keks, hoffe, Milch auftreiben zu können, dann wird ein feiner Pudding gemacht. Vielen herzlichen Dank.

Wir haben es zurzeit einigermaßen ruhig, unsere Kameraden etwas weiter südlich setzen dem Russen so hart zu, dass er hier froh ist, dass er nicht auch gleich zurückgeschmissen wird. Die Kampfkraft lässt scheint's doch allmählich nach, es kommen auch immer wieder Überläufer herüber.

Nun zu Deinem Brieflein, liebe Mutti, vom 19.7. Es ist sehr schön und tapfer, wie Du an dem Glauben festhältst, dass alles von oben geregelt und bestimmt wird und dass nichts geschieht, was nicht in Gottes Ratschluss bestimmt wurde. Dies ist der Glaube, der einen Menschen trägt und ihn Schmerz ertragen lässt, sonst könnte man verzagen an diesen Ereignissen, die oft an einen herantreten. Bin innerlich so freudig und zuversichtlich, dass alles gnädig vorbeigeht und ich Euch wohlbehalten wieder neu geschenkt werde. Du kannst Dir denken, liebe Mutti, dass die Ereignisse hier einen in kurzer Zeit innerlich reifer und älter werden lassen, der unbekümmerte Schwung der Jugend verliert sich, denn man erlebt hier vielleicht die ernstesten Stunden seines Lebens. Bin so froh, dass es jetzt ruhiger bei uns ist und Du Dir keine großen Sorgen zu machen brauchst.

Wenn dieser Brief ankommt, wirst Du gerade von Adelmannsfelden zurückkommen, hoffe, dass Du Dich dort gut erholt hast und auch der kleine Sigi; es wird ja für ihn eine große Freude gewesen sein, mal auf dem Land herumspringen zu können, er ist doch jetzt in der 3. Klasse?

Für heute grüßt und küsst Euch alle von Herzen

Euer Heinz

Im Osten, den 10.8.42

Meine liebe Magda!

Freue mich sehr für Dich, dass Du Dir mal 14 Tage Erholung gönnen kannst. Kann mir denken, wie nötig Du es hast. Freue mich, dass Du so gerne im Garten arbeitest, das ist doch der richtige Ausgleich für Dich, andererseits wird man jetzt auch froh sein, wenn man etwas Eigenes hat, gerade Tomaten sind ja so etwas Herrliches, wie gerne würde ich wieder mal etliche verdrücken, so etwas sieht man hier nicht. Im günstigsten Fall findet man hier etwas Rettiche und Gurken, dann aber Kartoffeln, was wir mit Genuss essen als Abwechslung vom Kommissbrot. Das Schoren[70] wird Dir ja nicht gerade leichtgefallen sein, Du kannst mir glauben, wir haben hier das Graben gelernt, der Spaten ist so wichtig wie die Waffe. Ich kann Gott danken, dass ich bis jetzt alles so gnädig überstehen durfte, und auch für die Zukunft weiß ich, dass ich recht geführt werde.

Bis Du diesen Brief erhältst, wird Dein Ferienaufenthalt schon wieder beendet sein. Wie schön ist es doch im Schwarzwald, die herrlichen Wälder und die Ruhe, das tut einem wirklich gut. Hätte sehr gerne einige Tage mit Dir verlebt, hoffe, das später nachholen zu können. Deine 100 Pfund sind allerdings etwas wenig, vielleicht wiegst Du jetzt wieder mehr.

Du schreibst mir, dass Du Horst Carl getroffen hast; habe schon jahrelang nichts mehr von ihm gehört, es würde mich freuen, wenn er mir mal schreiben würde. Genauso mit meinem Klassenkameraden Hansjörg Hau habe ich keine Verbindung mehr. Man kommt halt auseinander, wenn man so lange Zeit nichts mehr voneinander hört und man keine gleichen Interessen mehr hat. Horsts Schwester Inge wird mich ja inzwischen vergessen haben, ich sie allerdings auch.

Wie Ihr wohl schon aus dem Wehrmachtsbericht erfahren habt, geht es ja in unserem Abschnitt zurzeit nicht weiter vor, wir müssen den Kameraden im Süden die Flanke freihalten; so haben wir es einigermaßen ruhig. Die starken Gegenangriffe sind ja bei Woronesch, also weiter südlich von uns.

Das Wetter ist zzt. wunderbar, allerdings sehr heiß, richtiges

70 Schwäbisch: Umgraben

Erntewetter. Die riesigen Kornfelder hier werden alle unter deutscher Leitung abgeerntet, das gibt Brot.
Für heute grüßt und küsst Dich herzlich
Dein Heinz

Es gibt Sätze, die ihre Bedeutung nicht sofort entfalten.

Etwa über das, was man zu essen »findet«. Und: »Die riesigen Kornfelder hier werden alle unter deutscher Leitung abgeerntet, das gibt Brot.« – Ein junger, hungriger Soldat, der ins Feld geschickt wurde, um in einem angeblich gerechten Krieg Landstriche zu erobern, machte sich wohl wenig Gedanken, welche Perfidie hinter diesen Ernteszenen steckte. Wem die Rettiche, Gurken, Kartoffeln und das Getreide zustanden, die dieser Boden hergab. Doch fest steht: Ziel der Nationalsozialisten war es, den slawischen Völkern ihr Brot zu nehmen, um damit die Abkömmlinge der angeblich überlegenen germanischen Rasse zu ernähren. Dies geschah hauptsächlich auf Kosten der dortigen Zivilbevölkerung, vor allem der Schwachen, Alten, Frauen und Kinder. Die komplette Weizenernte der Ukraine fiel in jener Zeit in die Hände der Wehrmacht.

Das Oberkommando der Wehrmacht hatte diesen Kriegsplan ungeniert formuliert. Nach dem Überfall auf die Sowjetunion sollten alle deutschen Truppen – und sogar Teile der Deutschen im Reich – während der weiteren Kriegsdauer aus den eroberten sowjetischen Gebieten ernährt werden.

Aufgrund dieses Beschlusses wurde der Lebensmittelnachschub der Wehrmacht für den Russlandfeldzug auf wenige Wochen beschränkt. Für die weitere Versorgung sollten die fruchtbaren Schwarzerdegebiete der Sowjetunion – also auch die Region, aus der Heinz seinen Brief an die Schwester schrieb – vom Norden abgeriegelt und alle Lebensmitteltransporte an die dortige Bevölkerung unterbunden werden. Am 2. Mai 1941 bereits hielt das Wirtschaftsrüstungsamt des Deutschen Reichs in einer Aktennotiz fest: »Hierbei werden zweifellos zig Millionen Menschen verhungern, wenn von uns das für uns Notwendige aus dem Land herausgeholt wird.«

Im Osten, den 14.8.1942

Meine liebe Mutti!

Kann Euch heute mit einer schönen Nachricht erfreuen. Werde in etwa 10 Tagen die Reise nach Deutschland antreten. Ich wurde nach einer Prüfung, die ich bestanden habe, zur Teilnahme an einem Offiziersanwärter-Lehrgang bestimmt, der vermutlich in Döberitz stattfindet. Ich muss bis 1. September beim Ersatzbataillon in Fulda eintreffen, wo ich bis Kursbeginn etwas über einen Monat lang bleiben werde. Von dort werde ich dann wahrscheinlich Anfang September Urlaub bekommen. Habe seither über diese Sache nichts geschrieben, weil ich Euch vor Enttäuschungen bewahren wollte. Aber nun ist es so weit. Ihr könnt Euch denken, wie ich mich freue, Euch das mitteilen zu können. So brauchst Du bald nicht mehr so in Sorge zu leben, mein liebes Mütterlein. Wie schön wird es sein, wenn wir zusammen auf dem Sofa sitzen, ich Euch von meinen Erlebnissen berichten kann. Gottes Wege sind unerforschlich und wunderbar; wer sich auf ihn verlässt, der ist nicht verlassen.

Auf Deine Anfrage nach Wilhelm Keppler kann ich Dir mitteilen, dass er gesund und munter ist und sich in meinem Kp.-Trupp als Sanitätsdienstgrad befindet. Wie es möglich war, dass ein Brief an ihn zurückkam, ist mir nicht erklärlich; vielleicht durch ein unglückliches Versehen.

Du könntest mir einen Brief an das Inf.Ers.Btl.[71] Fulda schicken, der ungefähr am 1.9. ankommt mit unserer Telefonnummer, dann könnte ich evtl. von dort aus mal anrufen, das wäre doch nett.

Auf ein baldiges Wiedersehen hoffend, grüßt und küsst Dich
von Herzen
Dein Heinz

Im Osten, den 20.8.1942

Meine lieben Eltern und Geschwister!

Morgen werde ich nun die Reise nach Deutschland antreten, Ihr könnt Euch denken, wie ich mich freue. Wie muss es schön

71 Infanterieersatzbataillon

sein, wieder in eine kultivierte Gegend zu kommen und anständig angezogene Menschen zu sehen. Kann's mir kaum mehr vorstellen. Werde ca. 8 Tage unterwegs sein; mit Unterbrechung zur Entlausung usw. Bin so um den 1.9. in Fulda, werde Euch dann sofort Nachricht geben. Wie werdet Ihr Euch freuen, wenn Ihr dann meine erste Post aus Deutschland erhaltet.
Für heute grüßt und küsst Euch von Herzen
Euer Heinz

Auf baldiges Wiedersehen!

Stuttgart

Sein drittes Dienstjubiläum am 27. August 1942 erlebte Heinz auf dem Weg nach Hause.

Aus den Aufzeichnungen meiner Mutter: »Im Herbst 1942 infizierte er sich in Russland mit Wolhynischem Fieber und kam direkt nach Stuttgart-Hohenheim ins Lazarett. Es handelt sich um eine Infektionskrankheit, die durch Läuse übertragen wird. Eine Lungen- und Rippenfellentzündung kamen hinzu, später noch Gelbsucht, Gelenkrheumatismus und Herzbeschwerden.«

Sie war davon überzeugt, dass der Körper des jungen Mannes gegen den Stress des Krieges protestiert habe. Und gegen die Verschwendung seiner Lebenskraft und Lebenszeit. Es sei wie ein stummes Flehen gewesen, das unter seiner unerschütterlichen Tapferkeit gelegen habe. Es schnürte mir schon als Kind das Herz ab, wenn ich an seine Verzweiflung und sein Heimweh dachte, obwohl ich den Onkel nie kennengelernt habe.

Meine Mutter schrieb: »Er wäre beinahe gestorben. Mein Bruder wurde vollgepumpt mit Sulfonamiden, was Wochen später einen hartnäckigen Ausschlag und Furunkulose zur Folge hatte. Von beidem wurde er noch sehr lange gequält, auch nach seiner Rückkehr zu seinem Regiment.

Im Lazarett in Hohenheim verliebte er sich in die zwei Jahre ältere Ida Riedinger aus Bingen bei Sigmaringen, die ebenfalls von einem strapaziösen Einsatz im Osten zurückgekehrt war. Ida war als Krankenschwester tätig und pflegte ihn aufopfernd. Sie war katholisch. Auch wir Geschwister mochten sie sehr. Ich denke gerne daran zurück, dass ich ihm nach der Entlassung aus dem Lazarett noch etwas Gutes tun konnte mit unserem abendlichen Ritual, bei dem ich ihm mit Puder Rücken und Arme gegen den Juckreiz behandelte. Dabei erzählte er mir so manches, etwa wie er Auge in Auge mit einem russischen Soldaten stand, beide mit dem Gewehr im Anschlag. Heinz, obwohl ein guter Schütze, war es nicht möglich, so direkt einen Menschen zu erschießen und, o Wunder, der Russe senkte sein Gewehr ebenfalls. Heinz rätselte, ob das russische Gewehr wohl Ladehemmung gehabt hatte oder der Russe die gleichen Skrupel gehabt hatte wie er. Nach seiner leidlichen Genesung erhielt er für ein Semester Studienurlaub und konnte sein Maschinenbaustudium beginnen. Insgesamt durfte er ein halbes Jahr fern der Truppe verbringen, sechs kostbare Monate, die furchtbar schnell vergingen. Es war eine schöne Zeit für uns alle. Am 14. März konnte er sogar noch im Haus in Degerloch die Silberne Hochzeit der Eltern mitfeiern, wo er im Namen aller Geschwister eine liebevolle Rede hielt. Kurz darauf wurde er wieder zurückgerufen ins Soldatenleben.«

Die Nachrichten über die schwere deutsche Niederlage in Stalingrad im Winter 1942/43, die der Wehrmacht ihren Nimbus der Unbesiegbarkeit nahm, erreichten Heinz also in Degerloch.

Die Rote Armee hatte längst begonnen, zurückzuschlagen. Hitler glaubte, das Industriezentrum mit seinen Panzerschmieden und Raffinerien, das den Namen des sowjetischen Herrschers Josef Stalin trug, in kurzer Zeit erobern zu können, doch die Gegenwehr der Roten

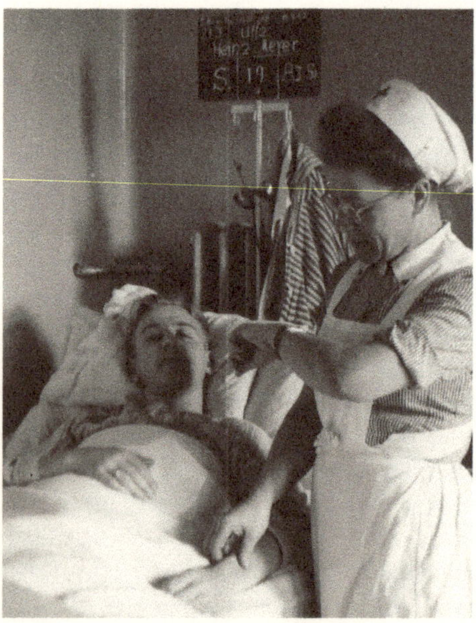

Im Lazarett, Krankenschwester ist nicht Ida.

Armee war heftig. Im November 1942 gelang es sowjetischen Truppen bei Stalingrad (heute: Wolgograd), 220 000 deutsche Soldaten der 6. Armee einzukesseln. Auf Befehl Hitlers mussten sie bei minus 30 Grad, schlecht ausgerüstet und ohne Verpflegung die Stellung »bis zur letzten Patrone« halten, durften nicht versuchen, aus dem Kessel auszubrechen, obwohl sie damit verloren waren. Die meisten starben nicht im Kampf, sondern erfroren und verhungerten.

Am 2. Februar 1943 kapitulierte Generalfeldmarschall Friedrich Paulus trotz Adolf Hitlers Verbot und wurde von der sowjetischen Armee gefangen genommen. Die Zahlenangaben variieren, es heißt, dass insgesamt in Stalingrad zwischen 700 000 und einer Million Soldaten gefallen seien. Etwa 100 000 Wehrmachtssoldaten gingen in sowjetische Gefangenschaft. Viele starben dort, nur 6000 von ihnen kehrten, oft erst lange nach Kriegsende und häufig als gebrochene Menschen, in die Heimat zurück. Am 18. Februar 1943 hielt Reichspropagandaminister Joseph Goebbels im Berliner Sportpalast seine berühmte Rede, in der er die Deutschen zum »totalen Krieg«, zur Unterordnung aller Aktivitäten unter den Kriegsbedarf, aufrief. Er forderte das »Ende der bürgerlichen Zimperlichkeiten« und interpretierte die katastrophale Niederlage von Stalingrad in einen »großen Alarmruf des Schicksals« um, der das Volk »tief geläutert« habe. Das sorgfältig ausgewählte Publikum im Saal geriet vor lauter Jubel völlig außer Rand und Band, als er schrie: »Wollt ihr den totalen Krieg? Wollt ihr ihn, wenn nötig, totaler und radikaler, als wir ihn uns heute überhaupt vorstellen können?«

Und doch war Stalingrad die für alle sichtbare Wende des Krieges. Aus der Idee vom »Lebensraum im Osten« wurde nichts. Von nun an befanden sich die deutschen Truppen auf dem Rückzug. Hinter sich ließen sie Tod und Zerstörung, nach dem Prinzip der »verbrannten Erde«.

Heinz war also die Niederlage von Stalingrad bewusst, als er sich anschicken musste, wieder in den Dienst zurückzukehren. Seiner neuen Liebe Ida und seiner Familie auch. Die Bevölkerung hatte längst gelernt, zwischen den Zeilen zu lesen. Die meisten Leute verstanden, dass Stalingrad nur ein anderes Wort für die Hölle war. Und sie ahnten, dass das Deutsche Reich den Krieg verlieren würde. Auch wenn es lebensgefährlich war, es auszusprechen.

Ende März war das Semester vorbei, und Heinz musste Richtung

Ida

Fulda aufbrechen. Die Familie wusste, dass sein nächstes Ziel, die Kriegsschule, Heinz zumindest einen Aufschub des Fronteinsatzes ermöglichen würde. Er war immer noch krank. Falls er zur Kriegsschule zugelassen wurde, musste er sich dort unbedingt für die Offiziersausbildung qualifizieren. Falls nicht, würde es an die Front gehen, denn zum Sterben war so gut wie jeder gesund genug.

Wie haben sie sich von ihm verabschiedet? An der Haustür in Degerloch? Am Bahnhof in Stuttgart? Wie ertrugen sie es, ihn gehen zu sehen? Wird man in solchen Momenten vor lauter Angst still?

Fulda

Fulda, den 1.4.1943

Liebe Eltern und Geschwister!

Bin gut hier angekommen, habe eine sehr nette Fahrt hierher gehabt in Gesellschaft einiger Studenten aus meinem Semester. So ist mir die Zeit angenehm vergangen, sie alle haben das gleiche Schicksal vor sich wie ich.

Habe hier Unteroffizier Oberle getroffen, welcher noch bei meiner Kompanie war, als die Russen durchbrachen. Er hat mir viel Erschütterndes erzählt.

Auf meiner Stube habe ich sehr nette Kameraden getroffen, sodass ich heute befriedigt schlafen gehe und dies als gutes Vorzeichen nehme. Werde Euch bald mehr berichten.

Es grüßt Euch alle von Herzen

Euer Heinz

Der lieben Mutti einen recht lieben Kuss.

Fulda, den 5. April 1943

Liebe Eltern und Geschwister!

Heute scheint hier das erste Mal die Sonne. Ich sitze am Fenster meiner Bude und denke an Euch. Nun bin ich schon 5 Tage von zu Hause weg, und es hat sich noch nichts Besonderes ereignet. Heute Vormittag war ich beim Arzt. Ich zählte ihm meine verschiedenen Krankheiten auf, und er las den Entlassungsbefund vom Lazarett. Dann horchte er mich ab, fragte aber nicht weiter. Ich erzählte ihm meine Kriegsschul-Angelegenheit, und er erwog, ob ich nicht doch teilnehmen könnte. G. v. H.[72] sei ich ja auf alle Fälle noch, meinte er, dann wurde eine Blutsenkung gemacht. Morgen muss ich mich wieder vorstellen, werde ihn

72 Garnisonsverwendungsfähig Heimat

noch insbesondere auf mein Herz aufmerksam machen und den Ausschlag, vermutlich wird dann über mein Schicksal entschieden. Nun ja, wir wollen daran festhalten, so, wie es kommen soll, kommt's auch; ich kann nicht mehr tun, als dem Arzt Bescheid sagen.

Dienst hab ich noch keinen gemacht, ich lese und schlafe. Gestern am Tag der Wehrmacht[73] war hier allerhand Betrieb. Am Mittag ging ich mit einem alten Regimentskameraden ein bisschen spazieren; er ist Unteroffizier. Er fragte gestern nach mir, und wir freuen uns sehr über unser Wiedersehen. Er wurde Ende August, kurz nach meinem Weggehen von der Kompanie, bei einem Stoßtrupp verletzt. Er erzählte mir, dass Keppler gerade bei diesem Stoßtrupp nicht dabei war. Am Abend waren wir bei einem Zauberer, es war eine ganz interessante Vorstellung, wenigstens ein Zeitvertreib.

Dadurch, dass ich hier noch nicht viel zu tun habe, fällt mir das Angewöhnen an die neuen Verhältnisse etwas leichter. So ganz langsam erwacht wieder der Soldat in mir. Ich denke nicht weiter über mein jetziges Schicksal nach, so komme ich am besten darüber hinweg.

Seid für heute alle herzlich gegrüßt und geküsst von
Eurem Heinz

Fulda, den 7. April 1943

Meine liebe Mutti!

Wie ein Traum liegt die schöne Zeit im Elternhaus hinter mir, und nur schwer kann ich mich mit den neuen Verhältnissen abfinden. Wie ich in meinem letzten Brief berichtet habe, wurde eine Blutsenkung von mir gemacht. Diese ist sehr schlecht ausgefallen, daraufhin muss ich morgen ins hiesige Lazarett und eine Röntgenaufnahme von Lunge und Rippenfell machen lassen. Bin gespannt, was dabei herauskommt. Mein erster Dienst war gestern Abend, da musste ich die Wirtschaften und Cafés kontrollieren von 22 bis 24 Uhr, hatte noch 2 Gefreite dabei; es ging alles gut. Am meisten wird Euch ja nun die Kriegsschulsache interes-

73 28.3.1943, Feiertag zu Ehren der Wehrmacht

sieren, dies ist nun endgültig entschieden. Ich hab mich auf dem Bataillon erkundigt. Zum aktuellen Kurs komme ich nicht, und zwar aufgrund der Beurteilung vom Stuttgarter Lazarett, welche das Bataillon als bindend ansieht. Es wurde mir gesagt, dass ich eventuell vor dem nächsten Kurs noch eine Zeit lang nach Südfrankreich komme, dort liegt nämlich ein Teil des hiesigen Truppenteils. Es würden dort eventuell die KOB[74]-Leute zusammengezogen; es ist aber noch völlig unsicher. Ich werde dann aller Voraussicht nach im August auf die Kriegsschule kommen. Nun ja, wir müssen halt mal abwarten, was die Untersuchungen hier ergeben. Ich hab dauernd einen unheimlichen Schlaf, sodass ich die meiste Zeit mit Schlafen verbringe. Es kommt jetzt die Reaktion auf mein weniges Schlafen daheim. Zum Glück hab ich hier Zeit dazu.

Die Nachricht, dass Herr Augustin gefallen ist, hat mich auch sehr betroffen, sie ist wirklich zu bedauern, seine idealistische Frau. Wir wollen hoffen, dass sie aus ihren neuen Auffassungen Kraft schöpfen kann.

Ida schreibt mir fleißig. Frau Oberin war in Sigmaringen, Ida hat aber nicht viel erreicht bei ihr wegen eines Urlaubs, um mich hier in Fulda zu besuchen.

Für heute grüß ich Dich und die Lieben herzlich
Dein Heinz

Fulda, den 10. April 1943

Liebe Eltern und Geschwister!

Meine Stubenkameraden sind alle ausgegangen, und ich benutze diese Gelegenheit, um mal ein Weilchen allein zu sein. Heute Mittag hab ich geschlafen und dann ein Weilchen gelesen. Es ist nun bereits 8 Uhr, und am Abend kommen die Gedanken, die mich im Fluge zu Euch bringen. Ihr sitzt vielleicht noch am Nachtessen, und vielleicht denkt Ihr auch gerade an mich, denn an meinem Platz wird ja nun wieder Nanna sitzen. Wie gerne würde ich auf ein Weilchen zu Euch hineinsehen und mit Euch plaudern, ich kann es eigentlich erst von hier aus richtig einschät-

74 Kriegsoffiziersbewerber

zen, was es heißt, Zivilist zu sein und daheim zu wohnen, nun bin ich wieder ein Unbekannter unter vielen und muss sehen, wie ich mich hier behaupte.

Bis jetzt ging es ganz gut. Gestern Mittag war ich beim Hautarzt, es ist dies ein Zivilarzt hier in Fulda. Er sah den Ausschlag kurz an und sagte, nun ja, Sie haben die Krätze. Ich sagte, das glaub ich nicht, und erzählte ihm meine Vorkrankheiten und fragte, woher dann die Furunkel kämen. Da sagte er, Ihre Vorkrankheiten interessieren mich nicht, und die Furunkel sind eine sekundäre Erscheinung der Krätze. Ich sagte dann, dass ich auch vorher schon Schweißdrüsenabszesse gehabt hätte, da meinte er, ich wisse anscheinend besser, was ich hätte, und wurde beinahe ungemütlich. Er schrieb in den Befund Krätze und entließ mich. Nun muss ich eine Kur machen, ich werde mit einem Mittel eingeschmiert, dies ist schwefelhaltig, am Montag das erste Mal. Ich fragte den Sanitäter, wie lange das brauche, bis man dann die Sache los habe, da meinte er, in ein paar Tagen ist das weg. Nun ja, dann wären ja die Ärzte im Lazarett in Stuttgart Dummköpfe gewesen, wenn die hier in ein paar Tagen meinen Ausschlag weg hätten.

Gestern habe ich die herrlichen Rumtörtchen bekommen und die Zigaretten usw. Vielen herzlichen Dank, es war ein lieber Gruß und eine Erinnerung an schöne Festtage. Die Veilchen waren leider schon verwelkt, doch ein klein wenig haben sie noch geduftet.

Ich grüße und küsse Euch alle herzlich
Euer Heinz

Fulda, den 12. April 1943

Liebe Mutti!

Heute wurde ich das erste Mal auf Krätze behandelt, und ich muss sagen, dass ich selbst beinahe die Überzeugung gewonnen habe, dass mein Ausschlag wirklich Krätze ist. Hab mich nämlich mit einigen Leuten unterhalten, die wirklich Krätze haben, und die Beschreibung passt genau auf meinen Ausschlag. Die Bläschen werden nicht durch das Blut hervorgerufen, sondern durch eine Milbe, dies ist ein kleines Tierchen, welches in die Haut eindringt, natürlich mikroskopisch klein. Krätze ist sehr ansteckend, somit wären die Juckerscheinungen bei Sieghard, Christa und Elle erklärt, sollten sie dieselben noch haben, so müssen sie dies Herrn Gotthardt melden, dass er Krätzesalbe aufschreibt. Es ist dies eine gelbe, schwefelhaltige, scharfe Salbe, mit dieser wird der ganze Körper gleichmäßig eingeschmiert. Die Milben werden dadurch abgetötet. Die Salbe verursacht zunächst ein Brennen, welches aber bald nachlässt. Diese Prozedur führe ich nun täglich zweimal durch unter Anleitung eines Sanitäters, welcher sich in der Sache auskennt, es wird dies im Baderaum des Reviers gemacht, es sind noch einige Kranke dabei. Mein ganzer Körper ist zerschunden vor lauter Narben. Na ja, das ist ja das wenigste, ich würde ein Loblied singen, wenn ich das alles bald hinter mir hätte, gerne würde ich wieder Dienst machen.

Das Essen hier ist im Allgemeinen sehr gut. Einmal am Tag gibt es Fleisch, dazu meist Kartoffeln und Gemüse, dazwischen auch Eintopf. Abends Würste und Butter oder auch warm. Hab ganz guten Appetit, und es schmeckt mir auch ordentlich. Bin in der Beziehung zufrieden. Hab auch schon ab und zu in einer Wirtschaft zur Nacht gegessen, es gibt sogar sehr schöne Lokale hier. Mit Cafés ist nicht viel los, Kuchen gibt es, aber nichts Besonderes. Da ist es in Stuttgart beinahe besser. In Hofbieber war ich noch nicht.
Es grüßt Dich herzlich mit einem lieben Kuss
Dein Heinz

Fulda, den 14. April 1943

Liebe Eltern und Geschwister!

Ich fahre auf einige Tage von Fulda weg. Zusammen mit einem Gefreiten muss ich nach Dudenhofen bei Metz und dort Rekruten abholen. Die Sache macht mir Spaß, obwohl es nicht so ganz einfach sein dürfte, mit einem Haufen Zivilisten so eine Reise zu machen. Aber ich bin doch einige Tage von Fulda weg und bekomme sicher auch manchen neuen Eindruck. Werde Euch von unterwegs mal Nachricht geben.

Heute kommen auch meine ganzen Stubenkameraden weg, es sind alles KOB, die auf die Kriegsschule kommen. Habe mich sehr gut mit ihnen verstanden; sie bedauern alle, dass ich nicht mitkommen kann, aber es ist ja so besser für mich. Gestern Abend war hier ein Unterhaltungsabend mit Kurt Engel im Stadtsaal. Es war sehr schön, er brachte mit seinem Orchester lauter bekannte Schlager, dazwischen auch Volkslieder und sonst allerlei, so ganz nach meinem Geschmack. Man ist ja an jeder Abwechslung so froh.

Gestern hat mir Ida geschrieben; ihre alte Großmutter ist am Sonntag gestorben, habe Euch ja schon von ihr erzählt. Sie war 87. Ihr Bruder ist zurzeit noch in Colmar, wartet auf die Abstellung nach Russland.

Seit gestern scheint hier endlich mal die Sonne, werde aber trotzdem meinen Mantel mitnehmen für die Nacht und falls es regnet.
Es grüßt und küsst Euch alle herzlich
Euer Heinz

Fulda, den 18. April 1943

Liebe Eltern und Geschwister!

Bin so froh, dass ich nach dem Fliegerangriff auf Stuttgart nun gute Nachricht von Euch habe. Heute Morgen erhielt ich Deinen Brief, liebe Mutti, vom 15.4. Und die liebe Karte von Vater, herzlichen Dank. Ich war echt in Sorge, wie es Euch wohl gehen würde. Bereits am Freitag versuchte ich dreieinhalb Stunden, Verbindung zu bekommen, doch leider vergeblich. Gestern meldete ich das Gespräch nun gleich als dringend an, und nach 2 Stunden kam die Verbindung. Gott sei Dank seid Ihr alle gesund und wohlbehalten; nun haben sie es wirklich auf Stuttgart abgesehen, Ihr werdet recht in Sorge sein.

Die Fahrt nach Dudenhofen bei Metz war ein ziemlicher Schlauch. Wir mussten (ein Gefreiter war noch mit) beinahe bis Dudenhofen stehen. Dort kamen wir um 0 Uhr an, dazu war Fliegeralarm. Endlich fanden wir eine Kaserne zum Übernachten, mussten dort aber bis ¼ 4 Uhr in den Luftschutzkeller. Bereits am nächsten Abend um 23:47 Uhr ging es wieder zurück. Dudenhofen selbst ist ein nettes Städtchen, es liegt sehr malerisch an der Mosel. Ihr könnt Euch vorstellen, dass es nicht einfach war, mit 60 Zivilisten so eine weite Reise zu machen. Extrawagen hatte ich auch nicht, wir mussten halt sehen, wo es Platz gab. In Metz hatten wir nun zweieinhalb Stunden Aufenthalt. Ich ging mit den Leuten in den Wehrmachtsaufenthaltsbereich; dies ist eine große Halle innerhalb der Sperre. Ich musste nun viel herumrennen und den Transport melden. 3:55 Uhr gings weiter, und um 3 Uhr wurde mir der Wäschebeutel samt Gasmaske entwendet. Ich suchte zuerst alles ab, aber ergebnislos. Mein Zug stand nun schon auf dem Bahnsteig, so setzte ich meine Leute gleich hinein. Dann setzte ich meine Nachforschungen fort. Um 3:16 Uhr ging auch ein Urlauberzug, und da vermutete ich, dass mit diesem der Dieb wegfuhr. Ich ging auf den dortigen Bahnsteig, der Zug war noch nicht da. Zuerst wollte ich dort durch den Lautsprecher sprechen, dies war aber verboten. So ging ich nun am Bahnsteig entlang und rief von Zeit zu Zeit: Es möchte bitte alles hören, mein Wäschebeutel sei mir weggekommen, und jeder möchte mal seinen Wäschebeutel nachsehen. Mit der Zeit wurde natürlich alles auf mich aufmerksam, kurz gesagt, ich brachte den ganzen Bahnhof durcheinander in meiner Wut. Schließlich ließ ich mir eine Bescheinigung ausstellen, dass ich hier den Verlust gemeldet hatte und alles unternahm, was in meinen Kräften stand. Ich erwischte nun gerade noch den Zug und schlief schließlich erschöpft ein.

Morgens um 7 Uhr in Saarbrücken höre ich überall meinen Namen rufen, ich schrecke auf, und da steht die Zugwache vor mir und sagt: »Soeben hat es aus Metz angerufen, Ihr Wäschebeutel ist abgegeben worden, und wir sollen Ihre genaue Anschrift feststellen, dass er Ihnen nachgeschickt werden kann.« Ihr könnt Euch meine Freude vorstellen; Näheres wusste der auch nicht. Aber hätte ich nicht so Betrieb gemacht, hätten die niemals die Strecke abtelefoniert, das glaubt Ihr doch auch.

Mit Ostern kann ich noch nicht sagen. Werde Euch sofort Bescheid geben, wenn ich keine Verbindung bekomme, dann telegrafisch. Es ist auch billiger, das Gespräch gestern kostete 7,90 RM und war doch ganz kurz.

Bergel hat geschrieben, er kommt auch bald nach Fulda, dies wird eine nette Zeit für uns, freue mich sehr darauf. Heute Mittag geht die fünfte Kompanie miteinander aus. Um 5 Uhr gehen

wir in »Brüderlein fein«, da höre ich endlich mal das Lieblingslied von Beatle.
Es grüßt Euch alle herzlich mit einem lieben Kuss
Euer Heinz

Fulda, den 20. April 1943

Liebe Eltern und Geschwister!

Heute muss ich Euch leider eine traurige Mitteilung machen. Bekomme zu Ostern keinen Urlaub. Außerdem muss ich morgen Abend einen Transport wegbringen nach Schlesien. Ihr werdet natürlich auch sehr enttäuscht sein, doch es ist daran nichts zu ändern. Habe Ida geschrieben, ob sie mich besuchen will, glaube aber kaum, dass sie kommen kann, der Weg ist furchtbar weit. Ich werde die Ostertage hier schon herumbringen, der Transport ist bestimmt wieder kein Vergnügen, da sitze ich die ganze Zeit wieder auf der Bahn, aber Befehl ist Befehl. Nun ja, vielleicht führt mich doch mal ein Transport in unsere Gegend, werde wohl noch öfters so etwas machen müssen, sie haben nun schon bemerkt, dass man mich für so etwas brauchen kann.

Liebe Mutti, werde morgen eine Garnitur Wäsche heimschicken, wenn ich die Sachen hier waschen lasse, bekomme ich nicht mehr die gleiche Wäsche zurück, außerdem ist sie meistens nicht sauber. Diese Wäsche ist durch die Schwefelsalbe ziemlich mitgenommen. Heute Abend muss ich mich das letzte Mal einschmieren und morgen nehme ich hier im Revier ein heißes Bad, da wird dann die Schmiere abgewaschen, dann bin ich froh, weißt Du, das juckt alles. Ich glaube, der Ausschlag ist nun weg, vielleicht hat es doch gewirkt. Ach, wie froh bin ich, wenn diese Sache vorüber ist, ich bin wieder ein ganz anderer Mensch.
Es grüßt und küsst Euch
Euer Heinz

Fulda, den 25. April 1943

Mein liebes Mütterle!

Am Karfreitag bin ich von Striegau in Schlesien zurückgekommen, dies ist ein nettes Städtchen in der Nähe von Breslau.

Es hat alles geklappt, nur war die weite Bahnfahrt in dieser kurzen Zeit ein ziemlicher Schlauch. Hab dann erst mal gründlich ausgeschlafen, abends war ich in einer Bachstunde, es war sehr schön, ein Chor sang mehrere Lieder aus der Matthäus-Passion. Heute Morgen war ich um 9:30 Uhr im Dom, dort war bischöfliche Hochmesse. Es war wirklich sehenswert, hatte einen guten Platz, so konnte ich den Bischof genau sehen. Die Osterpredigt war sehr gut, von den festlichen Zeremonien hab ich natürlich nicht viel verstanden.

Ida konnte mich nicht besuchen, sie hatte nur heute frei, sie wird aber in nächster Zeit mal kommen. Es ist hier auch alles überfüllt über Ostern, so ist es besser, wenn sie mich später mal besucht. Heute Mittag bin ich etwas spazieren gegangen, leider ist das Wetter nicht besonders, sonst hätte ich mich in die Sonne gelegt. Du kannst Dir denken, wie gerne ich bei Euch weilen würde; es ist mir heute schwergefallen, so in Fulda rumzulaufen und die Zeit totzuschlagen. Ich muss mich halt wieder an dieses Dasein gewöhnen, und ich hab ja so schöne Erinnerungen an die Tage im Vaterhaus. Denkt Euch, Bergel ist hier, über die Ostertage ist seine Frau bei ihm.

Liebes Mütterle, ich küss Dich herzlich und bleibe

Dein Herzensbub

Fulda, den 1. Mai 1943

Liebe Mutti!

Habe diese Woche mal U. v. D. gehabt, was hier bei so vielen Leuten allerhand Arbeit macht. Denk Dir, gestern Abend ist mein Wäschebeutel angekommen; es fehlt einiges darin. Hatte die Hoffnung schon aufgegeben, ihn zurückzubekommen, so war meine Freude doppelt groß. Es wäre mir unangenehm gewesen, wegen dieser Sache eventuell in ein schlechtes Licht zu kommen, so bin ich nun diese Sorge los.

Denk Dir, gestern kam ein Brieflein von Ida; sie wird mich voraussichtlich nächsten Samstag/Sonntag besuchen. Du kannst Dir meine Freude vorstellen. Habe heute Abend bereits 2 Zimmer bestellt; dies ist hier nicht einfach, alles wimmelt von Soldaten, viele haben ihre Frauen hier. Es ist aber ein sehr schönes

Hotel, wo ich eine Unterkunft bekommen habe. Freu mich schon, mal wieder in einem anständigen Bett zu schlafen. Hoffentlich klappt alles, nicht, dass ich mit einem Transport wegfahren muss. Ida hat scheinbar in Stuttgart keinen Aufenthalt, so, wie sie mir geschrieben hat; sie fährt über Ulm. Ich möchte Dich bitten, liebe Mutti, mir ein weißes Hemd zu schicken, dass ich doch ein bisschen festlich bin, es wird wohl gut sein »durch Eilboten« wie die Osterpaketchen. Dann bitte ich Dich, mir im Laufe der Woche 50 RM zu überweisen.
Für heute grüßt und küsst Dich herzlich
Dein Heinz

Fulda, den 11. Mai 1943

Meine liebe Mutti!

Am Freitagabend 22:15 Uhr ist Ida hier angekommen, Du kannst Dir meine Freude vorstellen. Ich brachte sie dann noch ins Hotel, und ab 1 Uhr hatte ich am Samstag frei bis Montagmorgen 8 Uhr. Um 7:33 Uhr ging hier ihr Zug wieder weg. Leider hatte sie in Stuttgart keinen Aufenthalt. Leider war das Wetter nicht schön. Es regnete sogar manchmal, so konnten wir keine größeren Spaziergänge machen.

Liebe Mutti, wir waren sehr froh und glücklich, uns mal wieder zu sehen, und wir konnten feststellen, dass sich in unserem Verhältnis zueinander nichts geändert hat. Ich hätte sehr gewünscht, dass Du sie hättest treffen können. Habe ihr Deine Grüße gesagt, und ich soll Dich recht herzlich wiedergrüßen. Über meinen Gesundheitszustand war sie sehr erfreut, ich bin letzte Woche viel in der Sonne gewesen, und so hatte ich ein gesundes, braun gebranntes Gesicht. Es geht mir auch sehr ordentlich. Bin, seit ich Außendienst mache, täglich 10–12 km marschiert. Und ich hatte keinerlei Beschwerden dabei, außer einem Muskelkater; größere Märsche mache ich natürlich noch nicht mit. Das ewige Herumsitzen ist mir nämlich allmählich auf die Nerven gegangen, so ist es jetzt ganz recht. Ich kann somit wieder in mein altes Fahrwasser zurück, und dies beglückt mich. Ich glaube auch, dass ganz langsam steigende Anstrengungen sehr zu meiner Kräftigung beitragen.

So war ich auch wieder zwei Tage ganz glücklich und habe alle Kommisssorgen vergessen.
Es grüßt und küsst Dich und die Lieben alle
Dein Heinz

Fulda, den 14. Mai 1943

Mein liebes Mütterlein!

Am Sonntag ist Muttertag, und meine Gedanken eilen zu Dir. Wie gerne würde ich Dir diesen Tag mit meiner Gegenwart verschönen, doch da dies leider nicht sein kann, will ich ganz lieb an Dich denken. Vieles musstest Du in diesem vergangenen Jahr tragen an Sorgen um mich, doch auch viel Freude durften wir erleben.

Täglich bist Du im Lazarett an meinem Bett gesessen und hast mir Trost und Linderung meiner Schmerzen gebracht, ich weiß, wie schwer es Dir oft körperlich gefallen ist, doch Dein treues Mutterherz hat Dich immer zu mir gezogen, denn Du wusstest, wie nötig und wie sehnsüchtig ich immer auf Dich gewartet habe und ich Dich brauchte. Und später, wie ich daheim sein konnte, wie lieb hast Du mich umsorgt und Dich bemüht, um mir den Aufenthalt im Vaterhaus so schön wie möglich zu machen.

Für alle Deine treue Liebe möchte ich Dir heute von Herzen Dank sagen, mit Worten ist dies ja unmöglich, doch ich hoffe, Dir noch viel Liebe erweisen zu können und Dich dadurch recht glücklich zu machen.

Ida ist wieder gut nach Hause gekommen; auch dies liegt nun schon wieder eine Woche zurück. So verrinnt die Zeit mit unheimlicher Schnelligkeit, ich kann's kaum glauben, doch übernächste Woche ist bereits mein Geburtstag.
Ich grüße und küsse Dich von ganzem Herzen
Dein treuer Heinz

Fulda, den 23. Mai 1943

Mein liebes Mütterlein!

Vielen Dank für Dein liebes Brieflein, Du hast mir mit Deinen lieben Worten so wohlgetan. Wie schön und beglückend ist es doch zu wissen, dass es Menschen gibt, die sich um uns sorgen und die ihr Glück darin sehen, auch andere glücklich zu machen. Bin gestern und heute den ganzen Tag zu Hause gewesen. Ich freu mich schon sehr auf den Besuch von Nanna, es wird mir wieder etwas Abwechslung in mein einsames Dasein bringen. Bergel ist im Genesungsurlaub, und die anderen Unteroffiziere meiner Kompanie sind abgestellt, so vermisse ich so sehr einen Freund. Mein Stubenkamerad ist ja ganz nett, aber wir sind so völlig verschieden in unserer Art, dass ein Freundschaftsverhältnis nicht zustande kommen kann, er kommt vermutlich Anfang Juni auch weg von hier. Zurzeit arbeite ich in meiner Freizeit an den Vorschriften, will mich langsam etwas auf die Kriegsschule vorbereiten.

Liebe Mutti, mit Urlaub sieht es schlecht aus. Der Genesungsurlaub ist ja abgelehnt, und mit Erholungsurlaub sieht es auch nicht günstig aus. Es besteht eine Bestimmung, wonach Erholungsurlaub auf Arbeitsurlaub anzurechnen ist. Nun drehte es sich darum, ob Studienurlaub und Arbeitsurlaub gleichzusetzen ist. Werde natürlich darum kämpfen, vor der Kriegsschule muss ich ja auf alle Fälle noch Urlaub bekommen. Hab oft Heimweh nach der schönen vergangenen Zeit. Man kann dies erst so richtig würdigen, wenn man etwas Abstand davon gewonnen hat.

Es grüßt und küsst Dich und die Lieben alle
Dein Heinz

Fulda, den 28. Mai 1943

Meine liebe Mutti, Ihr Lieben alle!

Ich möchte Dir heute für alles danken, wodurch Du mir den gestrigen Geburtstag verschönt hast. War gestern sehr froh und dankbar gestimmt, ich durfte ja so viel Liebe erfahren. Dein liebes Paket kam schon am Dienstag an und der Geburtstagsbrief gestern. Die Rosen waren leider schon etwas verwelkt, zwei davon haben sich aber wieder etwas erholt. Der Kuchen und die Pralinen haben mir den Tag angenehm versüßt, und das schöne Buch ist bestimmt sehr wertvoll. Danke Euch allen für alle Liebe und Mühe. Habe allerhand Post bekommen, von Ida 2 Paketchen und gestern sogar Glückwunschtelegramme, sie hatte allerhand Überraschungen für mich bereit.

Nun will ich Euch aber einiges von gestern erzählen. Um 4 Uhr bekam ich dienstfrei. Ich ging dann mit meinem Stubenkameraden Delichow (er hatte am 25.5. Geburtstag) weg zum Kaffeetrinken, mit einem Kuchenpaket bewaffnet. Wir feierten nun ganz gemütlich. Am Abend speisten wir ganz groß zur Nacht. Er hatte eine Flasche Rotwein organisiert, und so aßen wir Leberklöße mit Kartoffelsalat und Kopfsalat (extragroße Portion) und tranken dazu unsere Flasche Wein. Abends gingen wir dann noch ins Kino. So war ich recht befriedigt, wie ich mich gestern Abend ins Bett legte. Das Wäschepaket habe ich auch erhalten, sodass ich wieder genug frische Wäsche habe. Habe gestern bereits das Zimmer für Nanna bestellt, werde ihr nach Leipzig schreiben, falls sie beim Eintreffen dieses Briefleins schon weg sein sollte. Freu mich sehr auf ihren Besuch, Ihr könnt ja dann Näheres von ihr erfahren. Gesundheitlich geht es mir gut, habe nun die ganze Woche Dienst gemacht, sogar einen 20–25 Kilometer langen Marsch. Habe ihn prima überstanden, nur einen ordentlichen Muskelkater bekommen, bin halt ganz aus der Übung.
Es grüßt und küsst Euch alle herzlich
Euer dankbarer Heinz

Fulda, den 3. Juni 1943

Meine liebe Mutti!

Allmählich haben die Offiziere nun gemerkt, dass mit mir doch allerhand anzufangen ist, so bekomme ich immer ganz nette Aufgaben gestellt. Letzte Woche musste ich mit allen Unteroffizieren einen Spähtrupp anführen, nach meinen Fronterfahrungen, und ich wurde gelobt dabei; nächste Woche haben wir Besichtigung, und da muss ich nun ebenfalls einen Spähtrupp anführen. Heute sprach mein Kompaniechef davon, dass ich eventuell bald wegkomme, und zwar komme die Verfügung vom Regiment, genauer wusste er nicht. Ich glaube, dass es sich um einen Vorkurs handelt. Hoffentlich kann ich aber trotzdem an Pfingsten heimkommen. Vielleicht kann ich Magda Näheres mitteilen.

Gestern machten wir wieder einen 25-km-Marsch, mit 4 Furunkeln bin ich marschiert und es ging gut. Hatte 14 Tage Ruhe, und nun kamen wieder einige, ich will versuchen, die Biester einfach nicht mehr zu beachten. Zum Glück brechen sie immer sehr schnell auf.

Denk Dir, gestern war hier ein Unterhaltungsabend von »Glaube und Schönheit«.[75] Dabei wurde Backwerk versteigert auf »Amerikanisch«. Mein Stubenkamerad und ich gewannen dabei eine halbe Mokkatorte; sie kostete uns nur 6 RM. Sie war allerdings nicht sehr groß, jeder bekam 3 Stücke, es hat aber ausgezeichnet geschmeckt. Das war mal wieder eine willkommene Bereicherung unseres Speiseplans.

Es grüßt und küsst Dich herzlich
Dein Heinz

Fulda, den 7. Juni 1943

Mein liebes Mütterlein!

Zu Deinem 51. Geburtstag wünsche ich Dir Gottes reichen Segen. Mögest Du gesund und fröhlich in Dein neues Lebensjahr hineingehen. Unser aller innigster Wunsch ist es, dass Du uns doch noch recht lange erhalten bleiben mögest, denn Du erfüllst unser aller Leben mit Freude und Sonnenschein. Deine treu sorgende Hand hat uns schon von klein auf über all die kleinen Sorgen und Nöte hinweggeholfen, und wie in unserer Kindheit, so stehst Du uns auch heute noch mit Rat und Tat zur Seite. Und ich weiß, dass Du keine andere Sorge kennst als das Wohl Deiner Kinder. Inhaltsreich war dieses Jahr für Dich, und wenn Du heute darauf zurückblickst, so wird Dich bestimmt Dankbarkeit erfüllen, die Dir die Kraft geschenkt hat, all das zu tragen und zu meistern, was Dir in diesem Jahr das Schicksal gebracht hat.

Wie gerne hätte ich letztes Jahr an Deinem Ehrentag teilgenommen, doch ich war damals bald 2000 Kilometer von Dir entfernt. Unendliche Weiten lagen zwischen uns, doch in Gedanken war ich ganz nah bei Dir. Und heute weißt Du mich in Deutschland, und dies ist bestimmt viel beruhigender für Dich. Sehr nett ist, dass Du gerade jetzt von Magda erfahren hast, in was für einer Umgebung ich lebe und wie es mir geht. Kann mir denken, dass Dich alles sehr interessiert. Bin heute noch ganz erfüllt von

---

75 Unterorganisation des Bunds Deutscher Mädel

unserem Zusammensein, es war wirklich nett und harmonisch. Ich fühlte mich wieder mal so heimisch und vertraut. Es war auch von Nanna sehr lieb, dass sie mich so ausgiebig besucht hat. Habe oft Sehnsucht danach, mal wieder mit Dir zu singen, es ist dies immer eine der schönsten Erinnerungen an daheim.
Ich grüß und küss Dich heute ganz lieb und wünsche Dir nochmals alles, alles Gute
Dein Herzensbub

Fulda, den 15. Juni 1943

Meine liebe Mutti!

Am Sonntag war ich in Hofbieber, und zwar zu Fuß, Bahngenehmigung bekam ich keine. So zog ich morgens um 8 Uhr los. Das Wetter war ja am Sonntag ganz ordentlich. Bald traf ich eine kleine Wandergruppe, welche dieselbe Richtung hatte, und so verging die Zeit ganz angenehm. Um ½ 12 erreichte ich Hofbieber. Wie ich an der Zimmertüre anklopfe und hereintrete, wer sitzt da am Tisch: mein Freund August. Die Freude war unbeschreiblich. Stell Dir vor, so ein Zufall, er ist ja seit Längerem auch Soldat, war aber gerade in Urlaub da. Bald hatte es sich in der Verwandtschaft herumgesprochen, dass ich da wäre, und alles versammelte sich nun bei August. Ich aß erst mal ordentlich zum Mittag, und dann erzählten wir einander. Mittags ging der Streit los, wo ich nun Kaffee trinken sollte. Es war wirklich rührend, wie anhänglich die Leute sind. Abends um 6 Uhr hatte ich mich dann wieder verabredet zum Heimweg. Sie wollten mich noch nicht fortlassen, aber ich wollte doch nicht nachts allein den Weg machen, dies wäre doch zu langweilig gewesen. Um ½ 10 Uhr kam ich wieder in Fulda an. So hatte ich zugleich einen Pfingstausflug gemacht. Einen herrlichen Strauß Margeriten und Kornblumen brachte ich mit heim, wie gerne hätte ich ihn Dir geschenkt. Frieda gab mir Würste und Kuchen mit, sodass ich auch jetzt noch einen kleinen Genuss habe. Sollte ich am Samstag noch hier sein, so geh ich nochmals nach Hofbieber, vielleicht bis Sonntag. So hatte ich einen wirklich netten, harmonischen Tag erlebt, und ich vergaß mich doch etwas dabei. Am Pfingstmontag hatte ich ab Mittag U. v. D. Hab die Zeit mit Lesen, Schreiben und Sockenstopfen verbracht.

Liebe Mutti! Ich weiß, dass Du Dir immer viele Sorgen machst, aber Du darfst Dich davon nicht bedrücken lassen, wir sind noch immer satt geworden, und es ist auch immer wieder weitergegangen, halte das Wort doch fest, welches Dir an Deinem Geburtstag in den Sinn kam: »Angetan mit Kraft aus der Höhe.« Diese Kraft hält und trägt Dich so, wie sie Dich seither getragen hat. Wir müssen nur aushalten und mutig in die Zukunft sehen. Ich freue mich, dass Du so reich beschenkt worden bist, so hattest Du doch auch eine äußerliche Freude. Es muss Dir doch ein schöner Gedanke sein, in so einem großen Kreis zu stehen und selbst der Mittelpunkt zu sein, zu dem jeder immer wieder zurückkehrt.
Es grüßt und küsst Dich herzlich
Dein Heinz

Fulda, den 21. Juni 1943

Liebe Eltern und Geschwister!

Am Sonntag war ich abermals in Hofbieber; August hatte mich herzlich eingeladen, er ist bis nächsten Samstag noch in Urlaub. So machte ich mich gestern Morgen auf den Weg und war bis zum heutigen Mittagessen dort. Es gab ein herrliches Essen, Braten mit Kartoffeln und Kopfsalat, anschließend Pudding mit Himbeersaft und dann noch Zwetschgenkompott. Nachmittags Streuselkuchen, Heidelbeerkuchen, und Rosa hatte sogar noch eine Torte gebacken. Abends gab es wieder Kartoffeln, Kopfsalat und Quark. Das Wetter war ja auch wunderbar. Sie haben mich alle gern dort. Wenn ich noch länger hierbleibe, muss ich unbedingt nochmals einen Besuch machen.

Mein Stubenkamerad Delichow ist gestern versetzt worden, so hause ich nun ganz allein in meiner Bude. Wir hatten uns doch ganz nett miteinander die Zeit vertrieben. Nun ja, ich bin ja auch bereits die längste Zeit hier gewesen. Musste heute schon an frühere Zeiten denken; damals wurde zum jetzigen Datum Sonnenwende gefeiert, im Riedenberger Forst oder in der Kauzenhecke.
Es grüßt und küsst Euch sehr herzlich
Euer Heinz
Von meiner Versetzung weiß ich noch nichts.

Wie eng die Bande zwischen Sohn und Mutter waren, zeigt nicht nur der Ton seiner Briefe an sie, dessen Innigkeit noch zunahm, je härter und gefährlicher sein Soldatenleben wurde. Heinz teilte vorbehaltlos ihre Leidenschaft fürs Essen, die sie wiederum von ihrer Mutter geerbt hatte. Man wird es noch extremer in späteren Briefen sehen: Je schwieriger seine allgemeine Ernährungslage, desto ausführlicher die Schilderung gelegentlich ergatterter Genüsse, oft mit genauen Mengenangaben. Beim Essen konnte er in der Fremde ein Stück Heimat finden in Form von Kopfsalat oder Hühnersuppe.

Das Ganze hatte lange Tradition: Das Stammhaus von Magda Meyers Familie war das Gasthaus *Zur Rose* in Brackenheim. Wie alle Frauen des Hauses war sie eine hervorragende Köchin, und die dazugehörigen Männer entwickelten beim Thema Essen großen Sachverstand.

Als einzige Tochter wurde auch ich von meiner Mutter schon früh zum Kochen angehalten und lernte so unwillkürlich, die Linie fortzusetzen. Als Kind stand ich auf einem Schemel vor dem Herd und rührte in Töpfen. Zwischendurch rannte ich zu meiner Mutter in die Schneiderwerkstatt, um die nächsten Arbeitsschritte zu erfragen. Damals leuchtete mir nicht ein, warum ich so viel in der Küche arbeiten musste. Heute profitiere ich davon und denke mit einem gewissen Stolz: So was gibt's heute gar nicht mehr.

Was ich damals auch lernte: Wie man Lebensmittel so einkauft und verbraucht, dass alles verwertet und nichts weggeworfen wird. Ein Kriegs- und Nachkriegsphänomen. In den Augen meiner Mutter blieb alles knapp, auch dann noch, als Nahrungsmittel wieder reichlich und schließlich überreichlich vorhanden waren. Viele aus dieser Generation hatten gehungert und brachten es nicht fertig, auch nur eine einzige Brotkrume zu verschwenden, die Krümel wurden mit dem Finger aufgetupft. Solches Verhalten wurde auch mir eingebläut. Wenn ich nicht aufgegessen hatte, musste ich stundenlang vor den kalten Speisen sitzen bleiben. Bis heute esse ich meinen Teller fast immer leer.

Manchmal koche ich noch nach den alten Rezepten: Maultaschen, Kartoffelsalat, Sauerbraten, gefüllte Kalbsbrust, eingemachtes Kalbfleisch. Meine Mutter machte auch köstliche saure Nierchen und saure Kutteln, leider habe ich die Rezepte dafür nie erfragt. Ich weiß auch nicht, welche Rezepte aus der *Rose* in Brackenheim stammen und welche vielleicht aus der oberschwäbischen Küche in Leutkirch.

Das Essen war Trost und Allheilmittel für die Mutter der Familie Meyer. Auch in dieser Hinsicht muss die Kriegs- und die noch kargere Nachkriegszeit besonders hart für sie gewesen sein. Sie aß, was sie kriegen konnte, gegen den Kummer, gegen die Angst und gegen den Groll darüber, dass ihr Mann mit seinen frommen Argumenten der körperlich eingeschränkten Frau nicht nur zwei, sondern sechs Geburten abverlangt hatte – gegen ärztlichen Rat.

In Friedenszeiten pflegte sie bereits morgens im Bett zwei belegte Brötchen zu frühstücken, die ihr das Hausmädchen zu einer Kanne Kaffee reichte. Angesichts der traditionell üppigen schwäbischen Kuchentafeln probierte sie von jeder Sorte stets zwei Stücke. Ihrer Meinung nach war das auch eine Frage der Höflichkeit. Besonders gefragt waren in der Familie Meyer Marzipan, Geleefrüchte, getrocknete Datteln oder Fondant, lauter Naschwerk, dessen Süße heute für viele fast schon jenseits der Ekelgrenze liegt. Nachdem der Krieg überstanden war, wuchs der Taillenumfang meiner Großmutter auf zwei Meter.

Dass Heinz seiner Mutter seine Mahlzeiten häufig so detailliert schilderte, war also auch ein Ausdruck besonders zärtlicher Verbundenheit und der Sehnsucht nach der verlorenen Zeit des Friedens. Beide betrachteten ihr tiefes Verständnis füreinander als ein großes Gottesgeschenk.

Wie sehr muss der von Heimweh kranke Heinz den Besuch bei seinen ehemaligen Quartierleuten, die ihn wie einen Sohn behandelten, und das gute Essen dort ausgekostet haben! Er schien einen Ausflug zu machen in eine noch leidlich heile Welt. Aber so war es ganz und gar nicht. August Haas war zu diesem Zeitpunkt bereits 38 Jahre alt, auf ihm lag die Verantwortung für die Familie und den landwirtschaftlichen Betrieb, und doch brauchte ihn das NS-Regime woanders dringender. Schon ein Jahr vorher war er zur Wehrmacht eingezogen worden und nur auf Urlaub zu Hause.

Ein Telefonat im Herbst 2021 mit seiner Schwiegertochter Gerda Haas in Hofbieber hat ergeben: August kam heil aus dem Krieg zurück. Er und Frieda bekamen noch vier weitere Kinder. Allerdings wurde er nicht alt: Er starb 1969 mit 65 Jahren an Lungenkrebs. Nicht nur, weil er so viel rauchte, und dann auch noch Filterlose. Er wurde wohl, wie die Familie vermutet, auch von der Beize krank, mit der man damals das Getreide behandelte. Frieda hingegen, diese freundliche, humorvolle Frau, wurde 89 Jahre alt. Das alte Bauernhaus wurde abgerissen und an dieselbe Stelle ein neues gebaut, in dem Augusts ältester Sohn wohnt, der einstige »Klein Wolfgang«.

Fulda, den 25.6.43

Meine liebe Mutti!

Ich kann Euch heute etwas Neues mitteilen. Ich bleibe bis zum Beginn der Kriegsschule in Fulda. Brauche also an keinem Vorkurs mehr teilzunehmen. Es ist mir nun ganz recht so, dies wäre doch ein sehr großer Schlauch geworden. Mache hier nun fest Dienst mit, und ich muss sagen, es macht mir auch wieder einige Freude. So allmählich komme ich doch wieder in mein altes Geleise, bin selbst froh darüber.

Worüber ich besonders froh bin, ist, dass mir das Marschieren überhaupt keine Beschwerden bereitet. Bin nach 25 Kilometer noch derart frisch gewesen, dass ich abends noch in die Stadt ging und herumlief, wie wenn ich nichts marschiert wäre. Daraus schließe ich, dass mein Herz und meine Lunge wieder in Ordnung sind.

Nun habe ich noch einige Bitten. Ich schicke morgen ein Paket mit Wäsche ab, darin befindet sich das Fläschchen für die Zinktrockenpinselung, Christa soll mir in der Waldau-Apotheke das Mittel machen lassen und dann gleich schicken. Dann sollte ich meine Sockenhalter haben, diese befanden sich im Studienurlaub noch in meiner Schublade im Sekretär, außerdem liegen oben auf dem Sekretär meine Marschriemen, auch diese benötige ich. Ida muss zurzeit schwer arbeiten, sie vertritt eine Schwester, sie steckt da scheint's ziemlich drin. Mitte Juli bekommt sie aber Urlaub. Vielleicht langt es noch zu einem Wiedersehen vor der Kriegsschule.

Herzliche Grüße und Küsse sendet Dir
Dein Heinz

Fulda, den 6.7.43

Liebe Mutti!

Gestern hab ich Dein liebes Briefle aus Ingelfingen erhalten. Ich freu mich so mit Dir, dass Du nun endlich mal eine Zeit lang ausspannen kannst. Ich weiß, wie angebracht dies ist, und ich glaube auch, nach Deiner Beschreibung zu urteilen, dass Du das Richtige getroffen hast. Du brauchst eine ruhige, friedliche Umgebung, und nette Gesellschaft für ein wenig Unterhaltung hast Du ja dort auch. So ist irgendwelcher Langeweile auch vorgebeugt. Sigi wird sich freuen, bei Dir sein zu dürfen, und wo seine Mutti ist, da gefällt es ihm ja auch. Zurzeit beneide ich meinen kleinen Bruder, würde sofort mit ihm tauschen; doch ich durfte ja auch lange Deine treu sorgende Hand verspüren. Mach Dir dort möglichst wenig Sorgen, daheim wird schon alles klappen, es wäre ja auch traurig, wenn Deine 4 Töchter den Laden nicht schmeißen würden, und Elle ist doch sicher inzwischen recht nett eingearbeitet. Ingelfingen scheint ein sehr nettes Städtchen zu sein, ich war noch nicht dort. Bin gespannt, wie Dir das Wasser schmeckt, vermutlich nicht sonderlich. Müsst Ihr dort auch Bäder nehmen?

Wünsche Dir, liebe Mutti, und dem kleinen Sigi (im Gegensatz zu mir) recht gute Erholung und viele sonnige Tage.

Es grüßt und küsst Dich herzlich

Dein Heinz

Fulda, den 16.7.1943

Liebe Eltern!

Heute kann ich Euch eine wunderschöne Neuigkeit mitteilen, ich bekomme noch einige Tage Urlaub. Mein Kompaniechef hat mir nun doch noch eine Woche genehmigt zur Beschaffung von Ausrüstungsstücken. Und zwar vom 25. bis 31.7. Also werden wir uns alle in Stuttgart wiedersehen. Zeitlich liegt die Sache auch prima, denn es wäre nicht so leicht zu machen gewesen, nach Ingelfingen zu kommen. Ich muss mal wieder sagen, es wird auch immer wieder alles recht, man soll nicht so viel sorgen. Nun habe ich noch Folgendes zu besprechen. Ich möchte Ida nach Stuttgart kommen lassen, nach Sigmaringen bekäme ich keinen Urlaub, und die Zeit ist zu knapp. Hatte nun Bedenken, Ida von mir aus zu uns einzuladen ohne Euer Wissen, dachte an Hotel, doch Nanna meinte am Telefon, das wäre nichts, wegen des möglichen Fliegeralarms, und die Hotels machen alle um 11 Uhr Schluss usw. Magda meinte, Ihr hättet bestimmt nichts dagegen, wenn ich Ida einlade.

Ida habe ich geschrieben, dass Ihr bis 28. in Erholung seid. Sie wird nun dadurch auch Bedenken haben zu kommen. Ich bitte Dich nun herzlich, liebe Mutti, Ida zu schreiben und sie einzuladen, oder aber, wenn Du Dich nicht dazu entschließen könntest, weil Du vielleicht denkst, das schickt sich nicht, dass sie bei uns wohnt, solange Ihr noch fort seid, doch bitte gleich heimzutelefonieren, denn dann müsste noch nach einem Zimmer gesehen werden, und ich möchte das dann auch wissen, werde im Lauf der nächsten Woche daheim anrufen. Ida muss dann natürlich so lange bleiben, dass Ihr sie auch noch seht, schreibt ihr das doch bitte.

Ach, es ist mir alles noch wie ein Traum, doch bald wird es Wirklichkeit.

Freue mich so sehr, Euch alle wiederzusehen, es ist nun doch eine lange Zeit, seit ich von daheim wieder fort musste. Kann mir denken, dass Ihr Euch auch sehr freut, so wartet nun am Ende eurer Erholungszeit noch eine liebe Überraschung.

Wünsche Euch noch recht schöne Tage
Auf Wiedersehen
Euer Heinz

Um es gleich zu sagen: Ida war wirklich da und durfte im Degerlocher Haus übernachten. Die Frage der Schicklichkeit spielte allerdings eine sehr große Rolle. Die Meyers waren streng evangelisch. Idas Elternhaus streng katholisch. Sex vor der Ehe war für die frommen Katholiken eine schwere Sünde. Personen, die es erlaubt hätten, dass ein unverheiratetes Paar unter ihrem Dach geschlechtlich verkehrt, mussten außerdem fürchten, der Kuppelei bezichtigt zu werden. Das entsprechende Gesetz galt übrigens noch bis 1973.

Meine Mutter erzählte mir allerdings mit verschwörerischem Blick, Heinz habe ihr gesagt, dass er und Ida einander trotz allem recht schnell nahegekommen seien. Schließlich wusste niemand, wie viel Zeit ihm für solche Dinge noch blieb.

»Wir leben in einer außerordentlichen Zeit«, schrieb meine fromme, aber pragmatische Großmutter in ihr Tagebuch, »die nicht mit normalen Maßstäben gemessen werden kann.« Doch ein schwerer Konflikt mit dem Vater zeichnete sich ab angesichts der unterschiedlichen christlichen Konfessionen der beiden Liebenden.

Fulda, den 4. August 1943

Mein lieber Vater!

Zu Deinem 52. Geburtstag wünsche ich Dir von Herzen Gottes reichen Segen. Ich weiß, dass vieles auf Dir lastet, und die Frage, was wird Dein kommendes Lebensjahr bringen, lässt viele Möglichkeiten offen. Ich hoffe, dass Du neu gestärkt durch die vergangenen Urlaubstage Deinen Dienst wieder freudig angetreten hast. Auch für mich beginnt mit Deinem Geburtstag wieder ein neuer Abschnitt in meiner derzeitigen Laufbahn, morgen geht es voraussichtlich von hier weg, werde Euch bald Näheres mitteilen.

Lieber Vater! Ich weiß, dass gerade ich Dir zurzeit manche Sorgen mache, und noch klingen mir die Worte in den Ohren, welche Du zu mir gesagt hast zum Thema meiner katholischen Braut. Wie mir Ida schrieb, hast Du auch mit ihr über diese Dinge gesprochen, welche Dich bewegen. Ich möchte Dir herzlich dafür danken. Ich weiß, dass Du nur mein Glück im Auge hast, und Du möchtest mich vor irgendwelchen idealen Gefühlsduseleien und dergleichen bewahren, die ich vielleicht eines Tages im klaren Licht der Vernunft als große Fehler betrachten müsste. Vielleicht hast Du durch die Aussprache mit Ida aber auch herausgehört, wie selbstlos mich dieses Mädchen liebt, es haben sich da vielleicht zwei besonders ideale Menschen getroffen, dies ist ja möglich. Es ist mir jedoch unmöglich, aus meiner Vernunft dieses Verhältnis zu zerstören, welches mich so sehr glücklich macht. Treue, echte Frauenliebe ist doch das schönste Geschenk, welches wir von einem Mädchen erwarten dürfen, und dieses Geschenk ist mir zuteilgeworden.

Es grüßt und küsst Dich herzlich
Dein Heinz

Milovice (deutsch: Milowitz), heute Tschechien

Milowitz, den 6. August 1943

Liebe Eltern und Geschwister!

Bin heute Mittag glücklich hier bei der Infanterieschule für Fahnenjunker[76] gelandet. Dachte natürlich zuletzt daran, in diese Gegend nach Böhmen zu kommen, doch nun hat es mich halt in diesen einsamen Winkel verschlagen. Milowitz ist so eine Art Wildflecken; die Unterbringung ist ganz gut. Es ist 30 bis 40 km von Prag entfernt, und man bekommt auch Gelegenheit, sonntags dort hinzugehen und die Stadt anzusehen.

Heute Morgen hatten wir einige Stunden Aufenthalt, so fuhr ich mit der Straßenbahn über die Moldau rauf zum Hradschin. Baulich gibt es da allerhand zu sehen, wenn es auch nicht so eindrucksvoll ist, wie man das in dem Film *Die goldene Stadt*[77] erlebt hat. Der heutige Tag verlief sehr ruhig, und auch morgen wird wohl noch nicht viel los sein. Ab Montag beginnt es dann aber mit Hochdruck mit der Schule. Nun ja, muss mich nun mal fest zusammennehmen, dann wird schon alles klappen. Bin froh, dass es nun endlich so weit ist. Heute Nacht sind wir durchgefahren, so bin ich nun sehr müde und werde mich bald in mein neues Bettchen legen.

Meine Adresse ist: Fhj. Uffz. (Fahnenjunker Unteroffizier) Heinz Meyer, Schule VII für Fahnenjunker der Infanterie, 5. Inspektion, Milowitz bei Prag/Protektorat

Es grüßt und küsst Euch herzlich

Euer Heinz

---

76 Militärschule zur Offiziersausbildung

77 Propagandafilm von Veit Harlan (*Jud Süß*), Prag war darin vor allem der Sehnsuchtsort der Protagonistin.

Milowitz, den 11.8.1943

Liebe Eltern und Geschwister!

Nun bin ich bereits 5 Tage hier als Kriegsoffiziersbewerber, und so langsam gewöhnt man sich an das Tempo, mit welchem hier gearbeitet wird. Es ist ein richtiger Schulbetrieb mit Vorlesungen und Aufgaben zum Mitarbeiten, daneben natürlich auch Geländedienst. Am Anfang fällt einem natürlich manches schwer, doch bis jetzt gefällt es mir ganz gut. Wenn ich da an das Leben in Fulda zurückdenke und an die viele Freiheit im Vergleich zu hier – Mittagsschlaf und Feierabend fallen natürlich weg. Abends muss man seine Sachen in Ordnung bringen und sich auf den nächsten Tag vorbereiten. Ausgehen kann man hier sowieso nicht, es ist in Milowitz überhaupt nichts los. Am Samstag und Sonntag fahre ich nach Prag, es wird dort für Unterkunft gesorgt, freue mich sehr darauf, es ist doch eine angenehme und notwendige Abendgestaltung.

Ich habe eine Bitte. Man braucht hier sehr viel Geld. Einmal in der Kantine, dann muss man sich allerhand anschaffen, und in Prag wird man sein Geld auch los. Schickt also bitte in den nächsten Tagen 50 RM an mich ab, mehr darf man sich im Moment nicht schicken lassen. Dann sprichst Du, liebe Mutti, von einem Glas Marmelade, dieses könnte ich hier sehr gut gebrauchen, da mir manchmal etwas aufs Brot fehlt.

Habe sehr nette Stubenkameraden, mit denen ich gut auskomme, dies ist ja sehr viel wert.

Hoffe, dass daheim alle gesund und munter sind. Jetzt werden die herrlichen Pflaumen reif sein, würde gern auf einen Sprung heimkommen und Euch beim »Ernten« helfen.

Es grüßt und küsst Euch herzlich

Euer Heinz

Milowitz, den 15. August 1943

Liebe Eltern und Geschwister!

Immer noch warte ich auf das erste Brieflein von daheim, ebenso hat mich von Ida noch keine Zeile erreicht. Scheinbar dauert die Post hierher doch sehr lange, nun ja, im Lauf dieser Woche wird schon das erste Grüßlein eintrudeln. Bin mal wieder ein armer, geplagter Mann. Habe seit 3 Tagen einen regelrechten Furunkelanfall, wie ich ihn noch nie so heftig hatte, große und kleine, es dürften circa 15–20 Stück sein. Alle an den Schenkeln und Knien. Ihr könnt Euch denken, wie ich da herumhinke. Gott sei Dank kam gerade der Sonntag, und heute sind die meisten reif, sodass ich eine Besserung erwarte, denn so diesen strammen Dienst zu machen wäre fast unmöglich. Ich führe es auf die Hefe zurück, welche ich seit meinem Urlaub regelmäßig einnahm.

Schick mir bitte wenn möglich Hansaplast, Beate weiß die Breite. Gestern hatte ich Urlaub nach Prag, eigentlich bis heute Abend, bin aber aus den besagten Gründen gestern schon zurückgefahren, es war so kein Spaß für mich. Habe ordentlich gegessen, sonst bin ich nicht viel herumgekommen, nun ja, habe später noch Gelegenheit dazu. Hab heute viel geschlafen und mich dabei etwas erholt. Werde Euch bald wieder schreiben, wie es mir geht. Man braucht hier seine ganze Kraft, nun ja, ich will nicht den Mut verlieren, auch das geht vorüber.

Es grüßt und küsst Euch herzlich
Euer Heinz

Milowitz, den 18. August 1943

Liebe Mutti!

Heute erhielt ich die erste Post von zu Hause. War gleich erstaunt, dass ich nicht Deine Schriftzüge sah, sondern die von Vater. Du bist also mit Sigi in Leutkirch. Ich bin doch überrascht, dass Dich all die Lieben daheim fortgelassen haben; aber ich sehe natürlich ein, dass eine große Fliegergefahr besteht und Ihr dort in Sicherheit seid. Sigi wird es gefallen, doch Du vermisst vielleicht bald Deinen gewohnten Betrieb. Es ist ja sehr lieb von Tante Regine, dass sie Euch aufgenommen haben.

Nun einiges von mir. Du wirst in der Zwischenzeit meine Adresse erhalten haben, und ich hoffe, dass hier bald ein Brieflein ankommt. Stelle Dir vor, ich hatte nun seit 5. August keine Nachricht mehr bis heute, na ja von Ida kamen nun gleich 3 Brieflein auf einmal. Weißt Du, sie hatte mir, so lange sie noch keine Adresse hatte, trotzdem Briefe geschrieben und sie nun nacheinander abgeschickt; das ist doch nett, gelt!

Schreib mir bald.

An alle Leutkircher recht liebe Grüße.

Es grüßt und küsst Dich herzlich mit Sigi

Dein Heinz

Um den Nächten im Luftschutzkeller zu entgehen, siedelte meine Großmutter mit dem kleinen Sigi nun weitgehend zu den Verwandten des Vaters nach Leutkirch im Allgäu um. Diese betrieben eine Landwirtschaft mit Metzgerei, sodass die Versorgung leichter fiel. Das Leben bei der Verwandtschaft wurde aber immer schwieriger, je länger es dauerte. Die erste Willkommensfreude wich bald banalen, aber verbissenen Auseinandersetzungen: etwa um die Frage, wieso meine Großmutter ihre Fleisch- und Wurstwaren wie eine normale Kundin nur auf Lebensmittelkarte bekam. Sie hegte den Verdacht, dass anderen Verwandten und Stammkunden beim Abwiegen »Übergewicht« zugeschanzt würde. Jedenfalls schrieb sie das in einem Brief an ihren Mann.

Milowitz, den 22. August 1943

Liebe Mutti!

Es tut mir so leid, dass Du so lange ohne Nachricht warst, doch wie mir Christa mitteilte, kam mein erster Brief vom 6.8. erst am 18.8. an; so muss ich dafür die Post verantwortlich machen. Ida macht mir auch schon Vorhaltungen, ich möchte Dir doch oft schreiben, lieber würde sie mal länger warten, doch wie gesagt, an mir lag es nicht, und Du weißt ja, dass ich Dir schreibe, so oft es möglich ist, gelt? Freue mich, dass es Dir und Sigi in Leutkirch gefällt, Du wirst natürlich viel an daheim denken und Dir manchmal Sorgen machen, ob auch alles klappt. Doch es wird schon gehen. Christa ist ja jetzt eingearbeitet, und die Töchter werden doch ihren Vater versorgen können. Wenn es Sigi so zusetzt, immer in den Keller zu müssen, dann wäre das auf die Dauer ja auch sehr gesundheitsschädlich für ihn gewesen.

Das Quittengelee erhielt ich am Freitag. Marken schicke mir vorerst nicht, da ich nicht weiß, ob sie gelten. Hab auch noch welche. Essen tut man in Prag sehr gut. War gestern Mittag wie-

Sieghard in Leutkirch

der dort. Heute hab ich ordentlich ausgeschlafen bis ¾ 12 Uhr, heute Mittag schon Socken gewaschen, meine Sachen in Ordnung gebracht, und nun schreibe ich. Nun bin ich bereits 14 Tage hier, und man hat sich eingelebt. War beim Arzt und bekomme nun jeden zweiten Tag eine Staphar-Spritze,[78] die soll sehr gut sein. Hab somit wieder neue Hoffnung gefasst, wenn auch das Spritzen nicht angenehm ist. Werde in den Oberschenkel gespritzt.
Es grüßt und küsst Dich herzlich mit Sigi
Dein Heinz

Milowitz, den 26. Aug. 1943

Liebe Mutti!

Bald geht die Woche zu Ende, und ich hab mal wieder etwas Ruhe. Ich muss mich sehr zusammennehmen, um den Anfor-

78 Ein Mittel gegen Staphylokokken

derungen gewachsen zu sein, mein Körper hat einfach die alte Spannkraft nicht mehr, ich bin gleich müde. Morgen sind es 4 Jahre, dass ich Soldat bin, eine lange Zeit liegt hinter mir. Und wie lange wird es noch dauern? Wir müssen einfach glauben, dass sich alles zum Guten wenden wird. Heute vor einem Jahr bin ich mit freudigem Herzen meiner Heimat zugefahren, ich kam mir vor wie dem Leben neu geschenkt; noch ahnte ich nichts von dem Schweren, was mich erwarten sollte. Gestern habe ich zum ersten Mal in diesem Jahr im Freien gebadet an einem Fluss, bin 300 Meter geschwommen, das hab ich ganz gut durchgehalten.

Ich freue mich, bis ein Paketchen ankommt, wir bekommen hier sehr wenig Zigaretten, bin also für dergleichen äußerst empfänglich. Christa hat mir Hefezungen geschickt, sie schmeckten herrlich. Gestern kam ein Päckchen mit Hansaplast und einem Mittel, zu dem Herr Gotthardt geraten hat. Vater sprach mit ihm. Freu mich, dass es Sigi so gut gefällt, er geht doch zur Schule? Würde gerne ein paar Tage in diese ländliche Stille kommen.
Für heute grüßt und küsst Dich mit Sigi herzlich
Dein Heinz

Milowitz, den 29. August 1943

Meine liebe Mutti!

War seit gestern Mittag in Prag und kam heute um 5 Uhr wieder zurück. Es ist wirklich eine wunderschöne Stadt mit herrlichen Bauten. Werde Euch später mal allerhand davon erzählen.

Am Samstagnachmittag kurz vor meinem Weggang erhielt ich von Ida nach achttägiger Pause ein Brieflein. Ich war schon sehr in Sorge, und leider nicht unbegründet. Denk Dir, ihr Bruder ist gefallen. Am 23.7. bei den Abwehrkämpfen in Orel, seine Leiche fiel in russische Hände. Du kannst Dir denken, wie erschüttert sie ist. So war er also während ihres Aufenthalts in Degerloch bereits nicht mehr am Leben. Es ist unendlich traurig, denke Dir, es hatten ja nur noch 14 Tage an seiner Frontbewährung gefehlt, und er wäre mit mir auf den 14. Fahnenjunker-Lehrgang gekommen. Sie will nun mit Frau Oberin telefonieren, ob sie noch eine Zeit lang bei ihrer Mutter bleiben kann. Sie hatte sich so schön erholt, und nun diese Nachricht. Weißt Du, es geht auch mir sehr nah;

es sind nur 3 Tage auf den Todestag meines Freundes Ernst Rall. Nun habe ich ihn nicht einmal gesehen, ich kenn ihn ja nur aus Erzählungen. Ich habe gestern Mittag von Prag aus ihr und extra ihren Eltern geschrieben, ich dachte, das gehört sich so. Ich weiß nicht, ob Du Ida vielleicht auch schreiben willst, sie würde sich bestimmt freuen. Es ist traurig, den einzigen Sohn und Bruder zu verlieren. Sie schrieb noch so lieb, sie möchte nicht, dass ich auch traurig wäre. Liebe Mutti, mein Mädchen tut mir so leid, sie musste ja schon so viel Schweres erleben in Russland, und nun trifft sie dieses Leid noch persönlich.
Es grüßt und küsst Dich herzlich
Dein Heinz

Viele wollten es nicht wahrhaben oder fielen weiter den Lügen der Propaganda zum Opfer. Aber das Geschehen an der Front entwickelte sich immer katastrophaler. Die Serie von Schlachten, in einer der Idas Bruder sterben musste, begann zwar mit einer deutschen Offensive, dem »Unternehmen Zitadelle«. Aber diese diente längst nicht mehr dem Landgewinn, sondern dem Gegenteil, der Verteidigung. Ziel war es, die sowjetischen Kräfte so zu schwächen, dass sie nicht mehr zu einem eigenen Angriff in der Lage wären, um die Wehrmacht weiter zurückzuschlagen.

Am 5. Juli 1943 griff die Wehrmacht an – die »Panzerschlacht von Kursk« war die letzte deutsche Großoffensive an der Ostfront. Unmittelbares Ziel der Operation gegen den 150 Kilometer langen gegnerischen Frontbogen bei Kursk, der in das von Deutschland kontrollierte Gebiet hineinreichte, war die Einschließung sowjetischer Verbände durch eine für die Wehrmacht typische Zangenbewegung.

Nach der schweren Niederlage von Stalingrad befanden sich die deutschen Truppen auf dem Rückzug. Mittlerweile erhielt die Rote Armee bedeutende Waffen- und Materiallieferungen durch die USA und Großbritannien, während die Versorgung der deutschen Truppen immer schwieriger wurde. Junge sowjetische Offiziere hatten die Strategien der Deutschen studiert und die Vorgehensweise der Roten Armee entsprechend modernisiert. Der Wehrmacht, die die russische Entwicklung unterschätzt hatte, fehlte es an Material und Kräften, um das »Unternehmen Zitadelle« in die Praxis umzusetzen. Es war zum

Scheitern verurteilt, zumal das Vorhaben durch Spionage an die sowjetische Seite verraten worden war.

Die deutschen Truppen mussten nach schweren Verlusten den Angriff einstellen. Die Rote Armee startete in der Folge zwei Gegenoffensiven, die erste bei Orel (Orjol) vom 12. Juli bis 19. August 1943, bei der Idas Bruder am 23. Juli sein Leben verlor. Bis Ende September hatte die Rote Armee den Dnjepr überschritten und die Wehrmacht weit zurückgeworfen.

Milowitz, den 8. September 1943

Lieber Vater, liebe Geschwister!

Bin etwas in Sorge durch die Nachricht von dem gestrigen Fliegerangriff, ich hoffe, dass Ihr ihn gnädig überstanden habt. Für Dich, lieber Vater, war Mutters Anwesenheit bestimmt eine liebe Überraschung; Mutti hatte mir geschrieben, dass sie Dich überraschen würde.

Von mir kann ich berichten, dass es mir ordentlich geht. Bin sehr angespannt, es wird jeden Abend sehr spät, bis ich mit all meiner Arbeit fertig bin. Wenn ich nur gesundheitlich einigermaßen auf der Höhe bleibe, dann kann ich leisten, was verlangt wird. Bis jetzt ging es, und ich hoffe auch, dass dies weiterhin so bleibt.

Dann komme ich hier nicht mit meiner Seife aus. Durch den Dienst bekomme ich dauernd schmutzige Finger, und beim Essen usw. muss man immer tadellos erscheinen. Wenn Du mir also ein Stückchen Seife schicken könntest, wäre ich sehr dankbar. Dies wäre meine Bitte.

Es grüßt und küsst Euch herzlich

Euer Heinz

Milowitz, den 12. September 1943

Liebe Mutti!

Kann mir denken, dass es Dir schwer wurde, wieder nach Leutkirch zurückzukehren, man gehört halt dorthin, wo man sein Herz und seine Gedanken hat, doch die Notwendigkeit setzt sich oft diesem entgegen. Will nun im Einzelnen auf Dein Brieflein eingehen. Meine Löhnung und Gehalt bleibt bis zu einer eventuellen Beförderung gleich wie bisher. Das Gehalt wird wie seither auf mein Konto überwiesen. Ich darf mir monatlich 50 RM. schicken lassen, und damit komme ich auch aus.

Ida war einen Tag in Stuttgart, nach Degerloch hinauf reichte es ihr leider nicht. Sie ist zurzeit noch daheim und kommt auf einen zweimonatigen Kurs für Krankengymnastik nach Donaueschingen oder Freiburg. Anschließend soll sie dann nach Tübingen kommen. Ich glaube, sie kann mit dieser Regelung vorerst zufrieden sein. So langsam ist ja meine Freundschaft mit ihr in unserer ganzen Verwandtschaft bekannt. Die Geislinger haben mir sehr nett geschrieben, sie würden eben manche Schwierigkeit sehen, weil das tragende Element in einer Ehe die Übereinstimmung im Glauben wäre, und ich glaube, die Leutkircher sehen ebenfalls darin die Schwierigkeit. Es ist dies bestimmt wahr, doch kommt es darauf an, ob die beiden so großzügig sind, um trotzdem harmonieren zu können. Es wird mir unmöglich sein, aus diesem Grunde Ida aufzugeben. Unsere Liebe ist zu einig, als dass sie daran scheitern könnte. Wie sich das Verhältnis im Einzelnen gestaltet, kann jetzt noch nicht festgelegt werden, doch liebt mich Ida zu sehr, um mir hier Schwierigkeiten zu machen. Dass sie evangelisch wird, glaube ich allerdings kaum. Ich könnte sie von dieser Notwendigkeit wohl auch kaum überzeugen. Liebste Mutti, mache Dir bitte darüber nicht allzu sehr Gedanken, wenn Ida und ich wirklich füreinander bestimmt sind, wird auch dies eine Lösung finden, es ist doch nicht so, dass ich Zugeständnisse machen muss, um Ida überhaupt zu bekommen, sondern der innigste Wunsch von ihr ist ja, mir einmal ganz zu gehören. Alle Äußerlichkeiten, zum Beispiel meine derzeitige berufliche Lage, hindern sie daran nicht, sie sagt mir immer, sie liebt in erster Linie meine Seele und in zweiter Linie den äußeren Menschen.

Ich glaube, dies ist nicht in jeder Liebe der Fall. Ich selbst habe aufgrund meiner Krankheitszeit doch auch zuerst ihre liebe Art und Wesen kennengelernt, und dadurch liebte ich dann den ganzen Menschen. Ida ist für mich »die große Liebe«, wie ich es mir erträumt habe, vielleicht kannst Du das mit der Zeit auch noch besser verstehen, liebe Mutti, wenn Du Ida noch besser kennst.

War sehr in Sorge wegen des Luftangriffs auf Stuttgart, Vater schrieb mir gleich eine Karte, bin sehr froh, dass alles gnädig vorbeiging. Wir wollen auch froh sein, dass es uns gelang, Oberitalien fest in der Hand zu behalten, sonst wäre für Süddeutschland vielleicht auch eine schlimme Zeit gekommen. Die Sache mit Italien ist unendlich traurig, so einen gemeinen Verrat hätte man ihnen doch nicht zugetraut. Italien hat sich so seine eigenen Gräber gegraben.

Wie geht es Sigi? Ist sein Ohrenweh wieder besser? Der kleine Kerl hat Dir schon viele Sorgen gemacht, doch ist er Dir ein lieber Begleiter, ich beneide ihn recht. So viel Liebe und Sorge bekam ich in diesem Alter nicht, ich hatte es ja auch nicht nötig. Dafür bin ich jetzt »Dein großes Sorgenkind«. Ach, Mutti, wie schön müsste es sein, wenn man sich nochmals in die Kinderzeit zurückversetzen könnte. Damals ahnte ich noch nichts von all dem Schweren, was uns erwarten würde, es ist dies auch gut so.

Mit Marken und Punkten ist es in Prag gleich wie im Reich. Gestern Mittag war ich in Prag, hab wieder allerhand verzehrt, es gibt manchmal auch ohne Marken oder nur mit Fett ganz gute Gerichte, man muss in der Zusammenstellung erfinderisch sein.

Ich wünsche Dir und Sigi alles Gute.

Innig grüßt und küsst Euch
Dein Heinz

Der Fliegerangriff am 6. September 1943 auf Stuttgart traf nur die Innenstadt. Degerloch blieb verschont. Für dieses Mal.

Heinz war empört über Italiens Verrat am Deutschen Reich – damit wiederholte er die offizielle Nazipropaganda-Version vom Sturz des Faschisten Benito Mussolini. Der italienische Diktator und der Nationalsozialist Adolf Hitler hatten sich in gegenseitiger Bewunderung früh zusammengeschlossen und waren schon im Mai 1939 ein Militärbündnis eingegangen. Am 10. Juni 1940 trat Italien tatsächlich an der deutschen Seite in den Weltkrieg ein, allerdings mit verheerenden Konsequenzen. Mussolinis Truppen, notdürftig aufgerüstet und schlecht organisiert, erlitten desaströse Niederlagen und wurden immer abhängiger von der Unterstützung durch die deutsche Wehrmacht. Nachdem das Land in eine tiefe militärische, ökonomische und soziale Krise geraten war, wurde der inzwischen schwer erkrankte italienische Diktator im Juli 1943 von ihm feindlich gesonnenen Faschisten und Monarchisten gestürzt. Zuvor hatten alliierte Truppen Sizilien eingenommen. Die neue Regierung schloss einen Waffenstillstand mit den Vereinigten Staaten und Großbritannien.

Hitler ließ Mussolini aus der Haft befreien und übertrug ihm die Führung eines Operettenstaats in Norditalien. Das Vorhaben, von dort aus Italien zurückzuerobern, war zum Scheitern verurteilt.

Milowitz, den 18. Sept. 1943

Mein liebes Beatle!

Zu Deinem 15. Wiegenfest gratuliere ich Dir von Herzen. Ich wünsche Dir, dass Du in Deinem neuen Lebensjahr manche Freude erleben darfst, besonders im Hinblick darauf, wie Du nun das Elternhaus verlassen musst. Mögest Du weiter zunehmen an Kraft, Gesundheit und Weisheit. Du bist ja schon eine kleine, selbstständige Dame, und dies ist Dir in der heutigen Zeit besonders von Nutzen. Nun ist das einstige kleine Beatle bereits 15 Jahre. Die Zeit verfliegt, und allmählich werden wir alle erwachsen. Eine besondere Freude an Deinem Geburtstag ist ja, dass Mutti daheim ist, so seid Ihr doch mal alle wieder beieinander.

Kann mir denken, dass Deine Hausfrauenpflichten allerhand Arbeit an Dich stellen, Du bist wohl auch bald eine ausgebildete Hausfrau? Würde mit Deiner Kochkunst bestimmt auch zufrieden sein. Bin gespannt, wohin Du kommen wirst. Vielleicht Nürtingen oder Biberach? Mutti schrieb mir von Letzterem. Es ist dies nicht leicht für Dich, doch darum musst Du Dich halt mit meinem Beispiel trösten. Ich bin nun schon das 5. Jahr fort von zu Hause, das ist eine lange Zeit. Du könntest über Sonntag heimfahren, dann geht's ja noch.

Dir einen recht lieben Geburtstagskuss

Dein Heinz

Viele Frauen und Kinder wurden, wie meine Großmutter und Sieghard, auf dem Land in Sicherheit gebracht. Vorsorglich wurde der Schulunterricht für Stuttgarter Schüler in kleinere Städte verlagert. Die 15 Jahre alte Beate wurde aus ihrer Umgebung gerissen und musste erst in Nürtingen, dann in Freudenstadt, in Alpirsbach und schließlich in Saulgau zur Schule gehen und bei fremden Leuten wohnen, während der Krieg fortschritt und sie um ihren Bruder im Feld und die übrige Familie bangte.

Prag, den 10. Okt. 1943

Meine liebe Mutti!

Ich bin heute nach längerer Zeit mal wieder in Prag. Habe sogar diesmal im Hotel übernachtet. Ein Teil von uns bekommt jedes Mal eine Anweisung für ein Hotelzimmer. Leider bin ich trotz all den äußeren Umständen heute in ziemlich gedrückter Stimmung. Gestern kamen die ersten Beförderungen zum Feldwebel heraus, und ich war nicht dabei. Dies ist mir nur sehr schwer erklärbar. Ich habe eigentlich in allen Fächern ganz gut gestanden, sodass ich hoffte, als Erster mit dabei zu sein. Ich glaube auch, dass mein Abteilungsführer nichts gegen mich einzuwenden hat. Jedoch unser Gefechts- und Sportlehrer. Gerade der Sport hat hier außerordentlich viel zu sagen, und ich kann hier meinen Mann nicht so stehen, wie ich möchte. Dafür könnte ich jedoch kaum verantwortlich gemacht werden, du kennst ja meinen Gesundheitszustand, doch ich bin k. v.,[79] und deshalb wird alles so verlangt wie bei jedem anderen. Es ist dies sehr schwer und schmerzlich für mich, denn was musste ich nun schon alles auf mich nehmen, nur wegen meiner vielen Krankheiten, dabei erfordert hier bestimmt alles von mir mehr Energie wie von einem anderen.

Verloren ist noch nichts, doch wird von mir in der nächsten Zeit natürlich noch mehr verlangt. Ich werde mein Möglichstes tun, doch Du kannst Dir vorstellen, dass mich so etwas sehr mitnimmt. Denn wäre ich noch der Kerl wie vor einem Jahr, so wäre mir die Kriegsschule bestimmt sehr leichtgefallen. Alles Weitere

79 Kriegsverwendungsfähig

wird sich in den nächsten 4 Wochen entscheiden. Denk recht lieb an mich, mein liebes Mütterlein, denn ich möchte unter allen Umständen Oberfähnrich werden. Diese Zurücksetzung meinen Kameraden gegenüber würde mich sehr treffen. Behalte aber bitte alles für Dich, was ich Dir hier schreibe, wollte eigentlich Dich mit solchen Dingen nicht belasten, doch ich muss es mir von der Seele reden, hab ja hier keinen Menschen, den ich ansprechen könnte. Meinen Kameraden war es unbegreiflich, dass ich nicht befördert wurde, sie wissen alle, wie ich mich zusammennehme, dies ist mir ein gewisser Trost.
Herzlichst grüßt und küsst Dich und Sigi
Dein Heinz

Als Heinz am 10. Oktober seinen Brief schrieb, wusste er noch nicht, dass zwei Tage zuvor ein schwerer britischer Bombenangriff, ausgeführt von 342 Lancaster-Bombern, auf Stuttgart niedergegangen war. Diesmal nicht nur auf einige Ziele in der Innenstadt wie den Hegelplatz, die Liederhalle und die Tübinger Straße, sondern auch auf Degerloch. Es gab nun auch dort Tote und zerstörte Häuser. Der Begriff Heimatfront wurde in einer neuen Weise greifbar.

Heinz' Angst um sein Zuhause und um seine Lieben muss groß gewesen sein: Zu der gewaltsamen Trennung von seiner Familie mit 18 Jahren, zur nun schon mehr als vier Jahre dauernden Auflösung seines persönlichen Lebens durch den Dienst als Soldat, kam nun die Bedrohung seiner Wurzeln. Es war zu seinem Lebensziel als Soldat geworden, eines Tages wohlbehalten wieder nach Hause zu kommen, zurück in die Überreste der heilen und behüteten Welt seiner Kindheit, und von dort aus ein Leben als Familienvater aufzubauen. Dieser Gedanke gab ihm Kraft zum Weiterkämpfen. Die Zerstörung seines Zuhauses, der Zerfall seiner Familie, womöglich auch noch der Verlust Idas hätten die völlige Auflösung seiner bisherigen Identität bedeutet.

Milowitz, den 11. Okt. 1943

Lieber Vater, liebe Geschwister!

Bin sehr in Sorge, wie es Euch geht. Habe gestern ein Telegramm erhalten, und zwar von Alfred[80] abgeschickt. Ich vermute, dass er eben gerade in Degerloch war und dann eventuell über seine Dienststelle dieses Telegramm aufgeben konnte. Es lautete: »Zu Hause nur kleine Schäden; Angehörige alle gesund – kein Grund zur Besorgnis.« Ich hoffe, dass die sogenannten kleinen Schäden nicht allzu groß sind. Ich hoffe, bald Näheres zu erfahren. War im ersten Moment sehr erschreckt, doch dann fasste ich das Telegramm mehr als Beruhigungsnachricht auf, und hoffentlich sollte es dies auch sein.

So war Stuttgart das Ziel der feindlichen Flieger. Mutti war ja zu dieser Zeit noch daheim, frage mich, ob sie trotzdem heute nach Leutkirch abreisen konnte. So ist ihr diese Aufregung doch nicht erspart geblieben; es ist nun ernst, und ich bin in Gedanken immer bei Euch, wie schnell bricht so ein Unheil herein, und ich konnte Euch gar nicht beistehen.

Schreibt mir bitte bald genauer, bin so sehr in Spannung, bis ich Nachricht erhalte.

Bin sehr müde und werde mich gleich schlafen legen.

Es grüßt und küsst Euch herzlich
Euer Heinz

17. Oktober 1943

Lieber Vater, liebe Geschwister!

Vielen herzlichen Dank für Deinen großen Brief, liebe Nanna, welcher mir über alles Geschehene ausführlich Auskunft gab. War nach dem Telegramm von Alfred sehr in Sorge, denn ich dachte, irgendetwas müsste vorgefallen sein, denn ein Telegramm bedeutet doch immer etwas. Am Dienstag erreichte mich dann ein Brieflein von Mutter, in welchem sie mir dann Eure herrliche Bewahrung mitteilte. Wir durften wirklich dankbar sein, dass Ihr so behütet wurdet, die Schäden können ja wieder behoben werden. Die liebe Mutti tut mir so leid, dass sie diese Schreckens-

---

80 Freund und Nachbar, auch Soldat

nacht miterleben musste, doch nun ist sie ja wieder in Sicherheit, Euch wird dies auch eine große Beruhigung sein. Das Beatle tut mir auch etwas leid, sie hat es scheint's nicht besonders gut getroffen, vielleicht gibt es sich aber noch. Ich glaube, sie ist etwas verwöhnt, wenigstens was ihre Selbstständigkeit anbetrifft. Daheim konnte sie sich ihr Leben ganz nach ihrem Gutdünken einrichten.

Es ist traurig, wie unser schönes Stuttgart zugerichtet wurde. Ihr werdet dauernd in Unruhe und Sorge sein wegen weiteren Angriffen, wenn ich Euch nur mit Rat und Tat zu Hilfe eilen könnte. Ich könnte bestimmt wieder manches in Ordnung bringen. Mit Handwerksarbeiten wird es schlecht bestellt sein. Es ist nett von Alfred, dass er Euch zu Hilfe eilte.

Lieber Vater! Wie mir Magda schrieb, fühlst Du Dich gar nicht wohl. Dein Herz ist sehr angegriffen, und ich glaube, dass Du einfach überarbeitet bist, dazu die dauernden Sorgen und Aufregungen, es ist halt eine schwere Zeit. Ich bitte Dich herzlich, Dich doch so sehr als möglich zu schonen, denn wir alle wollen doch noch recht lange unsere lieben besorgten Eltern behalten. Es ist für Dich halt auch viel, von einem Ort zum anderen zu eilen, die liebe Mutter ist auch nicht hier, und Deine Familie ist ganz auseinandergerissen.

Mutti schrieb mir, dass Ihr lieben Schwestern Euch recht tapfer verhalten habt; Ihr seid nun auch Soldaten geworden. Ich spreche Euch meine ganze Anerkennung aus, und nun pflegt Euren lieben Vater recht gut, dass er bald wieder ganz gesund wird.
Innigst grüßt und küsst Euch alle
Euer Heinz

Milowitz, den 17. Oktober 1943

Mein liebes Mütterle!

Ich bin so froh, dass Du wieder nach Leutkirch zurückgekehrt bist. So seid Ihr alle mitten in die Schrecken des Krieges hineingestellt und müsst wie die Soldaten an der Front die Gefahren mitmachen. Ich freue mich, dass meine Schwestern so tapfer sind, denn sie sind nun doch ganz auf sich gestellt. Es ist die ganze Familie auseinandergerissen, es ist für Dich nicht leicht, all diese Sorgen zu tragen, doch, liebes Mütterle, behalte den Kopf hoch, es wird keinem von uns ein Haar gekrümmt ohne den Willen unseres Schöpfers, halte dies jetzt in Zeiten der Not fest.

Ich danke Dir herzlich für Deine lieben Worte in Deinem letzten Brieflein. Habe mich wieder etwas beruhigt, vielleicht wird doch noch alles recht. Man soll ja nie mit seinem Schicksal hadern, es ist noch immer recht geworden. Sei also nicht so sehr in Sorge, liebe Mutti. Weißt Du, Du kannst Dich natürlich nicht in diese Verhältnisse hier hineindenken, werde Dir später mal Näheres erzählen können. Freue mich auf den Butter- und Kuchengruß.

Sehr innig grüßt und küsst Dich mit Herz
Dein Heinz

Je länger der Krieg dauerte, desto härter wurde auch das Leben der Zivilbevölkerung. Die Daheimgebliebenen mussten sich mit der Lebensmittelknappheit, den Belastungen der Kriegswirtschaft, den zunehmenden Luftangriffen und der Angst um Söhne, Ehemänner und Väter im Feld auseinandersetzen. Um die Bedeutung der Bevölkerung für den vermeintlichen Erfolg des Krieges zu unterstreichen, sprach man von der »Heimatfront«. Auch die Familienmitglieder zu Hause wurden so in die Rolle von Soldaten gezwängt, die nun also ebenfalls die soldatischen Tugenden der Härte, des Mutes und der Widerstandskraft entwickeln sollten. Auch Heinz sah das so, obwohl er um die Weltfremdheit seines Vaters, die Körperbehinderung seiner Mutter und die Kränklichkeit der meisten seiner Geschwister wusste.

In diesem Brief wird noch einmal deutlich, dass allein sein Glaube ihm half, seine Zuversicht zu bewahren. Von der Überzeugung, das Regime werde es richten, ist nichts zu spüren. Auch wenn es an der Militärschule sicher oft darum ging, genau das an die zukünftigen Offiziere zu vermitteln.

Adolf Hitlers Namen schrieb Heinz in seinen Briefen tatsächlich nur im Zusammenhang mit »Hitlerwetter« und »Hitler-Urlaub« nieder. Am 2. Februar 1941 hatte er noch eine Rede des »Führers« gelobt. Danach erwähnte er ihn gar nicht mehr.

Milowitz, den 31. Oktober 1943

Mein liebes Mütterle!

Du tust mir ja so leid, dass Du so viele Sorgen hast, welche Dich bedrücken. Ich kann Dir dabei leider so wenig helfen, nur Dich lieb trösten. Dass Dich die derzeitigen Verhältnisse bedrücken, ist mir wohl verständlich, Du bist in Leutkirch in Sicherheit und wärst daheim doch so dringend notwendig, und Du stehst dieser Tatsache hilflos gegenüber. Dass Vater daheim Deine Stellung nicht so ausfüllen kann, wie Du es für nötig erachtest, ist für Dich ebenfalls eine Sorge, doch liebe Mutti, Du weißt, dass Vater völlig Theoretiker und in Dingen des praktischen Lebens einfach nicht bewandert ist, dazu hat ihm ja das Schicksal eine starke, energische Frau an die Hand gegeben, welche ihm in all diesen Dingen behilflich ist. Vater wäre ohne Dich nie das geworden, was er heute ist, und das weiß er auch. Dass Du dabei manches hinnehmen musstest, ist Dein Schicksal. Doch Deine Kinder werden Dir immer danken für all das, was Du für uns durchgesetzt hast, und wie schön unsere Jugend insbesondere durch Deine gütige Hand gestaltet wurde. Dabei habe ich persönlich vor Vater alle Hochachtung, und ich glaube beinahe, dass ich nie bis zu seinen geistigen Höhen vordringen werde. Seinem innerlich hochfliegenden Geiste werden wir alle nur schwer nachkommen. Leider bewegt er sich dadurch auf einer Ebene, auf welcher die Erfordernisse des täglichen Lebens keine Bedeutung haben. Dies ist für Dich als praktische Frau und Mutter schmerzlich, doch liebste Mutti, unser Vater kann durch seine Art und Begabung sicherlich nicht so hineinfinden, wie Du dies möchtest. Allerdings hast Du das Recht und die Pflicht, ihn zu ermahnen und sein Denken auf Dinge hinzulenken, welche er übersieht. Es wäre aber für Deine Kinder das Schmerzlichste, was ich mir denken könnte, wenn Ihr durch solch äußerliche Dinge innerlich leiden würdet und Eure Einheit einen Riss bekäme. Gerade in der jetzigen schweren Zeit muss sich ja unser Zusammengehörigkeitsgefühl verstärken. Was hätte ich denn noch für Freude auf der Welt ohne Eltern und Geschwister, abgesehen davon, dass ich nun noch Ida habe, und so ist es doch bei jedem von uns; Du siehst selbst am besten, wie schwer es ist, wenn man sich verlassen vorkommt. Deshalb möchte ich Dich bitten, liebste Mutti,

diese Dinge nicht so schwer zu nehmen; wir haben so viel zu danken, dass wir noch alle am Leben sein dürfen, gegenüber diesen großen Zeitereignissen müssen wir innerlich stark und tapfer bleiben; vergiss auch nicht, dass wir jemanden haben, der all unsere Sorgen mildern kann, Dein Glaube wird Dir auch in diesen Dingen ein Tröster sein. Dein Sohn möchte Dir auch immer ein lieber Tröster und Berater sein.
Innigst grüßt und küsst Dich
Dein Heinz

Unter dem enormen Druck kriselte es selbst bei einem so eisern verheirateten Paar. Doch Heinrich und Magda Meyer sind bis zum Ende ihrer Tage eng verbunden geblieben. Heinrich starb zuerst – im Juli 1975. Seine Frau folgte ihm acht Monate später. Er hatte sie jahrelang täglich in einem Pflegeheim besucht. Beide wurden jeweils fast 84 Jahre alt.

Milowitz, den 8. November 1943

Mein liebstes Mütterle!

Wieder ist ein Sonntag vorbei, bin Samstagmittag nach Prag gefahren und gestern Abend zurückgekommen. Am Samstagabend war ich in einem Sinfoniekonzert, es war sehr schön. Ich freue mich so sehr auf ein baldiges Wiedersehen. Ich glaube, nach Leutkirch kann ich kaum kommen, eventuell bekomme ich nur 8 Tage Urlaub. Vor Ende November und Anfang Dezember komme ich ja nicht, eventuell könntest Du dann sowieso daheimbleiben, denn dann steht ja das Weihnachtsfest vor der Türe, dies möchtest Du doch bestimmt nicht in Leutkirch feiern. Wie sich mein Wiedersehen mit Ida gestaltet, weiß ich noch nicht so richtig. Sie schrieb mir, ich sollte doch einige Tage mit nach Bingen fahren. Ich habe nur Bedenken, dass ihre Eltern zu sehr an ihren Bruder erinnert werden und der Schmerz dann von Neuem aufbricht, was meinst denn Du, liebe Mutti? Weißt Du, wiedersehen muss ich Ida auf alle Fälle, das kannst Du Dir ja denken. Seit Ida wieder im Lazarett arbeitet, wird sie noch viel mehr an mich erinnert, denn die Tage in Stuttgart kommen wieder in

Erinnerung. Bald ist es ein Jahr, seit wir einander unsere Liebe gestanden haben, es war Ende November. Weißt Du noch, liebes Mütterle, wie ich Dir damals mein Liebesmärchen erzählte? So liebe Worte sagtest Du mir darauf, werde dies immer in Erinnerung behalten. Viele glückliche Stunden durfte ich seither erleben, doch auch manche Stunde der Sehnsucht und des Schmerzes musste ich überwinden. Immer standest Du an meiner Seite und hast an meinem Glück und auch an schweren Stunden teilgenommen. So wie Du mir beistehst, so möchte ich auch Dir beistehen und Dir alle Deine Sorgen tragen helfen. Vieles haben wir einander zu erzählen, wenn ich in Urlaub komme. Was macht mein liebes Bruderherz? Wenn ich in Urlaub bin, musst Du ihn unbedingt mitbringen, mein Siegerle muss ich sehen, wie er in Leutkirch gediehen ist. Wie schön wäre es, wenn wir alle beisammen wären.
Für heute grüßt und küsst Dich von ganzem Herzen und das liebe Siegerle
Dein treuer Heinz

Milowitz, den 10. November 1943

Lieber Vater!

Ich freue mich, dass es Dir ordentlich geht, und vor allen Dingen freut es mich, dass Du gewillt bist, Dich zu schonen. Als Ursache Deines Zusammenbruchs ist doch bestimmt Deine Arbeitsüberlastung und die dauernden Aufregungen anzusehen. Ach, lieber Vater, Du weißt ja selbst, wie nötig wir Dich alle brauchen, wir sind ja alle noch nicht so selbstständig, dass wir unsere lieben Eltern entbehren könnten, und deshalb musst Du alles tun, um eine weitere Überlastung Deiner Gesundheit zu vermeiden. Wenn Du gar nicht mehr kannst, dann wäre ja der Prüfungsanstalt überhaupt nicht mehr gedient, so kannst Du doch dann das Nötigste wieder erledigen. Ich habe von Kameraden gehört, dass nun auch die alten Jahrgänge gemustert werden, so musst Du Dich also auch vorstellen. Bin gespannt, wie es Dir da ergeht, hoffentlich fällt alles zu Deiner Zufriedenheit aus.

Kann mir denken, dass es für mich daheim allerhand zu tun gibt, doch konnte ich von hier aus leider keinen Fliegergeschädig-

tenurlaub eingeben. Es ist ja wichtig, dass das Dach nun wieder gedeckt ist. Wäre allerdings gerne mal ein Weilchen an Deinem Bett gesessen, alleine die Ruhe würde mir guttun. Weißt Du, hier werden die Nerven furchtbar beansprucht, man sehnt sich mal in eine stille Umgebung, wo man sich selbst gehört. Du fragst mich, inwiefern es mir nicht nach Wunsch ging. Werde Euch dies alles in meinem Urlaub erzählen. Ich werde das Lehrgangsziel nicht so erreichen, wie ich wollte, warum nicht, das kann ich brieflich nicht erörtern. Es ist für mich persönlich sehr tragisch und hart, doch ich muss mich damit abfinden. Vielleicht trägt es dazu bei, mich wieder zu dem Menschen zu machen, der ich vor meinen Krankheiten war. Du sollst Dir jetzt absolut keine Sorgen machen, ich werde deshalb trotzdem Offizier, nur kann es noch einige Zeit dauern. Ich hoffe ja, bis in 14 Tagen bei Euch zu sein, da werdet Ihr alles Nähere erfahren.
Es grüßt und küsst Dich herzlich
Dein Heinz

Die Familie Meyer war – bis auf Elfriede – ständig leidend, kränklich und schonungsbedürftig. Fast permanent musste sich jemand erholen, und Heinz formulierte notorisch seine Freude darüber, dass jemand sich endlich ausruhen konnte, und schickte eine ungeheure Serie von Besserungswünschen.

Je länger der Krieg dauerte, desto mehr galten die Besserungswünsche seinem Vater. Warum aber war der Vater immer so extrem schonungsbedürftig und so kränklich? Er mag von anfälliger Natur gewesen sein, obwohl er dann doch ein für damalige Verhältnisse hohes Alter erreichte. Und er hörte, genau wie seine Frau, am liebsten auf den Rat des Heilpraktikers, der nach pietistischer Art überzeugt war, dass bei Störungen sich die Natur schon selber helfen werde und man sie nur dabei unterstützen müsse. Dieser Umgang verlängerte so manche Erkrankung.

Heinrich Meyer war zudem im Verlauf des Krieges beruflich immer stärker gefordert. Von 1939 an wurden ständig Beamte abgezogen, zum zivilen Einsatz in den eroberten Gebieten und zum militärischen Einsatz in der Wehrmacht. Am Kriegsende waren nur noch Vater Meyer und ein Fräulein Schneider im Amt übrig geblieben. Von 26 männlichen Beamten und Angestellten der Württembergischen Prüfungsanstalt waren 10 im Krieg zu Tode gekommen. Er war permanent überlastet.

Möglicherweise war das ständig Leidende während der Kriegsjahre aber auch Ausdruck einer inneren Zerrissenheit zwischen seiner demütigen Frömmigkeit und dem Gefühl der Ohnmacht angesichts der wachsenden Schrecken des Krieges, der Bedrohung seiner Familie und besonders der seelischen Qual und der physischen Gefahr, denen sein geliebter Sohn ausgesetzt war.

Heinrich Meyer senior, geboren 1891 in Leutkirch, sagte von sich selbst, dass er früh zu Gott gefunden habe und sein Leben betrachte als ein Leben in der Nachfolge von Jesus Christus. Pietisten stehen zwar bis heute der evangelischen Amtskirche skeptisch gegenüber, doch die Brudergemeinschaft spaltete sich nicht ab, Heinrich Meyer und seine Familie gehörten auch zur evangelischen Gemeinde, die im Nationalsozialismus kein gutes Bild abgab. Allerdings hatte der Vater sich wegen Kinderreichtums von der Kirchensteuer befreien lassen.

Aus heutiger Sicht wirkt es absurd, dass die christlichen Kirchen als Organisationen keinen Widerstand leisteten, um ihre fundamentalen Werte gegen Adolf Hitlers Gewaltregime zu verteidigen. Stattdessen kooperierten sie. Die evangelische Kirche schloss zum Beispiel als Folge des »Arierparagraphen«, den die Nazis für Beamte verhängten, Pfarrer mit jüdischen Vorfahren aus ihren Diensten aus. Widerstandsgruppen wie die »Bekennende Kirche« blieben verhältnismäßig klein.

Auch die Württembergische Landeskirche machte sich mit Hitler gemein. Am 20. Mai 1938 ordnete der Oberkirchenrat Stuttgart an, dass alle Pfarrer und Kirchenbeamten eine Treueverpflichtung gegenüber Adolf Hitler abzulegen hätten: »Ich gelobe: Ich werde dem Führer des Deutschen Reichs und Volkes, Adolf Hitler, treu und gehorsam sein, die Gesetze beachten und meine Amtspflichten gewissenhaft erfüllen, so wahr mir Gott helfe.«

Wie Vater Meyer darüber dachte, ist nicht überliefert. Die Bibelstellen im Neuen Testament, die es einem Christen verbieten, einen solchen Eid abzulegen, muss er aber eigentlich parat gehabt haben.

»Ich aber sage euch, dass ihr allerdings nicht schwören sollt… eure Rede aber sei ja, ja, nein, nein. Das darüber ist, das ist von Übel.« (Matth. 5, 34ff.)

Oder: »Vor allen Dingen aber, meine Brüder, schwöret nicht ..., auf dass ihr nicht unter das Gericht fallt.« (Jak. 5, 12). Der modernisierte Text, wie ihn Heinrich Meyer allerdings noch nicht kannte, lautet: »... auf dass ihr nicht in Heuchelei fallet.«

Es gab in Württemberg eine Sammlung junger Pfarrer, die sich gegen diese Verpflichtung aussprachen, die »kirchlich-theologische Sozietät«. Sie argumentierten, dass die Bekenntnisse des Evangeliums einen solchen Eid nicht möglich machten, doch ihre Argumente wurden nicht akzeptiert. Einer von ihnen, Pfarrer Hermann Diem aus Ebersbach an der Fils, verlor sogar vorübergehend sein Amt, weil er seine Weigerung von der Kanzel herab bekannt gemacht hatte. Er gehörte später zu der württembergischen »Pfarrhaus-Kette«, die von 1943 an in einem Wechselsystem verfolgte Juden versteckte.

Die Mehrheit der Pfarrer in Württemberg aber schwor den Eid, genau wie 80 Prozent aller evangelischen Pfarrer in ganz Deutschland.

Vater Meyer, der sich für einen Berufenen hielt, glaubte eigentlich, über solchen Fragen zu stehen, und flüchtete sich in die Ideen von Gottes unerschütterlichem Ratschluss. Doch auch ihm, einem Bildungsbürger und Zeitungsleser, musste klar sein, wie sehr das Naziunwesen seinen frommen Idealen zuwiderlief. Johann Michael Hahn, seine geistige Inspiration, vertrat klar die Ansicht, dass alle Menschen auf der Welt brüderlich miteinander leben sollten. Rassenideologie und Judenhass passten dazu nicht. Heinrich Meyer stand also vor einem sich immer weiter öffnenden Abgrund. Es ist denkbar, dass er durch seinen Beruf, in dessen Rahmen er die Finanzen der Gemeinden prüfen musste, sogar gewisse Einblicke in die Bürokratie der Judenverfolgung erhielt. Einzug von Vermögen, Verkauf von Mobiliar und Fluchtsteuer waren vielfach in den Akten dokumentiert.

Es muss ihm auch immer klarer gewesen sein, dass sein Sohn auf einen Opfergang für eine schreckliche Sache geschickt wurde. Dass alles falsch war, was geschah. Still und stumm hielt der Vater aus, betete, interpretierte Bibelstellen und versah mit Akribie seinen Posten als Beamter auf Lebenszeit. Sein Körper aber scheint auf die inneren Widersprüche reagiert zu haben. Sein Herz ertrug den Zwiespalt wohl nicht.

Wie bereits früher erwähnt, verbot es ihm seine religiöse Überzeugung, in die NSDAP einzutreten, er beharrte zudem auf korrektem

Beamtentum auch gegenüber Nazis und musste dadurch Nachteile ertragen. Doch er sah sich nicht in der Pflicht, sich zumindest gegenüber der evangelischen Amtskirche gegen die Naziideologie zu positionieren.

Dietrich Bonhoeffer charakterisierte eine solche Verhaltensweise in seiner »Rechenschaft« sehr harsch: »Auf der Flucht vor der öffentlichen Auseinandersetzung erreicht dieser oder jener die Freistatt einer privaten Tugendhaftigkeit. Aber er muss seine Augen und seinen Mund verschließen vor dem Unrecht um ihn herum. Nur auf Kosten eines Selbstbetruges kann er sich von der Befleckung durch verantwortliches Handeln rein halten. Bei allem, was er tut, wird ihn das, was er unterlässt, nicht zur Ruhe kommen lassen. Er wird entweder an dieser Unruhe zugrunde gehen oder zum heuchlerischsten aller Pharisäer werden.«

Doch wer will Vater Meyer heute, da die politische Courage in Deutschland nicht mehr auf solche lebensgefährlichen Proben gestellt wird, für seine Zurückhaltung anklagen?

Heinrich Meyers Ergebenheit und weltfremde Hinwendung zum Geistigen war für seine Frau nicht immer leicht zu ertragen. Magda Meyer senior bewies im Alltag oft größeren Realitätssinn als ihr Mann. Ihr wichtigstes Ziel waren nicht immer die pietistischen Ideale, sondern ein warmes Nest der Geborgenheit für ihre Kinder – und etwas Gutes auf dem Tisch. Doch sie war auch empfänglicher für die NS-Propagandatricks. Im Jahr 1940 lobte sie eine Rede Adolf Hitlers, in der dieser gebrüllt hatte: »Es kann nicht anders sein, wir müssen siegen, und wir werden siegen, und wenn die Welt voll Teufel wär.« Es überzeugte sie wohl, dass er eine Zeile aus dem evangelischen Kirchenlied *Ein feste Burg* in seine Rede eingebaut hatte. Dass es sich um Missbrauch handeln könnte, wenn der katholisch getaufte Hitler sich für seine Kriegspropaganda aus einem Kirchenlied des Reformators Martin Luther bediente, kam ihr da noch nicht in den Sinn.

Prag, den 13. Nov. 1943

Mein liebes Mütterle!

Wieder ist es Samstag, und ich verbringe das Wochenende in Prag. Habe ein Hotelzimmer, und ich freue mich schon auf das weiche Bett. Eben habe ich mir ein Bad bestellt, und anschließend will ich mich mal gründlich ausschlafen. Von Freitag auf Samstag machten wir eine Nachtübung, so bin ich heute reichlich müde.

Ich danke Dir herzlich für Dein liebes Briefle vom 5.11. Ich bin froh, dass Dir meine Zeilen ein wenig Freude brachten. Du weißt, liebes Mütterle, dass ich immer bestrebt bin, Deine Sorgen möglichst mit Dir zu teilen.

In der Zwischenzeit ist es Sonntagmorgen geworden. Habe geschlafen bis 10 Uhr, und nun gehe ich zum Frühstück. Bald wird die Zeit vorbei sein, in der ich samstags nach Prag fahre. Vermutlich ist es schon das letzte Mal. Es ist nun folgendermaßen: Ich werde hier als Feldwebel abgehen, während ein großer Teil sofort Leutnant wird. Ich habe damit die Aussicht, in kurzer Zeit bei der Truppe, also im Feld, Leutnant zu werden.

Somit ist meine Feldabstellung in nächste Nähe gerückt. Sei nur nicht traurig, liebes Mütterle, es kommt alles so, wie es kommen muss. Es ist bitter für mich, jetzt noch nicht Offizier zu werden, doch ich habe mein Möglichstes getan. Schuld daran war mein körperlicher Zustand, es wurde darauf keinerlei Rücksicht genommen. Mein Schicksal teilen natürlich noch mehr Kameraden.

Da ich Dir erst im Lauf der Woche irgendeine Auskunft wegen Urlaubs mitteilen kann und es sich natürlich nur um 6–8 Tage handelt, solltest Du Dich bereit machen zum Heimfahren, da Dir dann nicht mehr viel Zeit bleibt.

Sollte Ida überhaupt nicht frei bekommen, so würde ich natürlich über Freiburg nach Fulda fahren, dies bringt natürlich Schwierigkeiten mit sich, doch vor meiner Abstellung muss ich sie nochmals wiedersehen. Es ist zu dumm, dass sie gerade jetzt versetzt wurde.

Ich möchte also nochmals klar zusammenfassen. Solltest Du keine Nachricht mehr bekommen, so fahre am Freitag oder Samstag nach Stuttgart. Sollte ich dann erst am Montag kommen, so lässt sich das nicht ändern. Wenn ich aber schon am Freitag ankomme und Du erhältst am Samstag eventuell meine Nachricht, wäre es doch schade, wenn Du erst am Sonntag daheim ankommen würdest. Wir wollen hoffen, dass kein Fliegerangriff kommt.

Ich freue mich so sehr, bis ich wieder bei Euch bin.
Herzlich grüßt und küsst Dich
Dein Heinz

Heinz verbrachte ein paar Tage Urlaub in der Heimat. Da er wusste, dass ihm die Abstellung an die Front bevorstand, verlobte er sich am letzten Abend mit Ida. Das Einverständnis von Idas katholischen Eltern stand noch aus.

Fulda

Fulda, den 3. Dezember 1943

Lieber Vater, liebe Geschwister!

Heute bin ich bereits wieder 2 Tage in Fulda, doch meine Gedanken sind noch daheim. Kam mit einiger Verspätung morgens um 2:30 Uhr hier an. In Heidelberg, wo Ida umsteigen musste, kamen wir fahrplanmäßig an, doch ihr Zug hatte 70 Min. Verspätung gemeldet. Ich hoffe, dass sie wohlbehalten in Freiburg angekommen ist.

Von meiner Abstellung hörte ich bis jetzt noch nichts; könnte es hier schon noch einige Zeit aushalten. Gestern war Fliegeralarm, doch kamen keine Flugzeuge.

Ich möchte Euch allen von Herzen danken für all die schönen Stunden, welche ich daheim erleben durfte. Ich bin innerlich so glücklich, und auch mein Abschied von Ida war von dieser Glücklichkeit getragen, wir konnten nicht traurig sein. So habe ich die feste Hoffnung, dass wir uns in absehbarer Zeit alle gesund wiedersehen dürfen.

Ich hoffe, dass es Dir lieber Vater ordentlich geht, der Umtrieb in den vergangenen Tagen war doch etwas viel für Dich.

Liebe Christa! Ich habe ein Essbesteck vergessen. Schicke bitte Messer und Gabel, aber nicht Silber, ich hatte im August ein Besteck aus Fulda mitgebracht. Außerdem ein kleines Handtuch, möglichst dringend.

Es grüßt und küsst Euch herzlich

Euer Heinz

Ich habe auf dem Klavier meine Kriegsschulhefte liegen lassen, tu doch bitte alles in meinen Sekretär, auch Kordel für Mütze (es sind 3 Mappen und glaube ich 3 Hefte und Aufzeichnungen). War halt etwas durcheinander, dies ist sehr umständlich, aber Edda, sei so lieb.

Fulda, den 4. Dez. 1943

Mein liebes Mütterle!

Nun bin ich bereits 3 Tage wieder in Fulda, und Du wirst in der Zwischenzeit auch wieder in Leutkirch eingetroffen sein. Auch Dir wird unser Wiedersehen wie ein kurzer, schöner Traum vorkommen. Ich glaube, dass Du auch schweren Herzens wieder von daheim Abschied genommen hast, doch das liebe Siegerle war bestimmt wieder Dein kleiner Sorgenbrecher, hoffentlich hat er sich wieder ganz erholt.

Liebe Mutti, meine Gedanken sind natürlich bei meiner lieben Braut. Ich bin wirklich sehr glücklich und froh, dass ich nun diesen Schritt getan habe. Ich möchte Dir von Herzen danken für alle Liebe und alles Wohlwollen, welches Du mir entgegengebracht hast. Weißt Du, liebes Mütterle, diese Tage werden mir immer unvergesslich bleiben, an ihnen kann ich mich wieder aufrichten, wenn mal wieder schwere Tage kommen sollten. Und dadurch, dass Du meine liebe Ida nun in Dein Herz geschlossen hast, glaube ich, dass das Band nur noch enger wird, welches uns umschließt. Du bist und bleibst doch immer meine liebste Freundin und Beraterin, gelt, Mütterle, Du bist gar nicht traurig.

Es grüßt und küsst Dich und den lieben Sigi von Herzen
Dein Heinz

Gestern habe ich an Idas Eltern geschrieben.

Fulda, den 9. Dezember 1943

Lieber Vater!

Gestern wurde ich neu eingekleidet fürs Feld mit meinen anderen Kameraden zusammen. Wir bekommen eine ganz ordentliche Ausrüstung, auch Winterkleidung, sogar eine Schneebrille. Heute Mittag haben wir Appell, und dann kann ich jederzeit mit meiner Inmarschsetzung rechnen. Beim Bataillon ist noch nichts bekannt, da der Befehl vom Regimentskommando kommt. Ich hoffe, noch einige Tage hier zu sein, auf alle Fälle gebe ich Euch vor meiner Abfahrt Nachricht. Meine Gedanken sind noch bei Euch daheim, die Erinnerung an meine schönen Urlaubstage nehme ich mir als Weihnachtsgeschenk mit hinaus ins Feld. Ich weiß, dass ich nicht allein gehe, sondern dass mich Eure Gebete und Gedanken begleiten und mir der Glaube und die Hoffnung ein fester Halt sein werden. Ich werde mich ebenfalls jeden Abend um 21:15 Uhr einige Minuten mit Euch in Gedanken verbinden und den lieben Gott bitten, dass ich Euch gesund wiedergeschenkt werde. Habe meiner lieben Braut ebenfalls davon geschrieben, ein weiteres liebes Herz wartet ja so sehnsüchtig auf den Tag meiner Wiederkehr.

Sollte ein Füllhalter aus Holz eintreffen, so bekommt diesen Mutti zu Weihnachten von mir.

Ich hoffe, dass es Dir ordentlich geht.

Euer Heinz

Ich fahre heute Nachmittag ab. Die Abstellung ist nun ganz schnell gekommen. Ich bin in Gedanken bei Euch. Denkt an mich. Ich lasse alle Post an die Heimatadresse zurückschicken. Wartet, bis meine Anschrift kommt.
Es grüßt und küsst Euch
Euer Heinz[81]

Fulda, den 10. Dez. 1943

Mein liebes Mütterle!

Sollte eigentlich schon heute Nachmittag wegfahren, doch sind meine Papiere noch nicht vollständig, so muss ich noch warten. Ich fahre noch heute Abend oder morgen früh. Ich werde zu meinem alten Regiment versetzt, ich will sehen, dass ich einige alte Kameraden wiederfinde, vielleicht auch Martin Bergel. Vielleicht kann ich über Krakau fahren und Onkel Carl grüßen.

Liebstes Mütterle, meine Gedanken sind in diesen Abschiedsstunden bei Euch. Ich könnte nicht sagen, dass ich sehr traurig wäre, sieh, Mütterle, das Schicksal schreitet weiter, wer weiß, was es für uns bereithält. Ich habe ja meinen Glauben im Herzen, der mir sagt, dass mein Schicksal von Gott geleitet wird, und ich fühle mich in den besten Händen geborgen. Wir wollen nicht kleinmütig werden. Wie wunderbar wurde ich in der vergangenen Zeit geleitet, und daran wollen wir uns aufrichten.

81 Am Rand des Bogens, offenbar früh am 10. Dezember geschrieben

Ich bin ganz gut ausgerüstet, sodass ich schon einige Kälte aushalten kann. Habe 2 Pullover gefasst, sodass ich mit meinem eigenen 3 habe. Weiter neue große Stiefel, so kann ich immer 2 Paar Socken anziehen und noch Sohlen mit Kaninchenfell einlegen. Weiter habe ich ein Leibband und Kopfschützer, dazu eine Schneebrille. Fäustlinge bekam ich auch, habe natürlich allerhand zu schleppen, muss mein Gewehr mitnehmen für unterwegs. Meine 2 Kameraden auf der Stube sind schon weg. Sie kommen zu einem anderen Regiment. Ich fahre zusammen mit meinem Oberfeldwebel, auch Fahnenjunker, ein sehr netter Mann. Lange werde ich nun keine Post erhalten, dies ist mir natürlich arg, doch kann ich wenigstens schreiben, so seid Ihr doch nicht so in Sorge. Werde Euch auch unterwegs Nachricht geben.

In der Zwischenzeit ist es bereits der 11. geworden, es ist jetzt ¾ 1 Uhr. Das Bataillon wartet noch auf den Namen meiner Frontleitstelle, dieser kommt von Frankfurt. Bis jetzt ist er noch nicht da. Entweder fahre ich noch heute 13:50, andernfalls später.

Heute Nacht habe ich noch heimtelefoniert. Elle und Christa waren am Apparat, es war schon 1 Uhr. Ebenfalls habe ich Ida angerufen. Um ½ 2 Uhr kam die Verbindung zustande. Leider wurde sie direkt aus dem Bett geholt, doch ging früher das Gespräch einfach nicht durch. Denke Dir, Ida hat ab 18. Urlaub und wäre somit bereits heute in 8 Tagen nach Fulda gekommen. Es hat mir die Stimme verschlagen, wie sie mir das sagte, doch das Schicksal ist manchmal hart, was würde ich geben, wenn ich nur noch einige Tage zusammen mit ihr verbringen könnte. So wird sie nun heimfahren und lieb an mich denken.

Ich habe mich hier auf dem Bataillon wegen meiner Verlobung erkundigt. Zur Verlobung benötige ich keine Genehmigung. Ich muss nur noch das Einverständnis von Idas Eltern haben, dann ist die Verlobung auch äußerlich in Ordnung. Ich bin so froh, dass dies nun so gekommen ist, weißt Du, Mutti, wir sind so unendlich glücklich miteinander.

Werde dies Brieflein einwerfen, sobald meine Abfahrtszeit feststeht, sonst machst Du Dir Gedanken, ob ich wohl noch in Fulda bin usw.

Innigst grüßt und küsst Dich und den lieben Sigi
Dein Heinz

Das Ferngespräch von Frankfurt ist nun durchgekommen, ich fahre heute Abend 21:16 Uhr hier ab.
Viele innige Küsslein
Dein Heinz

Fulda, den 11.12.1943

Lieber Vater und Geschwister!

Mein Regiment liegt vermutlich in der Nähe von Schitomir,[82] die Lage soll im Augenblick dort ganz ordentlich sein. Ich schicke anbei meinen Kofferschlüssel und den Aufgabebeleg, habe ihn als Expressgut abgeschickt und mit 1000 RM versichert.

Euch allen ein recht schönes Weihnachtsfest, denkt fest an mich, meine Gedanken sind immer bei Euch.
Euch allen recht herzliche Grüße und einen lieben Kuss
Euer Heinz

82 Schitomir/Schytomyr, 150 Kilometer westlich von Kiew

Unterwegs nach Schytomyr, heute Ukraine

Warschau, den 13.12.1943

Mein liebes Mütterle!

Seit meinem letzten Briefle habe ich schon eine weite Reise gemacht, es ist jetzt morgens 2 Uhr. Um 24:00 Uhr bin ich hier angekommen. In 2 Stunden geht es weiter nach Kowel. Bin bis jetzt ganz gut gereist. Bin die letzte Nacht sogar in der 1. Klasse gefahren, so konnte ich im Zug etwas schlafen. Ich hatte bis jetzt in Breslau 2 ½ Std. Aufenthalt, sonst ging's immer weiter. Liebstes Mütterle, meine Gedanken fliegen den weiten Weg zurück zu Euch. Ich habe wieder das gleiche Gefühl wie damals im Frühjahr 1942, als ich nach Russland fuhr. Alles ist draußen topfeben und weiß, ein unendlicher Winter. Man kommt sich sehr einsam und verlassen vor, und mit jedem Kilometer rückt die Heimat weiter in die Ferne. Weit ist der Weg zurück ins Heimatland!

Doch ich trage das Andenken und die Erinnerung vieler wunderschöner Tage im Herzen, und so nehme ich meine Heimat mit hierher an die Front. Was sind gemessene Entfernungen gegenüber der Verbundenheit der Seelen und Gedanken. Ich weiß, dass mich mit Dir und all den Lieben ein inniges Band umschlingt, welches mich trägt und festhält, wohin mich der Weg auch führt. Du musst jetzt wieder mein tapferes Mütterle sein. Sieh, es ist für mich bestimmt auch nicht leicht, wieder hinauszugehen in die Ungewissheit.

Du weißt, wie lieb ich meine Ida habe, und mein Herzlein tut mir unsagbar weh, wenn ich ihr nun so ferne bin. Es ist wunderbar, wie ich mich mit ihr auch jetzt verbunden fühle. Sie ist immer bei mir, oft meine ich, sie würde neben mir sitzen, und ich halte stille Zwiesprache mit ihr. Habe auf der ganzen Fahrt im Zug von ihr geträumt. Es ist mir jetzt, wie wenn ich aus einem langen Traum erwachte, der damals im August begann; wie ich aus Russland herausfuhr. Alle Erinnerungen dieses schönen

Traumes steigen nun vor mir auf. Und ich erlebe in Gedanken nochmals alle schönen Stunden.

Vor mir liegt nun wieder eine schwere Zeit, doch ich gehe ja nicht schutzlos und willkürlich in mein Schicksal hinein. Eine Hand ist über mir, welche mich lenkt und beschützt. Halte dies immer fest, mein liebes, treues Mütterle.
Viele innige Grüßlein und Küsslein aus Russland sendet Dir
Dein Heinz

Was hat Heinz unterwegs und auf den Bahnhöfen gesehen? Verwundetentransporte, erschöpfte Heimkehrer, versteinerte Gesichter derer, die wieder an die Front mussten? Transportzüge mit Kriegsmaterial? Angebliche Partisanen, die am Galgen hingen? Es war schon dunkel, als er in Warschau ankam. Was hätte er gesehen, wenn er bei Licht aus dem Zugfenster hätte blicken können? In der Innenstadt hatte das Warschauer Getto gelegen. Dort hatten die Nazis Hunderttausende Juden zusammengepfercht, es diente als Sammellager für deren Deportation in das Vernichtungslager Treblinka. Nach dem Aufstand im Frühjahr 1943 wurde das Getto zerstört, Heinz hätte nur noch die Ruinen sehen können. Hat er irgendetwas davon gewusst?

Der Krieg war weit fortgeschritten. Wahrscheinlich war er an Bilder von Verwüstung, von Gehenkten, Erschossenen, Zerrissenen und Verhungerten längst gewöhnt und abgestumpft. Seiner Familie Schreckensbilder zu beschreiben hätte er angesichts der Vorschriften wohl ohnehin nicht gewagt.

Kowel, den 13.12.1943

Lieber Vater, liebe Geschwister!

Bin heute um 11 Uhr in Kowel angekommen. Ich fuhr die Strecke Breslau-Warschau-Kowel. Bin bis jetzt ganz gut gereist. Hier ist schon ganz die Stimmung der Front. Überall nur Soldaten, man kommt sich in seiner heimatlichen Gepflegtheit ganz komisch und fremd vor.

Heute Abend geht die Reise wieder weiter in Richtung Schitomir. Vielleicht treffe ich morgen schon bei der Division ein, so geht es abschnittsweise wieder ins Frontleben hinein.

Ihr könnt Euch ja vorstellen, dass ich mir komisch vorkomme. Vor 2 Tagen noch in einer zivilisierten Umgebung und nun wieder die öde russische Landschaft mit den primitiven Hütten. Die Übergangszeit jetzt ist am schwersten zu ertragen, bis ich mich wieder eingewöhnt habe.
Euch allen viele herzliche Grüße und Küsse
Euer Heinz

Berditschew, den 15.12.1943

Mein liebes Mütterle!

Wieder bin ich ein Stück weiter nach Osten gerollt und bin nun hier gelandet. Dieser Ort befindet sich etwa 200 km westlich von Kiew. Von Warschau ging die Fahrt weiter über Lublin und Chelm, wo Ida als Schwester war, nach Kowel. In Kowel ging es in der Nacht weiter, und nach circa 24 Stunden landete ich hier. Weißt Du, der Zug fährt nur ganz langsam wegen Schienen- und Bahndammgefahr, doch kam ich ohne Zwischenfall an. Heute Nacht schlief ich in einem russischen Haus. Legte mich auf 3 Stühle, es war wohl ein Bett vorhanden, doch möchte ich mir die Läuse noch ein Weilchen vom Leibe halten. Heute Morgen hab ich mich mal wieder ordentlich gewaschen und den Bart beseitigt. Heute Mittag geht die Fahrt nun weiter. Ich werde in etwa 2 Tagen bei der Division eintreffen. Sie liegt zurzeit südwestlich von Kiew in Verteidigung. Die Lage ist im Augenblick sehr günstig. Es ist hier um Kiew ein großer Kessel gebildet, und der Russe steht vor seiner Vernichtung. Vor 4 Wochen sah es hier noch schlimm aus. Ich bin guten Mutes, es wird schon alles recht werden. Habe mich schon etwas an die neue Umgebung gewöhnt, was mir allerdings nicht leichtfällt. Doch ich muss mich nun in die neue Lage hineinfinden, je schneller es geht, desto vorteilhafter ist es für mich.

Denke Dir, ich träume immer von Ida und von meinem Urlaub, ich bin halt in Gedanken immer daheim. Die Erinnerung ist nun das Schönste, was ich besitze. In ihr lebe ich und bin glücklich. Nie werde ich die Hoffnung auf eine glückliche Zukunft aufgeben.

Bald ist es Weihnachten. Es wird für Euch ein stilles Fest geben,

doch im Herzen brennt ein Lichtlein, ein kleines Hoffnungslicht. Solange mir dieses noch im Herzen brennt, bin ich glücklich.
Viele innige Grüßlein und Küsslein sendet Dir
Dein Heinz

Berditschew, oder Berdytschiw, ist eine Stadt in der Ukraine im Oblast Schytomyr (von Heinz Schitomir geschrieben) und einer der Schreckensorte des Naziterrors. Nach dem deutschen Einmarsch am 7. Juli 1941 ermordeten SS und Polizei die jüdische Bevölkerung von Berditschew, die etwa die Hälfte der damals 66306 Einwohner ausmachte, systematisch. Viele wurden am Rande des nahe gelegenen Flugplatzes umgebracht.

Aus heutiger Sicht drängt sich die Frage auf, in welcher Art »russischem Haus« die Wehrmachtssoldaten hier übernachteten und ob sie eine Ahnung hatten, was hier zweieinhalb Jahre zuvor vorgefallen war. Wieder stellt sich die Frage: Was wusste der inzwischen erfahrene Frontsoldat Heinz zu diesem Zeitpunkt wirklich?

Die Kampfmoral vieler deutscher Soldaten an der Ostfront hatte jetzt kaum mehr einen ideologischen Hintergrund. Mit dem Vormarsch der Roten Armee Richtung Westen waren sie – mit Recht – besorgt, den Sowjets könnte es gelingen, in ihren Heimatstädten in Deutschland einzufallen. Dieser Gedanke beschlich wohl auch Heinz, obwohl er – vielleicht, weil alles andere für ihn wie für viele Deutsche unerträglich schien – versicherte, »der Russe steht vor seiner Vernichtung«.

Viele Soldaten sahen es als ihre wichtigste Aufgabe an, ihre Familien und Angehörigen vor den verhassten Bolschewiken zu beschützen.

»Gott wird doch nicht Stalin die Weltherrschaft geben«, schrieb meine Großmutter an meinen Großvater, als die Lage immer kritischer wurde und sie anfing, um ein Wunder zu beten. »Das kann doch nicht sein.«

Ehemalige Sowjetunion, heute Ukraine

Russland, den 19.12.1943

Mein liebes Mütterle!

Gestern bin ich nach achttägiger Fahrt wohlbehalten bei meinem Regiment gelandet. Ich meldete mich dort und wurde gleich sehr nett begrüßt als alter Angehöriger des Regiments und meiner alten 5. Kompanie wieder zugeteilt. Das Regiment liegt zurzeit in Ruhe, circa 100 km hinter der Front. So kann ich doch die Weihnachtstage und evtl. Neujahr in Ruhe feiern, wenn auch bescheiden.

Habe bei der Kompanie noch ein paar wenige bekannte Gesichter angetroffen. Ich führe jetzt den 2. Zug. Denk Dir, Wilhelm Salfner ist bei mir im Zug, und ich wohne mit ihm zusammen; außerdem ist O. Gefr. Horki, noch einer von meinem ehemaligen Kompanietrupp, bei mir im Zug. So habe ich doch zwei Freunde in meiner nächsten Umgebung. Bergel wird wohl bald dazukommen. Mein Freund Handlofer, der alte Organisator, der damals den schönen Bunker baute, ist auch noch da. Hauptfeldwebel Höning ist verwundet. So habe ich doch wieder einige alte Gefährten um mich. Es ging wie ein Lauffeuer herum, der Heinz ist wieder da, und da kam so einer nach dem anderen an. Man freute sich, mal wieder einen von der alten Mannschaft hierzuhaben, und nun habe ich doch etwas mehr zu sagen wie damals.

Ich bin wirklich dankbar, ich hätte es nicht besser treffen können, so bin ich doch wieder bei meiner alten Kompanie, denn dorthin kommen auch die Leute aus dem Lazarett immer wieder zurück. Ich könnte ja weinen, wenn ich an all die Kameraden denke, welche nun nicht mehr am Leben sind, sehr schwere Tage haben die Leute hinter sich, auch jetzt wieder bei den Angriffen auf Kiew. Und nun das Allergrößte. Ich komme in die Schreibstube, um mich beim Kompaniechef zu melden, und da sitzt ein junger Leutnant aus Milowitz, er war in der 3. Inspektion, vom

Sehen kannten wir uns aber. Es soll allerdings noch ein älterer Kompaniechef kommen, doch vorerst führt er die K. Du kannst Dir denken, dass da nun ein gutes Einvernehmen herrscht. So muss ich wirklich sagen, es wird alles wieder recht, »der Mensch denkt und Gott lenkt«.

Liebes Mütterle, bald ist Weihnachten, und wir werden uns hier auch ein Bäumchen schmücken und recht innig an unsere Lieben daheim denken. Die Kerzlein sollen mir jedes einzelne ein Hoffnungsstrahl sein ins neue Jahr, dass ich recht bald gesund und wohlbehalten im neuen Jahr zu Euch allen zurückkehren darf. Weißt Du, liebstes Mütterle, es ist mir schon etwas bang geworden unterwegs, so vom warmen Zimmer kommend, und irgendwo in ein Erdloch vorzukriechen und dort Weihnachten zu feiern, und nun ist alles wieder anders geworden. Ich bewohne mit Salfner, Horki und einem Gefreiten eine ganz ordentliche, geräumige Hütte. Es ist da schön warm, es gibt auch Milch. Gestern Abend gab es Kartoffelbrei und ein Huhn. Heute gibt es Pfannkuchen, so leben wir ganz ordentlich, und ich bin vorerst mal ganz gut untergebracht.

Gestern wäre Ida nach Fulda gekommen, um mich zu besuchen, musste den ganzen Tag daran denken, und meine Stimmung war dementsprechend ziemlich gedrückt. Doch manchmal geht einem im Leben ab und zu was daneben. Ich muss mich nun an mein Leiblied halten: *Behüt dich Gott, es wär zu schön gewesen.* Nun ist sie gestern heimgefahren zu ihren Eltern, hoffentlich erreicht mich bald ein Brief von ihnen. Leider habe ich nun auf Weihnachten keine liebe Zeile von daheim, doch lebe ich ja noch von den Erinnerungen. Meine Gedanken sind weit weg von hier, sie sind bei Euch allen.
Viele innige Weihnachtsgrüßlein und Küsslein von
Deinem Herzensbub

Russland, den 19. Dez. 1943

Lieber Vater, liebe Geschwister!

Wir liegen in einem größeren unzerstörten Dorf südlich Kiew. Die Bevölkerung ist hier noch anwesend und wird natürlich für uns in Dienst gestellt. Sie putzen und kochen und heizen usw.

Das Wetter ist sehr ordentlich, nicht besonders kalt; tagsüber kann man sogar ohne Mantel herumlaufen. So bin ich wirklich mal wieder dankbar, wie gut ich es getroffen habe.

Heute ist der vierte Advent. Morgen Nachmittag haben wir hier evangelischen Weihnachts-Feldgottesdienst.

Euch allen herzliche Weihnachtsgrüße und einen lieben Kuss
Euer Heinz

Russland, den 22. Dez. 1943

Mein liebes Mütterle!

Wie gerne würde ich mich in ein Vöglein verwandeln und am Weihnachtsabend an Dein Fensterlein pochen. Doch da dies nicht möglich ist, werde ich in Gedanken die vielen Kilometer überbrücken und ganz lieb bei Dir sein. Zwei Tage sind noch bis zum Heiligen Abend. Meine Gedanken fliegen zurück in unsere Jugendzeit. Wie haben wir immer die Bescherung herbeigesehnt und gebangt, ob unsere vielen Kinderwünsche wohl in Erfüllung gehen würden. Die Vorfreude war immer die schönste Freude, und so wollen wir auch in der heutigen Zeit bescheiden sein und davon träumen, wenn wir das Weihnachtsfest wieder gemeinsam feiern dürfen.

Wir wollen den lieben Gott bitten, dass uns bald der Frieden geschenkt werde. Doch wir dürfen auch in schweren Stunden des Lebens nicht die Hoffnung und den Mut verlieren. Sieh, mein liebes Mütterle, ich muss ja wieder zu Euch zurückkommen, meine liebe Braut wartet doch auf ihren Heinzebub, und ich möchte Dir doch Deine Lebenstage noch recht schön und sonnig machen.

Wir werden wohl noch über Neujahr in Ruhe bleiben, dies ist sehr schön für mich. Ich kann mich ordentlich einleben, und mein Zug ist dann auf mich eingespielt.

Dieses Brieflein gebe ich einem Urlauber mit, so gelangt es schneller zu Dir.

Tausend liebe Küsslein und innige Grüßlein sendet Dir
Dein Herzensbub

Russland, den 22. Dez. 1943

Lieber Vater, liebe Geschwister!

Als Zugführer habe ich allerhand zu tun, und so vergeht die Zeit sehr schnell. Um ½ 4 Uhr wird es hier bereits Nacht, dann sitze ich mit meinem Zugtrupp in unserer Hütte an dem Ofen und wir erzählen uns von früheren Tagen. Es ist auch eine schöne Aufgabe, anderen Führer zu sein und für die Leute zu sorgen, man wächst mit den Aufgaben. Habe mich jetzt mit meinem Schicksal so weit abgefunden, wenn ich mir auch noch etwas wie auf Besuch hier vorkomme. Heute habe ich bei mir die ersten Läuse festgestellt, was natürlich weniger angenehm ist. Komme mit allen Leuten hier sehr gut aus, und ich glaube, sie haben auch schon gemerkt, dass man mit mir auskommen kann. Na, Ihr kennt mich ja. Heute gab es marketenderweise 50 Zigaretten, so haben wir doch über Weihnachten etwas zu rauchen. Ihr könnt Euch denken, dass ich sehnlich auf eine liebe Zeile warte, doch da ist wohl erst mal noch nichts zu machen.

Lieber Vater, ich hoffe, dass es Dir mit jedem Tag wieder etwas besser geht. Daheim wird es ja über Weihnachten sehr ruhig sein, wenn die liebe Mutti nicht da ist. Doch wir müssen uns halt den Verhältnissen anpassen.

Euch allen herzliche Grüße und einen lieben Kuss von
Eurem Heinz

Russland, den 26. Dez. 1943

Mein liebes Mütterle!

Lieber Vater, liebe Geschwister!

Wir mussten am 23.12. alarmmäßig aus unseren Quartieren abrücken in eine andere Ortschaft, weil man einen Angriff der Russen vermutete. So mussten wir alles liegen und stehen lassen und konnten nicht einmal noch Briefpapier mitnehmen. Gott sei Dank hat uns der Russe unsere Weihnachtsruhe gelassen und nicht angegriffen. So werden wir heute voraussichtlich wieder in unsere alte Ortschaft zurückmarschieren. Leider ist mir Weihnachten dadurch etwas verdorben worden. Die Unterkünfte waren leider schlecht, doch feierten wir den Verhältnissen entsprechend noch ganz nett.

Am Weihnachtstag suchte ich lange nach einem Tannenbaum für meinen Zug, doch konnte ich keinen finden, endlich entdeckte ich eine alte Föhre, alle erreichbaren Zweige waren aber schon abgeschlagen, so ließ ich den Baum kurzerhand fällen und mit den Ästen schmückten wir dann unsere Unterkunft aus. So sah es doch ganz weihnachtlich aus. Meine Gedanken waren ja weit weg von hier. Daheim bei Euch waren sie, und mit meinem Herzen feierte ich mit Euch zusammen den Heiligen Abend.

Bald geht das alte Jahr zu Ende und ein neues zieht herauf. Was wird es mir bringen? Wir wissen es nicht, doch eines wissen wir, dass wir und unser Geschick in der Hand unseres Schöpfers liegen, und wir dürfen uns in diesem Gedanken geborgen fühlen.

Da ich nicht bestimmt weiß, ob Mutter über die Feiertage in Leutkirch blieb oder bei Euch ist, sende ich dieses Brieflein nach Degerloch. Sollte Mutter in Leutkirch sein, schickt bitte dieses Brieflein gleich weiter an sie. Wir werden voraussichtlich noch einige Zeit in Ruhe sein.

Euch allen herzliche Grüße und Küsse von
Eurem Heinz

Am selben Tag, an dem Heinz seinen Weihnachtsbrief verfasste, schrieb Magda Meyer in Leutkirch, wo sie mit Sieghard geblieben war, an ihren Mann und die Töchter nach Stuttgart: »Wie habt Ihr den Heiligen Abend und das Christfest verbracht? Am 24. öffneten wir Euer liebes Weihnachtspaket und feierten allein für uns. Ich habe einen kleinen Tisch geliehen, darauf steht ein hübsches rosa Primelstöckchen von meinem Siegerle, daneben ein ganz bescheidenes Alpenveilchen vom Hause, rechts und links dann die beiden hübschen Weihnachtssterne von Elle, davor das Bild von Heinzi, umrahmt von Tannenzweiglein.«

Russland, den 29.12.1943

Liebes Mütterle!

In aller Eile will ich Dir ein paar Zeilen senden. Wir sind zurzeit auf dem Marsch. Habe heute Nacht ein schönes warmes Quartier gehabt und gut geschlafen. Es ist jetzt 9 Uhr, und

bald geht es weiter. Sobald ich die Möglichkeit habe, gebe ich Dir wieder Nachricht. Gesundheitlich fühle ich mich ordentlich. Wilhelm Salfner ist als mein Stellvertreter in meinem Zug. Heute bekamen wir einen neuen Kompaniechef, einen Oberleutnant. Er scheint sehr nett zu sein. Der Leutnant, welcher mit mir in Milowitz war, führt jetzt den ersten Zug und ich den zweiten Zug. Wir sind natürlich Freunde. Bald ist das alte Jahr zu Ende. Ich schreibe auf einem Stuhl, deshalb die schlechte Schrift.
Viele liebe Küsse und innige Grüßlein
Dein Heinz

Russland, den 11. Januar 1944[83]

Liebstes Mütterle!

Lange konnte ich Euch keine Nachricht mehr senden, und Du tust mir so leid, dass Du so in Sorge um mich sein musst. Wie Du wohl aus dem Wehrmachtsbericht weißt, ist in der Gegend um Schitomir und südlich davon allerhand los. In diese Kämpfe wurden wir auch hineingezogen, und ich habe schon wieder allerhand erlebt. Gott sei Dank wurde ich immer gnädig bewahrt. Gesundheitlich habe ich alle Anstrengungen bis jetzt sehr gut überstanden, obwohl wir die letzten 10 Tage und Nächte nur im Freien waren. Schon mancher hat sich die Füße erfroren, doch ich bin scheint's doch ziemlich widerstandsfähig. Habe jetzt ein paar Filzstiefel, da habe ich herrlich warme Füße. Gelaufen wird überhaupt nicht, wir haben einen Schlitten mit Pferden organisiert, und mein ganzer Zug ist darauf verfrachtet. Ich selbst habe einen Einspänner, welcher mir allerdings gestern Abend durchging, vielleicht finde ich ihn wieder. Bin nun ein richtiger Ostfrontler geworden mit Läusen und Bart. Man gewöhnt sich einigermaßen an die Kälte.

Wir wohnen in zwei Häusern, endlich konnte ich mich mal wieder waschen. Habe auch frische Wäsche angezogen. Dies ist ein Gedicht; fühle mich mal wieder richtig wohl. Wir haben nach langer Zeit auch wieder mal ordentlich gegessen. Ich verdrückte

83 In der Ecke mit Bleistift: erhalten 14.2.44

ein ganzes gebratenes Huhn. Außerdem gab es Milch mit Zucker und einem Stück Butter drin, dies ist die reinste Medizin.

Leider geht keine Post weg. Ich gebe dieses Brieflein einem kranken Mann auf den Hauptverbandsplatz mit, vielleicht gelangt er bald in Deine Hände. Ich selbst habe natürlich auch noch keine Zeile erhalten, doch schlimmer ist es, wenn Ihr keine Nachricht bekommt.

Schreibe bitte an Ida ein Kärtchen, wenn Du dieses Brieflein erhältst. Liebstes Mütterlein, vertraue auf Gott und beschwere Dein treues Mutterherz nicht mit allzu viel Sorgen, Dein Bub ist in Gottes Hand, und ohne seinen Willen darf ihm kein Haar gekrümmt werden.

Innige Küsslein und viele Grüßlein sendet Dir
Dein Herzensbub

Benachrichtige bitte auch Vater und Geschwister. Siegerle ein besonderes Küssle.

Heinz' Truppe gehörte zu den Verbänden, die vergeblich versuchten, die sogenannte sowjetische Winteroffensive aufzuhalten, die Ende Dezember 1943 bei Schytomyr begonnen hatte. Dabei erlitten die Deutschen starke Verluste und mussten nach und nach ihre Stellungen räumen. Die Beschreibung, er habe »allerhand erlebt«, vermittelt nur unzureichend, was sich an diesem Kriegsschauplatz abspielte. Die Rote Armee, die mit starken Panzerverbänden vorrückte, kämpfte mit großer Motivation, die Wehrmacht wurde weit Richtung Westen zurückgeworfen.

Russland, den 21. Januar 1944

Mein liebes Mütterle!

Heute dürfen wir wieder Post abgeben, und ich bin so froh, dass ich Dir wieder Nachricht geben kann. Wie sehr werdet Ihr in den letzten Tagen und Wochen um mich gebangt haben. Wie oft quält mich der Gedanke an Eure Ungewissheit, und doch konnte ich nichts daran ändern. Denn es wurde keinerlei Post befördert. So bin auch ich ohne jede Nachricht seit meiner Abfahrt aus Deutschland. Ich kann nur hoffen, dass Ihr alle gesund und wohlbehalten seid, insbesondere der liebe Vater. Ich selbst durfte in den letzten Wochen unendlich viel Gnade und Bewahrung erfahren. Es erfüllt mich ein tiefes Dankgefühl gegenüber meinem Schöpfer, welcher es so gnädig mit mir meint. Ich habe ein wirkliches Gottvertrauen, und ich weiß, dass ich nach seinem Willen geführt werde.

Die Kampfhandlungen, Angriff und Verteidigung, wechseln sich dauernd ab. Der Russe und wir versuchen dauernd, einander einzuschließen, und oft hat es sich nur noch um Stunden gehandelt. Jetzt ist es jedoch so weit, dass wir den Russen geschasst haben. So lebe ich mit meinen Männern zusammen, alle haben mich gern, und vor allen Dingen haben sie Vertrauen zu mir. Es ist noch keiner weggelaufen, wo ich stand. Einige Leute von anderen Kompanien haben sich mir im Kampf angeschlossen. Du müsstest bestimmt lachen, liebes Mütterle, wenn Du mich mit meinem Haufen durch die Winterlandschaft ziehen sehen würdest. Jede Gruppe hat ihren eigenen Schlitten mit 2 Pferdchen. Ich mit meinen 2 Meldern vorneweg, natürlich auch im Zweispänner. In dem tiefen Schnee zu laufen wäre eine viel zu große Anstrengung. Wir haben alle die weißen Tarnanzüge an mit Kapuze, so sind wir die rechten Weihnachtsmänner. Zurzeit liegen wir in Verteidigung: Die Stellung ist ziemlich ruhig. Habe heute nach langer Zeit mal wieder vernünftig geschlafen.
Viele innige Grüßlein und Küsslein sendet Dir
Dein Herzensbüble

Es ist nicht ungewöhnlich, dass sich die Kameraden inzwischen an Heinz orientierten. In seiner Nähe fühlten sie sich sicherer. Als Soldat mit mehrfacher Fronterfahrung wusste er, wie er sich verhalten musste, wenn es brenzlig wurde. Ihnen war bewusst, dass Soldaten wie er an der Front eine deutlich höhere Lebenserwartung hatten als unerfahrene Männer. Heinz war zum Beispiel klar, dass er russische Filzstiefel brauchte, wenn er in der eisigen Kälte seine Füße behalten wollte. Er besorgte sie sich wahrscheinlich von einem toten feindlichen Soldaten.

Russland, den 4. Februar 1944

Mein liebes Mütterle!

Vorgestern erhielt ich die erste Post, seit ich hier bin. Drei Brieflein von Ida, ein Zigarettengrüßle von Dir, ein Brieflein von Beate und Magda. Du kannst Dir meine Freude kaum vorstellen. Seither bin ich wieder so froh und glücklich.

Wir waren in schweren Kämpfen im Rücken der Ostfront, seit einiger Zeit ist die Lage nun wieder wesentlich günstiger geworden. Seit 10 Tagen sind wir nun in einer festen Stellung, und der Russe lässt uns einigermaßen in Ruhe. Die letzten Wochen waren sehr schwer. Viele Kameraden mussten ihr Leben lassen oder wurden verwundet. Denke Dir, mein Freund Wilhelm Salfner ist gefallen. Er fiel an meiner Seite durch Kopfschuss. Er war nicht sofort tot, sondern starb erst auf dem Hauptverbandsplatz. Ich habe ihn selbst verbunden und hatte anfangs die Wunde nicht für lebensgefährlich gehalten. Er tut mir sehr leid. Ich konnte es lange nicht glauben, dass Wilhelm nicht mehr sein sollte. In jeder Lage hatten wir zusammengehalten und aufeinander aufgepasst. Es ist schwer, wenn man als Zugführer erleben muss, wie die Männer ausfallen.

Gesundheitlich geht es mir gut. Ich habe die Kälte und alle Strapazen gut überstanden. Mein Herz hat mir bis jetzt noch nicht zu schaffen gemacht. Ebenso hatte ich, seit ich hier bin, keine Furunkel mehr. Ich bin sehr froh und dankbar dafür. So hat sich mein Körper besser eingestellt, wie ich gedacht hatte.

Wie geht es Dir, mein liebes Mütterle? In Leutkirch war es wohl ziemlich kalt. Hier ist es seit ein paar Tagen ganz mild geworden. Der Schnee ist bereits ganz weggeschmolzen. Es ist jetzt unglaublich dreckig und matschig. Wir hausen in Erdlöchern. Ich habe einen kleinen Bunker von 2 auf 3 Meter mit einem kleinen Ofen. Heute war ich nach 8 Tagen zum ersten Mal im Dorf bei unserem Tross. Habe mich gebadet und entlaust. Die Läuse plagen mich sehr. Die sind etwas Ekelhaftes. Heute fühle ich mich wieder viel wohler. Dies sind halt so die üblichen Russlanderscheinungen.

Viele innige Grüße und Küsse sendet Dir

Dein Herzensbub

Sollte Heinz jemals selbst am Hauptverbandsplatz gewesen sein, wovon auszugehen ist, so ersparte er seiner Mutter die Beschreibung. Von den Überlebenden wurde die Szenerie dort als entsetzlich geschildert.

Solche Plätze für die medizinische Versorgung der verwundeten Soldaten wurden etwa 10 Kilometer hinter der Front eingerichtet, sobald Kämpfe größerer Truppenverbände zu erwarten waren. Sie sollten schnell erreichbar sein für die Verwundeten und die Träger und doch möglichst außerhalb der unmittelbaren Kampfzone liegen. Hier wurden Wunden versorgt, hier wurde auch operiert. Die Gefahr war groß, von den überlasteten Ärzten nicht sorgfältig zusammengeflickt, sondern durch eine pragmatische Amputation gerettet zu werden. Schon dafür brauchte man Glück.

Dass viele Soldaten im Krieg Gliedmaßen eingebüßt hatten, konnte man noch lange am deutschen Straßenbild erkennen. Der Anblick der Kriegsversehrten war in meiner Kindheit und Jugend ganz normal. Männer, denen ein Arm fehlte, schoben einfach den leeren Ärmel ihrer Jacke in die Tasche oder steckten ihre Hemdsärmel mit einer Sicherheitsnadel hoch. Andere trugen eine Prothese mit einer sogenannten »Lederhand«. Viele Männer hinkten. Einbeinige, die der wund geriebene Stumpf quälte, schnallten kurzerhand ihre Prothesen ab und hüpften im Schwimmbad umher. Viele Männer litten für den Rest ihres Lebens Schmerzen. Von Granatsplittern war die Rede, die man operativ nicht entfernen konnte und die im Körper »wanderten«. An der Haustür klingelten Vertreter, die Körbe, Wirkwaren und Bürsten aus einer Werkstatt anboten, in der »Kriegsblinde« arbeiteten.

Waren die Verwundungen abgeheilt, galten die Versehrten als »gesund« und voll arbeitsfähig. Berühmt ist die Geschichte des Showmasters Hans-Joachim Kulenkampff, der sich beim Russlandfeldzug vier Zehen erfror und sie eigenhändig abschnitt. Einer seiner eleganten Schuhe war teilweise ausgestopft, wenn er bei der Fernseh-Unterhaltungsshow »Einer wird gewinnen« vors Publikum trat und witzelnd ein Programm moderierte, das dem Volk in den 60er-Jahren die innere Balance zurückgeben sollte. Noch 1992 antwortete er in einem Interview mit der *Zeit* auf die Frage nach seinen Zehen schroff: »Das hat auch Amundsen getan.« Von chronischem Leiden und eingeschränkter Leistungsfähigkeit wollte niemand etwas wissen. Und den Begriff des Kriegstraumas kannte man noch nicht. Die Haltung zum Tod blieb noch lange pragmatisch, gerade zum Tod junger Menschen. Tödliche Unfälle im Motorsport zum Beispiel wurden von der Gesellschaft achselzuckend hingenommen und höchstens zum Heldentod verklärt.

Während man die psychischen Beschädigungen nicht sehen und deshalb außerhalb der privaten Räume ignorieren konnte, blieben die körperlichen Schäden sichtbar. Bedrückende Fragen standen unbeantwortet im Raum: Wie war es zu den Verwundungen gekommen? Wie hatten sich die Betreffenden im Krieg verhalten? Waren sie wirklich Opfer der Zwänge? Oder hatten sie mit Lust selbst getötet? Trugen sie vielleicht sogar schwere Schuld? Die deutschen Nachkriegsjahre waren geprägt von den Anstrengungen, die Schrecken der Vergangenheit zu verdrängen – und von der Angst, in der Zukunft dafür zur Verantwortung gezogen zu werden. Da half nur die Flucht vor der Wirklichkeit, die sich im Anblick der Kriegsversehrten aber immer wieder aufs Neue materialisierte.

Ein seltsames Phänomen in jener Zeit war das Kriegsspielzeug. Wir Kinder besaßen Plastiksoldaten, seltsamerweise nur Russen und Amerikaner, die Gewehre und Handgranaten trugen. Einige hatten Gasmasken auf. In den Fünfzigerjahren wurden auf der Nürnberger Spielzeugmesse Feuer speiende Panzer mit Fernauslöser angeboten und andere Panzer, die aus dem Turmgeschütz Stahlkugeln schossen. In den Kinderzimmern gab es täuschend echte Spielzeugpistolen. Im Jahr 1955, dem Gründungsjahr der Bundeswehr, warteten einige Spielwarenhersteller ungeduldig darauf, dass das Design der neuen Uniformen bekannt gemacht wurde, um die entsprechenden Soldatenfiguren herzustellen. Ob dies wohl der Versuch war, die Kriegserinnerungen zu verharmlosen? Oder der Wiederholungszwang der Väter, die ihren Sprösslingen das Spielzeug kauften? Womöglich ein hilfloser Ansatz zur Traumabewältigung?

Ende der Sechzigerjahre begannen die Vertreter der Friedensbewegung, das Kriegsspielzeug infrage zu stellen. Vereinzelt wurde sogar vor Warenhäusern dagegen demonstriert. Der Vietnamkrieg ließ das Thema in einem neuen Licht erscheinen. Doch Konrad Adenauer, der erste Bundeskanzler der Bundesrepublik Deutschland, antwortete noch 1966 in einem Fernsehgespräch auf die Frage nach der »politischen Reife« des deutschen Volkes, es habe »zu viel erleben müssen«. Er sprach von »grauenhaften Verwüstungen auch moralischer Art« und von anhaltender »innerer Unruhe«.

Im Osten, den 13. Februar 1944

Mein liebes Mütterle!

Gestern Abend erhielt ich endlich das erste Brieflein von Dir. So hat es zwei Monate gedauert, bis mich die erste liebe Zeile von Dir erreichte. Gott sei Dank durfte ich Dein Brieflein bei voller Gesundheit erhalten, und auch Dir, liebes Mütterle, geht es wohl ordentlich. Ich hoffe, dass Deine Gallenanfälle bald wieder vorüber sind. Lange hast Du ja Ruhe davor gehabt.

Wir sind immer noch in der gleichen Stellung, die Front ist hier ziemlich ruhig. Ich sitze in meinem kleinen Erdbunker am Ofen, ich habe einen kleinen Bunkerofen, auf meinen Knien habe ich einen Kistendeckel als Tisch, darauf ein Öllämpchen, und so schreibe ich. Eben schrieb ich an Ida ein Brieflein. Habe in den vergangenen Tagen verschiedene Brieflein von ihr bekommen. Das ist natürlich eine große Freude für mich. Christa schickte mir ein Päckchen mit herrlichem Vanillekuchen, gestern bekam ich ebenfalls von Elfriede ein Brieflein. Es ist halt wieder schön, wenn es Post gibt. Nach den schweren vergangenen Wochen ist die jetzige Zeit gut zu ertragen.

Vater geht es, wie Christa schrieb, ja wieder besser, so ist die Sorge doch nun nicht mehr so groß. Beatle hat mir geschrieben, sie wäre halt auch gerne daheim, nun ja, von mir könnte ich dasselbe berichten. Einmal kommt auch für uns die Stunde, in der wir wieder beieinander sein dürfen. Liebstes Mütterle, wie oft träume ich heute schon von dieser Zeit und weiß, wie weit wir noch davon entfernt sind. Du weißt ja, wie sehr es mein Herz in die Heimat zieht. Ich freue mich sehr, dass Ihr alle mit Ida in Briefwechsel steht und sie gernhabt. Sie schreibt mir so scharfsichtige Brieflein, es ist auch nicht leicht für sie, mich immer in Gefahr zu wissen.

Es grüßt Dich, mein liebes Mütterle, mit tausend lieben Küssen
Dein Herzensbub

Im Osten, den 21.2.44

Mein liebes Mütterle!

Vorgestern erhielt ich 12 Brieflein auf einen Schlag. Meistens alte Post, viel von Ida, darunter auch der Antwortbrief ihrer Eltern. Sie haben mir sehr lieb geschrieben und mich als ihren Sohn ins Herz geschlossen. Von Dir erhielt ich ein Brieflein vom 1. Januar.

Das Wetter hat wieder umgeschlagen, der Winter ist nochmals gekommen. In den letzten Tagen waren ziemliche Schneestürme, jetzt ist es gefroren und dadurch wieder besser. Der Schnee ist besser als Dreck und Schlamm, vor allem sieht man bei Nacht viel besser jemanden.

So vergeht die Zeit, bald ist der Februar zu Ende, und der März kommt heran. Im Frühjahr und Sommer ist das Leben hier wesentlich erträglicher; dann verschwinden auch die Läuse. Und nun eine Überraschung. Wilhelm Salfner lebt! Gestern kam eine Karte von ihm aus irgendeinem Lazarett. An seine Frau Alma war bereits die amtliche Todesnachricht geschickt worden. Nun wurde sofort ein Telegramm an sie abgesandt. Kannst Du Dir das vorstellen? Ich hatte ja immer gesagt, mit diesem Schuss kann er nicht tot sein. Du kannst Dir meine Freude vorstellen. Seine arme kleine Frau, was wird sie bereits durchgemacht haben, und nun diese freudige Nachricht. Es gibt doch noch Wunder!

Wie gern würde ich nur einen Abend im Kreise von Euch Lieben sitzen und mich mal wieder so einfach wohl und geborgen fühlen. Hier ist dauernd etwas anderes los, ich komme selten mal ein ganzes Stündchen zur Ruhe. Gestern hab ich mal wieder gebadet und entlaust, da fühlt man sich gleich wieder besser.

Tausend innige Grüße und Küsslein
Sendet Dir
Dein Herzensbub

Im Osten, den 22. Februar 1944

Mein lieber Vater!

Gestern erhielt ich ein ganz altes Brieflein von Dir. Es war das Weihnachtsgedicht mit einer Schachtel Zigaretten. Danke Dir recht herzlich dafür. Es trudelt allmählich all die alte Post bei uns ein, trotzdem ist es für mich jedes Mal eine große Freude, denn die Zeitbegriffe sind hier sowieso ganz anders. Die Hauptsache ist, dass Ihr in Euren Briefen zu mir sprecht und ich das Band fühle, welches uns alle umschlingt. Ida hatte mir bereits von dem schönen Gedicht geschrieben, sie ist ganz gerührt, wie lieb Du Dich um sie bekümmerst und ihr schreibst. Ich möchte Dir dafür ganz besonders danken, lieber Vater, Du tust ja damit auch mir nur Gutes.

Ich habe Ida erlaubt, dass sie bereits ihr Verlobungsringlein trägt. Sie hat in Freiburg Ringe gekauft, und wir wollten sie uns an Weihnachten anstecken. Da ich vorher abgestellt wurde, sagte ich ihr, sie dürfe ihr Ringlein zur stetigen Erinnerung an mich bereits anstecken. Gestern erhielt ich ein Brieflein, wonach ihre Freiburger Zeit jetzt ungefähr zu Ende sein müsste und sie dann nach Tübingen kommt. Von dort aus will sie Dich dann unbedingt besuchen.

Wie geht es Dir denn gesundheitlich? Ich hoffe recht ordentlich. Wie mir Mutti schrieb, arbeitest Du wieder den ganzen Tag. Mute Dir aber nicht zu viel zu. Ich möchte im nächsten Urlaub einen gesunden und erholten Vater antreffen.
Es grüßt und küsst Dich und die lieben Schwestern
Dein Heinz

Im Osten, den 28. Februar 1944

Meine liebe Elfriede!

Du hast schon recht, wenn Du schreibst, dass es mir wohl schwerfalle, auf alle Annehmlichkeiten des Lebens zu verzichten, und doch habe ich mich damals sehr schnell wieder hineingefunden, und heute kommen mir all meine schönen Erinnerungen wie Träume vor. Zudem ist mein derzeitiges Leben wesentlich erträglicher als noch vor 1 oder 2 Wochen. Damals waren wir dauernd unterwegs, nichts Warmes zu essen, im Freien nächtigen und die Kälte. Immer aufpassen, dass mir nichts erfror, und noch die Verantwortung für die Männer. Im Stellungskampf ist es da wesentlich ruhiger. Seit 3 Tagen ist es hier wieder wesentlich wärmer geworden, so lässt der Regen es tauen. Vorher fing es bereits an, mir in meinem Bunker auf den Kopf zu tröpfeln, jetzt habe ich mein Zeltlager direkt unter der Decke aufgebaut. Mein

Freund Handlofer, »der alte Schaffer«, hat mir heute eine Glasscheibe in mein Büro gemacht, so habe ich etwas Licht. Meine Gedanken sind viel bei Euch. Ich denke mir immer so alles Mögliche aus. Wenn ich auf Urlaub komme, was ich da alles anstellen will usw. Kuchen und Kaffee, musizieren, Radio hören und gemütlich auf dem Sofa liegen mit meiner lieben Braut sind natürlich wesentliche Faktoren. Zurzeit bin ich etwas in Sorge wegen des schweren Luftangriffs vom 22.2. Möget Ihr doch alle gesund und wohlbehalten sein! Gestern dachte ich fest an unseren lieben Sigi, nun ist er bereits 11 Jahre – ich kann mich noch so gut an den Tag seiner Geburt erinnern.

Ich freue mich sehr darüber, dass Dir Frl. Jäkel[84] Zeichenunterricht gibt, dies ist doch für Deinen späteren Beruf nur von Vorteil, im Übrigen macht es Dir bestimmt viel Freude.

Ich freue mich, dass Dir der Dienst beim Deutschen Roten Kreuz als Hilfsschwester[85] Freude macht, obwohl er Dir doch bestimmt viel freie Zeit wegnimmt. Aber ich kenn ja den Idealismus meiner lieben Elle, wenn Du an etwas Freude und Interesse hast, so machst Du es auch gern. Hoffentlich hat bei der Prüfung alles geklappt. Dann hast Du jetzt das silberne Kränzchen um die Brosche. Ja, in den Sachen weiß Dein Bruder Bescheid. Freue mich, Dich im Urlaub mal in Tracht zu sehen. Vielleicht hast Du da gerade Bereitschaftsdienst.

Gesundheitlich geht es mir gut, was ich auch von Euch allen hoffe,
herzlich grüßt und küsst Dich
Dein Heinz

Den 6. April 1944

Liebe Eltern, liebe Geschwister!

Heute kann ich Euch Gott sei Dank nach langer Zeit wieder ein Lebenszeichen geben. Am 8. März mussten wir unsere Stellung verlassen, in welcher wir beinahe 2 Monate waren, und seit-

84 Ilse Beate Jäkel, Stuttgarter Künstlerin und Mitbewohnerin von Elfriedes Lehrmeisterin Edith Schick

85 Krankenschwester nach einer Kurzausbildung

her sind wir unterwegs. Unendlich viel habe ich mitgemacht; oft wurde das Letzte gefordert an Kraft und Ausdauer. Mit Gottes Hilfe durfte ich alle Gefahren und Strapazen bisher gnädig überstehen, und so habe ich auch die Hoffnung, dass Gottes Schutz weiterhin bei mir sein wird. Mitte März wurde mein Oberleutnant und Kompanieführer verwundet, so musste ich die Kompanie führen. Ihr könnt Euch denken, dass dies oft nicht einfach war. Leider ist von meiner 5. nicht mehr viel übrig geblieben, so bin ich jetzt bei einer anderen Kompanie. Wie viel werde ich Euch später mal erzählen können, was ich jetzt nicht schreiben kann. Heute darf jeder 2 Briefe schicken, die werden mit Luftpost befördert. Macht Euch also keine allzu großen Sorgen. Ich bin gesund und munter. Ich durfte wirklich Wunder erleben in den vergangenen Wochen an Bewahrung und Durchhilfe. Ich weiß, Ihr seid mit Euren Gebeten und Gedanken ständig bei mir und helft mir so, alles Schwere zu tragen. In der Zwischenzeit habe ich das EK II[86] erhalten. Meine Beförderung lässt noch auf sich warten, es ruht jetzt alles in diesen schweren Tagen. Ich bin natürlich in der Zwischenzeit einiges weiter nach Westen gekommen.
Euch allen innige Grüße und herzliche Küsse von
Eurem Heinz

Jeden Abend um 21:15 Uhr hielten alle Mitglieder der Familie samt Ida, jedes an seinem Platz, tatsächlich inne, um zusammen mit Heinz darum zu beten, dass er unversehrt bleiben möge. So, wie sie es in seinem letzten Urlaub im November vereinbart hatten. Die Angst um ihn raubte den Eltern und Geschwistern den Schlaf. An den Propagandalügen, die Wehrmacht könnte den Krieg noch gewinnen, hatten sie spätestens seit den schweren Bombenangriffen auf die Städte erhebliche Zweifel.

Schon einige Wochen vorher hatte Magda Meyer senior an ihren Mann aus Leutkirch geschrieben: »Wie wird's unserem Heinz gehen und zumute sein? Allemal finde ich Trost und Kraft in einem Bibelwort oder Gesangbuchlied, aber trotzdem nagt es an mir. Besonders

86 Eisernes Kreuz Zweiter Klasse, zwischen 1939 und 1945 millionenfach verliehen

bei Nacht kann ich oft nicht einschlafen, aber ich weiß, auch diese Zeit nimmt ein Ende, bloß sieht man gar keine Anzeichen von einem guten Ende, überall gerade das Gegenteil, es sieht alles nach Unterliegen aus.«

Und in einem anderen Brief: »Wann wird Gott sein Halt sprechen? Bis hierher und nicht weiter? Hoffentlich bald. Das Wasser steht dem deutschen Volk bis an die Kehle. Wenn nicht bald eine Wendung kommt, ist das Chaos da und die Niederlage.«

Russland, den 15. April 1944

Mein liebes Mütterle!

Seit 8. März sind wir nun unterwegs, und der Postverkehr war seitdem unterbrochen. Der Russe war an verschiedenen Stellen durchgebrochen, und so mussten wir Richtung Westen: Wir waren seit dieser Zeit ununterbrochen am Feind und sind es heute noch. Unendlich viel Gefahren und Strapazen waren seitdem zu ertragen. Jetzt ist es etwas wärmer geworden, und so ist unsere Lage auch etwas besser. Zurzeit sind wir noch unterwegs, doch es geht nun etwas langsamer.

Und nun mein liebes Mütterle, wie geht es Dir? Lange habe ich nichts mehr von Dir und der Heimat gehört. Nur meine Gedanken sind recht innig bei Dir. Bist du wohl noch in Leutkirch? Ich nehme es stark an. Lange Wochen der Sorge um mich musst Du durchgemacht haben, die Situation, in welcher wir gesteckt haben, war auch nicht einfach. Der Russe hatte uns eingeschlossen, und wir mussten uns nach Westen durchschlagen. Meine Division war Nachhut, und wir mussten den nachdrängenden Russen aufhalten. Jetzt ist der Kessel durch verschiedene Panzerdivisionen gesprengt und teilweise der Russe eingeschlossen. Du kannst Dir denken, dass sich damit sehr schwierige Lagen ergaben. Ich durfte oft und oft wunderbare Durchhilfe erfahren und gnädig gerettet werden. Gesundheitlich geht es mir gut. Ich wundere mich selbst, wie ich alles durchstehen kann, doch ist mein Körper scheinbar wieder recht widerstandsfähig geworden. Zu essen hatten wir meistens genügend, denn in der Ukraine gibt es ja allerhand, ich habe auch einen ungeheuren Appetit, was wahrscheinlich von den Anstrengungen herkommt.

Ich hätte jetzt nur einen Wunsch: wenn wir wieder normale Verhältnisse haben und die ersten Anzeichen machen sich bemerkbar, in Urlaub zu fahren. Vielleicht habe ich das große Glück.

Ich habe so unendliche Sehnsucht nach Ruhe und mal wieder nach einem anständigen Haus. Wir sind völlig verlaust, und das ist eine furchtbare Plage. Die Wäsche kam auch seit 1 ½ Monaten nicht mehr vom Leibe. Socken haben wir nur noch Fetzen. So bin ich ein richtiger Ostfrontkämpfer, der keiner Situation mehr unbekannt gegenübersteht. Das Einzige, was mich hochhält, ist die Hoffnung, Euch und meine liebe Braut bald wiederzusehen. Möge mir dieses Glück beschieden sein.
Innigst grüßt und küsst Dich
Dein Heinz

Heinz hatte unendliche Sehnsucht nach Ruhe, der Stress der Kämpfe verzehrte seine Nerven. Elfriede erinnerte sich:

»Heinz hat mir viel erzählt von den Kampfeinsätzen in der Sowjetunion. Von der sogenannten Stalinorgel, einem dröhnenden, ununterbrochenen Artilleriebeschuss, der die Soldaten nervlich entsetzlich strapazierte. Der sowjetische Raketenwerfer hieß ›Katjuscha‹, das klingt so freundlich, war es aber nicht. Mit ihm konnten innerhalb weniger Sekunden Dutzende von Raketen abgeschossen werden, sodass die gegnerischen Soldaten keine Zeit fanden, Deckung zu suchen. Die Splitter der Geschosse wirkten verheerend. Heinz und seine Kameraden schaufelten in großer Eile Löcher, in die sie sich kauern konnten während des folgenden Panzerangriffs.«

Die Gefahr war, dass die feindlichen Soldaten die Löcher trotz ihrer im Panzer eingeschränkten Sicht entdeckten und sich mit ihren Raupen darauf drehten.

»Später«, schrieb Elfriede, »nach vielen Einsätzen, klagte er mir, dass er immer wieder die Stimmen der gefallenen Kameraden höre. Das hat ihn sehr belastet.«

Elfriede, die patente Schwester, war stolz darauf, dass Heinz mit ihr noch am ehesten über das Erlebte sprechen konnte.

Russland, den 22. April 1944

Lieber Vater, liebe Geschwister!

Seit nun zwei Tagen haben wir wieder geregelten Postverkehr, und so kann ich Euch doch wieder ein Lebenszeichen geben. Ihr seid ja alle durch die Zeitung über die Geschehnisse im Süden der Ostfront unterrichtet. Ich war bei der Kampfgruppe, welche vorübergehend eingeschlossen war, doch sich nach Westen durchschlug, meine Division war Nachhut. Vieles haben wir erlebt und durchgestanden, doch nun sind wir wenigstens wieder in einigermaßen normalen Verhältnissen. Der Nachschub kommt allmählich wieder an. Leider wurden wir bis jetzt noch keine Stunde abgelöst, aber man braucht hier im Moment den letzten Mann. Wir sind schon einige Tage in der gleichen Stellung. Ich sitze wieder in meinem Erdloch und denke den ganzen Tag an die schöne Heimat.

Wie geht es Euch? Hoffe, bald einige Zeilen zu erhalten.

Innige Grüße und Küsse sendet Euch

Euer Heinz

Russland, den 7. Mai 1944

Mein liebes Beatle!

Endlich sollst Du mal wieder ein Brieflein von mir bekommen. Wir sind nun wieder in einer festen Stellung, und Gott sei Dank sind die Verhältnisse nun wieder wesentlich besser als in den vergangenen schlimmen Wochen. Ich muss nun nicht mehr die Kompanie führen, sondern bin wieder Zugführer und habe einen ziemlich ruhigen Abschnitt.

Das Gedicht in Deinem letzten Brieflein ist sehr schön und sinnvoll, ich staune, was mein kleines Schwesterlein schon für tiefsinnige Worte findet.

Innige Grüße und liebe Küsse sendet Dir

Dein Bruderherz

Russland, den 7. Mai 1944

Mein liebes Mütterle!

Gott sei Dank sind wir nun wieder in geregelten Verhältnissen, und die Erlebnisse und Strapazen des Rückzugs verblassen so langsam wieder. Es waren schlimme anderthalb Monate. In der Zeitung wirst Du ja allerhand gelesen haben, zum Beispiel von Kamenez-Podolski und vom Dnister.[87] Ich bin nun wieder Zugführer, leider nicht mehr in der fünften Kompanie, vielleicht gibt es diese später mal wieder. An alten Freunden ist niemand mehr bei mir; doch es sind schon einige von meinen alten Leuten aus dem Lazarett zurückgekommen, so zum Beispiel mein Melder, ein sehr netter Kerl, der immer auf mein körperliches Wohl bedacht ist. Wir bekamen auch mal wieder Schokolade, und bald wird auch meine Wäsche kommen. Gott sei Dank habe ich keine Läuse mehr. Wir bekamen ein Mittel, »Läusefrei«, damit habe ich meine Wäsche imprägniert, und tatsächlich sind alle Läuse verschwunden. Ich bin direkt glücklich darüber, denn ich fing so täglich circa 200. Man kann kaum noch schlafen vor Jucken und kratzt sich überall wund.

Ich habe jetzt einen kleinen Bunker. Vor meinem Bunker habe ich im Laufgraben einen Vorplatz gegraben und einen Tisch hingestellt. Dort sitze ich jetzt und verbringe den Sonntagnachmittag mit den Gedanken bei Euch Lieben.

Vor 2 Tagen erhielt ich unter anderem das Gesangsbüchlein. Ich danke Dir ganz herzlich, bin erstaunt, wie schnell die Post hier ankommt. Liebstes Mütterle, nun habe ich auch endlich die Gewissheit, dass Du die erste Nachricht nach dem Rückzug von mir erhalten hast. Alle Deine Gebete und innigen Gedanken haben mich auf meinen gefahrvollen Wegen begleitet und beschützt. Ich hatte auch innerlich immer die Gewissheit, dass mich mein treuer Schöpfer sicher und unbeschadet aus allen Gefahren führen würde, dies hat mich immer zuversichtlich und stark gemacht.

Hier waren auch schon schöne Maientage, nur gibt es keine Blumen. Ich habe mich so sehr über die Veilchen gefreut.

Tausend liebe Grüße und innige Küsse

Dein Heinz

---

87 Dnjester

Nachdem ich diesen Brief gelesen hatte, rief ich Maria Frisé an, meine liebe einstige Kollegin in der Redaktion der *Frankfurter Allgemeinen Zeitung* – das war ungefähr ein Jahr vor ihrem Tod mit 96 Jahren. Sie hatte selbst Krieg und Vertreibung erlebt und vielfach darüber geschrieben. Der aktuelle Grund meines Anrufs bei ihr: Ich wusste, dass sie eine Nichte des Generalfeldmarschalls Erich von Manstein war. Des Befehlshabers, dessen Entschlossenheit Heinz in jener Phase womöglich noch ein weiteres Dreivierteljahr seines Lebens verdankte.

Als ich Maria Frisé von meinem Brief-Fund erzählte, war sie sehr interessiert. Sie hörte mir eine Weile zu. Über ihren Onkel sagte sie zunächst nichts weiter. Sie meinte nur fast verwundert: »Ist es nicht unglaublich, dass all das Schreckliche wirklich geschehen ist?«

Dann erzählte sie von ihrem jüngeren Bruder Hans-Friedrich, der am 12. April 1945, weniger als einen Monat vor Kriegsende, mit 17 Jahren sterben musste. Er war zusammen mit anderen Fahnenjunkern seines Jahrgangs in der Nähe von Würzburg gegen amerikanische Panzer eingesetzt worden. Sein Leutnant eröffnete das Feuer mit dem einzigen Maschinengewehr, das sie hatten. Die Amerikaner schossen aufs Heftigste zurück, in der Annahme, sie hätten es mit einem weit gefährlicheren Trupp zu tun.

»Ich habe den Tod meines Bruders lange nicht verwunden«, sagte Maria Frisé am Telefon und wollte alles über das Schicksal meines Onkels wissen.

Heinz erwähnte in seinem Brief vom 7. Mai 1944 die Kesselschlacht von Kamenez-Podolski, die er – anders als der Großteil seiner Divisionskameraden – heil überstanden hatte. Sie begann im Frühjahr 1944, als in der Westukraine 220 000 Mann der deutschen Wehrmacht von der Roten Armee im sogenannten »Hube-Kessel« eingeschlossen wurden. Im Generalstab entbrannte eine Kontroverse darüber, wie zu reagieren sei. Gab es einen Weg, möglichst viele deutsche Soldaten aus der sowjetischen Falle zu befreien und trotzdem Hitlers Befehle zu befolgen, die einen Rückzug untersagten? General Hans-Valentin Hube, Chef der 1. Panzerarmee, wollte die Leute nach Süden marschieren und dort durch eine Frontlücke ausbrechen lassen. Allerdings wäre dies das für die Gegenseite erwartbare Manöver gewesen. Es war davon auszugehen, dass dort die sowjetischen Panzer schon auf ihre Opfer gewartet hätten.

Erich von Manstein, Kommandeur der Heeresgruppe Süd, hatte

einen anderen Plan. Manstein war ein Militärführer alter Schule, ein anerkanntes strategisches Genie. Ihm und seinem sogenannten Sichelschnitt-Plan hatte Adolf Hitler, selbst ein erbärmlicher Feldherr, den raschen Erfolg des Frankreich-Feldzuges im Jahr 1940 zu verdanken gehabt, der das ganze Reich, und mit ihm auch Heinz, damals in Euphorie versetzte.

Manstein schlug angesichts der Einkesselung vor, Richtung Nordwesten durch die Kolonnen zweier sowjetischer Panzerarmeen und über mehrere quer verlaufende Flüsse auszubrechen. Dieser Plan stand im Widerspruch zu den von Realitätsverweigerung geprägten Befehlen Hitlers, keine Bewegung Richtung Westen zu erlauben, also die Soldaten lieber abschlachten zu lassen, als weiter zurückzuweichen. Manstein setzte sich erst durch, nachdem er gegenüber Hitler mit seinem Rücktritt gedroht hatte. Mit seiner Strategie hielt er die deutschen Verluste in Grenzen: Es starben durch diesen Schachzug »nur« 2311 deutsche Soldaten, 3567 wurden vermisst, 8364 verwundet. Alle Verwundeten konnten mitgenommen werden.

So verlängerte er wohl auch das Leben meines Onkels. Und gleichzeitig den Krieg, der noch so viele Tausend Soldaten das Leben kosten würde. Auch meinen Onkel. Welch eine bittere Ironie!

Hitler war erbost über Mansteins Verhalten. Er entzog dem Generalfeldmarschall das Kommando und versetzte ihn in den vorläufigen Ruhestand, die sogenannte »Führerreserve«. So konnte er, wie Maria Frisé erzählte, an ihrer Hochzeit im Januar 1945 in Niederschlesien teilnehmen.

Mit der Strategie der Einkesselung, die nun von der Roten Armee erfolgreich angewandt wurde, hatte anfänglich die Wehrmacht ihre schnellen Erfolge im Russland-Feldzug erreicht. Zur Planung gehörte es dabei auch, eine »Nachhut« hinter der Front bereitzuhalten, die in ihrem geschützten Raum auf ihren Einsatz warten sollte. Die Nachhut bei der Schlacht von Kamenez-Podolski, zu der Heinz und seine Kameraden gehörten, konnte aber nicht von der Front geschützt werden, weil es nun der Roten Armee gelungen war, die Wehrmachtsverbände einzukesseln. So wurde sie leichte Beute für den Feind. Tatsächlich gab es nach dieser Schlacht die 82. Infanteriedivision, der auch Heinz angehörte, nicht mehr. Die Überlebenden, die wie Heinz nicht in Gefangenschaft gerieten, wurden der 254. Infanteriedivision zugeschlagen.

Erich von Manstein wurde nach dem Krieg von einem britischen Militärgericht wegen Kriegsverbrechen zu 18 Jahren Haft verurteilt. Man lastete ihm die Mitverantwortung als Befehlshaber für den Völkermord im Osten an, was man anhand eines Befehls vom November 1941 belegen konnte, in dem es unter anderem hieß: »Das jüdisch-bolschewistische System muss ein für alle Mal ausgerottet werden.« 1953 wurde er entlassen, angeblich aus gesundheitlichen Gründen. Er wirkte als Berater am Neuaufbau der Bundeswehr mit. Manstein wurde 86 Jahre alt und nach seinem Tod 1973 mit militärischen Ehren begraben.

Sein schriftliches Vermächtnis als Feldherr war allerdings wenig ruhmreich. In den Jahren seiner Haft schrieb er den Bestseller *Verlorene Siege,* der 1955 erschien. Darin entwarf er das verharmlosende Bild einer unpolitischen Wehrmacht, eine typische Haltung für Hitlers einstige Militärführer, die ihre Beteiligung an den Naziverbrechen hinter der Disziplin als Soldat und der »Kriegsnotwendigkeit« verschwinden lassen wollten. Die Verantwortung für den Zusammenbruch schob er allein der Unfähigkeit Hitlers zu. »Ob er wirklich überzeugt davon war, dass es eine Chance gegeben hätte, den Krieg zu gewinnen, wenn Hitler nicht so verhängnisvoll dilettantisch den Militärs ins Handwerk gepfuscht hätte?«, fragte seine Nichte Maria Frisé in ihren Erinnerungen, dem Buch *Meine schlesische Familie und ich.* »Und was wäre nach einem Sieg Hitlers aus Deutschland und Europa geworden? Eine Horrorvision.«

Das Feldgesangbuch, das Heinz in diesem Brief erwähnte, habe ich zwischen den Papieren aus Beates Haus gefunden. Ein kleines, feldgraues Heftchen, nicht sehr abgegriffen, mit Gebetsvorschlägen für Soldaten, Formulierungsbeispielen für Soldatenbriefe, Gebetsvorschlägen für Kranke, Sterbende, in der eigenen Todesstunde, für ein Begräbnis beim Fehlen eines Geistlichen, mit Choralvorschlägen zur Siegesfeier, Totenfeier und Führers Geburtstag. Das Erste Gebot scheint außer Kraft: »Du sollst keine anderen Götter neben mir haben.«

Dass Magda Meyer ihrem geliebten Sohn ein solches Heft an die Front schickte, wirkt aus heutiger Sicht mehr als naiv:

»Segne die deutsche Wehrmacht, welche dazu berufen ist, den Frieden zu wahren und den heimischen Herd zu beschützen, und gib ihren Angehörigen die Kraft zum höchsten Opfer für Führer, Volk und

Vaterland. Segne besonders unseren Führer und Obersten Befehlshaber in all seinen Aufgaben, die ihm gestellt sind. Lass uns alle unter seiner Führung in der Hingabe an Volk und Vaterland eine heilige Aufgabe sehen, damit wir durch Glauben, Gehorsam und Treue die ewige Heimat erlangen im Reiche Deines Lichtes und Deines Friedens. Amen.«

Es ist aus heutiger Sicht schwer zu verstehen, wie ein solches Gebet einen Soldaten in seiner Not und Todesangst getröstet haben soll.

Russland, den 14. Mai 1944

Mein liebes, treues Mütterle!

Am nächsten Sonntag ist Muttertag. Wie gerne würde ich wie in früherer Zeit am Samstag mit dem Rad wegfahren und Dir einen großen Strauß Margeriten oder Schlüsselblumen pflücken, doch so kann ich Dir nur ein Herzle voll Liebe schicken in Form meiner Zeilen.

»Nicht sorgen, nicht sorgen, es ist einer, der kennt dein Morgen und hat es schon bedacht. Willst du's mit ihm nicht wagen, du bist auf Händen getragen, durch Sonnenschein und Regen, in seinen Händen geborgen, nicht sorgen, nicht sorgen.« Du kennst ja diesen Spruch aus unserem Kinderzimmer, wie oft habe ich ihn früher achtlos gelesen, und erst heute lerne ich seine Bedeutung kennen. Der Mensch bangt vor seinem ungewissen Schicksal, welches ihn bedroht. Und Du rufst es mir zu: Nimmer sorgst du ängstliches Menschenkind, Gottes Wege sind wunderbar, doch oft für uns unerforschlich. Warum sollen wir unser Schicksal ihm nicht anvertrauen. In diesem Glauben ist es mir möglich, allen Gefahren, welche mich hier umgeben, ruhig und zuversichtlich gegenüberzutreten. Denn ich weiß, mein treuester Beschützer steht an meiner Seite und hilft mir im Streite.

Ich schreibe Dir dies, mein liebes Mütterle, gerade heute, denn nur eine Mutter weiß, was es heißt, ein Kind in Gefahr zu wissen. Ich weiß doch, wie treu und besorgt Du immer um mich bist und immer warst. Eines Abends saß ich mit einigen Kameraden einmal in einer Russenhütte beim Kerzenschein; da fing einer auf einmal an, von seiner Mutter zu sprechen. Es war schon ein etwas älterer Kamerad. Er hatte seine Mutter erst vor Kurzem verloren und hatte sie in der letzten Zeit nicht mehr besonders beachtet, er hatte in der Zwischenzeit Frau und Kind. Da sagte er zu uns: »Man kann seine Frau verlieren und Kind, doch der Schmerz ist am größten, wenn man seine Mutter verliert. Kameraden, wenn ihr so glücklich seid, noch eine Mutter zu haben, so tut ihr alles Liebe, so lange ihr Gelegenheit dazu habt. Sie ist die Seele, welche am innigsten mit euch verbunden ist.« Ich war damals ganz ergriffen, denn der Betreffende ist sonst ein ziemlich oberflächlicher Mensch.

Ja, mein liebes Mütterle, möge ich doch bald Gelegenheit haben, Dir recht viel Liebe erweisen zu können. Wie sehr sehne ich mich nach der Heimat.

Innigst grüßt und küsst Dich
Dein Herzensbub Heinz

Russland, den 17. Mai 1944

Meine liebe Christa!

Leider regnet es heute wieder, es will hier gar nicht richtig warm werden. Wie schön mag es jetzt bei Euch sein. Wie gern würde ich mich mal wieder einige Zeit Deiner Pflege und Hausfrauenkunst anvertrauen. Jetzt gibt es doch wieder grünen Salat, dieser fehlt mir hier vollständig. Du hast durch die vielen Fliegerangriffe auch immer genug Sorgen, bei Tage bist Du ja ganz selten zu Hause. In 10 Tagen ist mein 23. Geburtstag, da wäre ich natürlich am liebsten zu Hause – wenn ich an meine früheren Marmorkuchen denke –, wir hatten es doch herrlich zu Hause. Jetzt möchte man wieder Kuchen essen, und auf dem Rückmarsch wäre man oft an einem Stück Brot froh gewesen. So ist halt der Dienst.

Es grüßt und küsst Dich herzlichst
Dein Heinz

Russland, den 24.5.1944

Meine liebe Elfriede!

Heute will ich Dir für Deinen lieben Frühlingsgruß danken. Du hast mir damit eine besondere Freude gemacht. Das Zweig-

lein schmückt hier meinen Bunker. Schon oft wurde ich gefragt, wer diese schöne Zeichnung gemacht hätte. So werde ich damit immer an die Heimat und die Zeichnerin erinnert. In den letzten Tagen habe ich hier einen Fliederstrauch entdeckt. So habe ich immer auch etwas Blumen und Frühling um mich. Nun habe ich eine Bitte: Kaufe bitte zwei Offiziersspiegel, weißt Du, für den Kragen, also ein Paar, und schicke sie mir in einem Brief. Außerdem zwei Schulterklappen für Oberfähnrich auch in einem Brief. Ich hoffe, dass es jetzt bald endlich mit meiner Beförderung klappt. Sobald es so weit ist, darf ich in Urlaub fahren.
Innigst grüßt und küsst Dich
Dein Heinz

Russland, den 28. Mai 1944

Mein liebes Mütterle!

Innigen Dank für Dein liebes Geburtstagsbriefle. Es erreichte mich schon einige Tage vorher, ebenso die herrlichen »S«! (Hatte sie schon vor dem 27. aufgegessen, weißt Du, solche Sachen halten hier nicht sehr lange.) Ich danke Dir für all Deine lieben und guten Wünsche, mögen sie in Erfüllung gehen. Ich durfte einen sehr schönen Geburtstag erleben, den schönsten, seit ich beim Kommiss bin. Ich muss vorausschicken, dass ich zurzeit eine sehr schöne Stellung habe. Es gibt dort Weißmehl und auch Eier. Ich habe 3 Bäcker im Zug, die laufend Weißbrot backen. Zu meinem Geburtstag buken sie drei Kuchen. Einen Mohnkuchen, einen Streuselkuchen und eine Biskuittorte mit Buttercremefüllung, Inhalt 25 Eier. So gab es morgens Kuchen, zu Mittag eine Einlaufsuppe[88] mit Hühnerbrühe (sie war goldgelb), dazu gebratene Hühner mit Kartoffeln (einer von meinen Meldern ist Hotelkoch), zum Nachtisch ein Omelette confiture. Dies ist ein Omelette nur aus Eiern mit gebranntem Zucker (schmeckt herrlich!). Um 16 Uhr war Kaffeevisite. Ich habe einen sehr schönen Bunker, diesen schmückten wir mit rotem Flieder. Auf den Tisch kam ein herrlicher Fliederstrauß, gemischt mit Kirschblüten und Narzissen. Auf dem Tisch war eine weiße Leinendecke

88 Suppe mit Ei

ausgebreitet. Unter dem Strauß stand vor mir das Bild von meiner lieben Braut, welches ich auf einen weißen Karton aufklebte und rundherum mit Fliederblüten verzierte. Es sah ganz wunderbar aus. Ich wurde von all meinen Gästen zu meiner schönen Braut beglückwünscht. Eingeladen hatte ich meinen Kompaniechef (ein sehr netter Leutnant) und 2 befreundete Zugführer. Wir verzehrten zwei große Teller voll Kuchen und tranken Kaffee.

Um 19 Uhr kam dann noch ein Leutnant vom Bataillon, welcher mir die Grüße meines Kommandeurs überbrachte und 2 Schachteln Zigaretten. Ich bekam 1 Tafel Schokolade und 120 Zigaretten und 4 herrliche Sträuße. Ich habe eigenes Telefon, so erhielt ich ab morgens 0 Uhr ca. 40 Glückwunschanrufe. Mein Bataillonskommandeur beglückwünschte mich, alle Gruppenführer und alle Zugführer und viele alte Kameraden auch. Ich durfte viel Liebe und rechte Kameradschaft erfahren und erhielt auch viele gute Wünsche. Eine Flasche Likör wurde auch herumgereicht. Meistens tranken meine Gäste auf das Wohl meiner schönen Braut. So war ich wirklich glücklich und erfreut. Mein inniger und großer Wunsch ist, dass ich in meinem neuen Lebensjahr so gnädig und sicher geführt werde und meinen 24. Geburtstag wieder in der Heimat feiern darf in einem siegreichen Deutschland.
Innige und liebe Grüßlein und Küsslein sendet Dir
Dein Heinz

Beim ersten Mal las ich das Wort »siegreich« fast ungläubig. Woher nahm Heinz zu diesem Zeitpunkt noch eine solche Hoffnung? Die Invasion der Alliierten in der Normandie stand zwar noch bevor. Aber Heinz, der möglicherweise den Rückschlag von Stalingrad im Winter 1942/43 noch hatte verdrängen können, erlebte seit Monaten am eigenen Leib, wie die Rote Armee die Wehrmacht an der Ostfront zum Rückzug zwang. Glaubte Heinz wirklich trotz alledem, dieser Krieg wäre für Deutschland noch zu gewinnen?

Der Satz vom »siegreichen Deutschland« liest sich nicht so, als hätte er gegen seine Überzeugung die offizielle Interpretation übernommen, um keine Schwierigkeiten zu riskieren. An einen taktischen Rückzug konnte er angesichts der furchtbaren Kämpfe aber nicht glauben. Eigentlich lässt sich seine Weigerung, die Wahrheit zu sehen, darum nur psychologisch herleiten, und mehr als Vermutungen aus der Fernsicht sind nicht möglich.

Ich erklärte es mir schließlich, salopp gesprochen, mit den Worten des Dichters Christian Morgenstern: »Weil nicht sein kann, was nicht sein darf.«

Heinz war seit 1939 Teil des Krieges, er war den langen, bitteren Weg ganz gegangen. Er hatte in kurzer Zeit erwachsen werden müssen, Jahre seines Lebens verloren, Strapazen und Todesangst ausgestanden, verwundete Kameraden verbunden und andere neben sich sterben sehen. Er hatte sich bemüht, seine sogenannte Pflicht zu tun, alles richtig zu machen, was von ihm verlangt wurde. Es konnte nach all diesen Investitionen und Opfern aus seiner Sicht wohl einfach nicht sein, dass alles, was man ihm von Kindesbeinen an eingetrichtert hatte, falsch war. Ohne Hoffnung auf den Sieg hätte für ihn nichts mehr einen Sinn gehabt.

Im folgenden Brief deutete sich an, dass sein Widerstand gegen die Erkenntnis des Scheiterns zumindest phasenweise schwand. Er schrieb: »Einmal muss mir ja der Sieg geschenkt werden.« Nun ging es nicht mehr um das System, um dessentwillen er sich in der Hölle bewähren musste. Es ging nur noch um ihn, den von Gott Geschützten, dem eine solche Ungerechtigkeit wie die Niederlage nicht passieren konnte. Der Sieg sollte ihm nun geschenkt werden. Daran, dass Deutschland diesen noch würde erkämpfen können, glaubte er in diesem Moment offenbar nicht mehr, doch man wird sehen, dass er später wieder beharrlich an seiner alten Denkschleife festhielt. So als wäre er auf einem Gleis gefahren, von dem er nicht mehr herunterkonnte.

Russland, den 1. Juni 1944

Mein lieber Vater!

Zurzeit ist es sehr ruhig bei mir. Es ist so die Ruhe, hinter der sich vielleicht manches verbergen kann. Wir warten hier alle auf den Schlag im Westen, dieser Tag wird wohl der Tag der Entscheidung. Es ist natürlich möglich, dass der Russe auch bald etwas gleichzeitig unternehmen wird, doch wir sehen einem eventuellen Angriff zuversichtlich entgegen.

Ich hoffe, dass meine Beförderung nun endlich zum Klappen kommt. Ich war bereits eingereicht gewesen, und durch den Rückmarsch, Führerwechsel usw. war die Sache nicht zum Klappen gekommen. Man muss Geduld haben. Ich darf nämlich vor meiner Beförderung nicht in Urlaub fahren, obwohl ich bereits an der Reihe wäre. Das ist natürlich bitter für mich.

Ich vermute, dass Du mit Mutter in Ingelfingen weilst, die Erholung würde ich Dir herzlich gönnen, vielleicht kann ich dann Anfang Juli in Urlaub kommen. Meine liebe Braut wartet natürlich ebenfalls sehnsüchtigst auf mich. In jedem Brieflein träumt sie schon von diesen Tagen. Seit einigen Tagen ist es hier herrliches Sommerwetter und auch dementsprechend heiß. Ich bin schon ganz schön braun gebrannt. Man könnte jetzt so herrliche Abendspaziergänge machen.

Ich will gerne alle Äußerlichkeiten auf mich nehmen, einmal muss mir ja der Sieg geschenkt werden. Dafür stehen wir Soldaten im Osten fern der Heimat und unserer Lieben.
Dir herzliche Grüße und Küsse
Dein Heinz

Heinz schrieb an seinen Vater am 1. Juni: »Wir warten hier alle auf den Schlag im Westen, dieser Tag wird wohl der Tag der Entscheidung.«

Er hielt sein Bild beharrlich offen. Doch eigentlich war klar, dass ein alliierter Angriff im Westen die Kapazitäten der Wehrmacht dramatisch überfordern würde.

Am 6. Juni 1944 war es so weit: Der Tag, an dem die Truppen in der Normandie an Land gingen – das größte militärische Landungsmanöver der Weltgeschichte –, brachte längerfristig betrachtet tatsächlich die Entscheidung. Es war D-Day. Die Vereinigten Staaten, Kanada und Großbritannien eröffneten mit ihrer »Operation Overlord«, wie vom sowjetischen Diktator Josef Stalin schon länger gefordert, eine Westfront und entlasteten damit die vorrückende Rote Armee im Osten.

Die Mission, unter höchster Geheimhaltung geplant von US-General Dwight D. Eisenhower, basierte auf der Luftüberlegenheit, der schieren Zahl von bewaffneten Schiffen und Soldaten und einem Täuschungsmanöver der Alliierten. Mit Attrappen von Schiffen aus Papier, aufblasbaren Panzern und einer Geisterarmee suggerierten die Alliierten der gegnerischen Aufklärung, sie hätten vor, an der engsten Stelle des Kanals, von Dover nach Calais, überzusetzen. Doch sie wählten mehrere Strände an der Küste der Normandie, zwischen Cherbourg und Caen. Wie sehr die Deutschen von der Invasion überrascht wurden, erkennt man daran, dass Generalfeldmarschall Erwin Rommel, der den Oberbefehl in der Region hatte, an jenem Tag in Berchtesgaden den Geburtstag seiner Frau feierte.

Die »Operation Overlord« wurde zu einem Blutbad. Die anlandenden Bodentruppen wurden zunächst durch Maschinengewehrfeuer oder in den Minenfeldern der Wehrmacht getötet. Panzersperren und Stacheldraht hielten sie auf. Überall entlang der Atlantikküste hatten die Deutschen Befestigungsanlagen errichtet, den Atlantikwall, in dem sie sich zunächst noch verschanzen konnten. Doch die Schiffsartillerie der Alliierten zerschoss die Bunker. Nach 24 Stunden galt die Mission als gelungen, die Strände waren erobert und die Schlacht ging – unter großen Verlusten auf beiden Seiten – mit Panzern im Landesinneren weiter. Die Befreiung Westeuropas von der deutschen Zwangsherrschaft nahm von hier ihren Ausgang.

»Die Lage an der Front wird von Tag zu Tag schwieriger«, schrieb Rommel in einem Fernschreiben vom 15. Juli 1944 an Hitler. »Die Verluste sind derartig hoch, dass die Kampfkraft rasch absinkt. Ersatz aus der Heimat kommt nur noch sehr spärlich. … Wie die Kämpfe gezeigt haben, wird bei dem feindlichen Materialeinsatz auch die tapferste Truppe Stück für Stück zerschlagen. … Auf der Feindseite fließen Tag für Tag neue Kräfte und Mengen an Kriegsmaterial der Front zu. … Unter diesen Umständen muss damit gerechnet werden, dass es dem Feind in absehbarer Zeit – 14 Tagen bis 3 Wochen – gelingt, die eigene dünne Front, vor allem bei der 7. Armee zu durchbrechen und in die Weite des französischen Raumes zu stoßen. Die Folgen werden unübersehbar sein. Die Truppe kämpft heldenmütig, jedoch der ungleiche Kampf neigt sich dem Ende entgegen.«

Am 25. August 1944 zog der französische General Charles de Gaulle in Paris ein. Überall rückten die Fronten unaufhaltsam näher ans Reich heran.

Russland, den 5. Juni 1944

Mein liebes Beatle!

Das Gedicht ist sehr schön und sinnvoll; und es trifft auf mich besonders zu. Ich darf immer gnädig bewahrt bleiben, doch äußere Ehren fallen mir nicht so leicht in den Schoß wie so manchem anderen. Es ist wirklich schön, wie Du Deine Gedanken und Gefühle in solch schönen Gedichten zum Ausdruck bringst. Es muss ja jetzt im Schwarzwald ganz herrlich sein. Würde mich gerne mal für einige Zeit in diese schöne Gegend versetzen.

Wo ich jetzt bin, ist die Gegend ja auch schon heimatlicher, es gibt wenigstens Berge und Täler und auch grüne Bäume und Blumen, wenn auch die Hütten gleich primitiv sind wie weiter östlich. Ich habe mir vor meinem Bunker rechts und links im Laufgraben einen kleinen Garten angelegt. Es gibt dort Tag- und Nachtblümchen,[89] Vergissmeinnicht, Margeriten und einige andere Blümlein, deren Namen ich nicht weiß.

Es grüßt und küsst Dich herzlich
Dein Heinz

Russland, den 13.6.44

Liebes Mütterle!

Ich bin zurzeit in großer Sorge. Ida hat mir geschrieben, dass ihre Mutter ins Krankenhaus musste zu einer Operation, es hängt irgendwie mit den Wechseljahren zusammen. Nun habe ich schon 5 Tage keine Nachricht mehr. Hoffentlich ist alles gut vorbeigegangen. So eine Operation ist doch bestimmt sehr gefährlich. Der Gedanke, dass mein Idachen dadurch in Leid und Sorge kommen könnte, macht mich ganz durcheinander. Ich habe mein Idachen so unendlich lieb. Ach, Mutti, dürfte ich doch bald heimkommen, ich habe so eine große Sehnsucht nach Euch allen. Ich habe nur eine Hoffnung, dass der Krieg bald zu Ende geht.

Innigst grüßt und küsst Dich
Dein Bub

---

89 Stiefmütterchen

Russland, den 13. Juni 1944

Liebe Christa, liebe Elfriede!

Heute habt Ihr mir eine liebe Freude gemacht. Ich erhielt Dein liebes Briefle, liebe Christa, aus Alpirsbach vom 3.6. mit der Schilderung des Besuchs bei Beatle zusammen mit Mutter. Und von Dir, liebe Elfriede, Dein süßes Vanillebrötchen- und Zigarettengrüßle. Für beide Überraschungen meinen herzlichen Dank.

Ich freue mich sehr, dass Du liebe Eddie einige Tage mit Mutter zusammen sein durftest. Da hatte bestimmt auch Beate eine ganz große Freude. Ach wie gerne würde ich geschwind zu Euch fliegen in diese herrliche Waldeinsamkeit und diesen Frieden. Ich kann aber auch dankbar sein, denn bei uns ist es z. Zt. auch sehr ruhig, so kann man doch etwas die Sonne genießen. Doch wisst Ihr, in der ruhigen Zeit wird auch die Sehnsucht in die Heimat und nach Euch allen wesentlich größer.

Post gibt es bei uns immer am Abend, ebenso das Mittagessen. Zurzeit esse ich aber jeden Mittag 2 Eier und grünen Salat, dazu Weißbrot und Butter. Nicht schlecht! Meine Hühner legen ganz ordentlich, habe 13 Stck. Gestern legten sie 8 Eier. Dazu habe ich einen kleinen schwarz-weißen Hund namens Bobbi und seit heute zwei junge Kätzchen. Ich hab da meine Freude dran. Mein Blumengarten vor meinem Bunker gedeiht schön. Die Blumen werden auch täglich gegossen. Leider ist unser Radio auf dem Kompanie-Gefechtsstand zzt. außer Betrieb, die Batterie ist leer. So hörte ich die letzten 2 Tage keine Nachrichten mehr von der Invasion. Wir haben hier die feste Hoffnung, dass alles planmäßig hinausläuft. Die Stimmung ist bei uns sehr gut und zuversichtlich.

Liebe Elfriede, vielleicht hast Du doch gerade Nachtschicht und reichst mir einen Kaffee, wenn ich in Urlaub komme, dies wäre ja rührend, wenn Du am Zug stehen würdest. Oje, es wird wohl noch eine Weile dauern. Christa, prüfe bitte in meinem Sparkassenbuch, ob ich seit 1. Nov. 43 144 RM Kriegsbesoldung bekommen habe. Wie viel Geld ist bis jetzt auf meinem Konto?

Ich bin gesund und munter.

Herzlich grüßt und küsst Euch

Euer Heinz

Die Erklärung, warum er davon träumte, von Elfriede bei Ankunft in der Heimat einen Kaffee gereicht zu bekommen, findet sich in ihren Aufzeichnungen:

»Ich hatte mich Anfang 1944 freiwillig beim Roten Kreuz gemeldet und wurde im Abendkurs zur Hilfsschwester ausgebildet. Ich half mit, am Hauptbahnhof die durchreisenden Soldaten zu verköstigen. Es gab dort einen Aufenthaltsraum mit Küche für sie. Die Köchinnen waren fest angestellt. Ich bewunderte, was für eine schmackhafte Suppe sie aus dem Suppenpulver mit beigefügtem klein geschnittenem Gemüse zauberten. Außerdem wurde laufend Kaffee gekocht. Am Tage waren Hausfrauen die Hilfskräfte, aber von abends 8 bis morgens 6 Uhr waren wir dran. Wenn ein Zug mit Soldaten eintraf, standen wir mit unseren Wagen voller heißer Kaffeekannen am Bahnsteig und schrien lauthals: ›Kaffee, Kaffee‹, denn viele Soldaten schliefen. Dann reichten sie uns ihre Feldflaschen durch die Fenster, und wir füllten sie so schnell wie möglich, damit alle versorgt wurden, ehe der Zug weiterfuhr. Bis zum nächsten Zug waren wir Bedienung im Aufenthaltsraum. Um 6 Uhr wurden wir abgelöst. Ich zog mich zu Hause um, frühstückte und fuhr dann mit dem Fahrrad zur Arbeit.

Nach Fliegerangriffen musste ich mich in der ›Obdachlosenstelle‹ melden. Wenn feststand, dass der Angriff Stuttgart gelten würde, wurde mit deutscher Gründlichkeit im Remstal angefangen zu kochen, damit die künftigen Obdachlosen, die davon noch gar nichts wussten, als die Töpfe aufgesetzt wurden, nach dem ersten Schock wenigstens eine warme Mahlzeit bekamen.«

Und ein paar Zeilen weiter:

»Wir waren gefangen in diesem System, das mit großer Geschwindigkeit auf eine Katastrophe zulief. Die Reden der Naziführer klangen in unseren Ohren nur noch wie Hohn.

Propagandaminister Joseph Goebbels: ›Aus einem fahrenden Schnellzug kann man nicht aussteigen.‹ Und ein andermal: ›Schimpfen ist der Stuhlgang der Seele.‹

Es waren furchtbare Jahre, in die wir eingezwängt waren.«

Diese letzten Sätze, Jahrzehnte nach dem Ende des Krieges aufgeschrieben, geben nicht unbedingt wieder, wie die Familie Meyer die Lage im letzten Kriegsjahr einschätzte. Das erste Goebbels-Zitat konnte ich zudem nicht zurückverfolgen, das zweite datiert lange vor

1944. Ich kann mir jedoch gut vorstellen, wie diese Sätze im Gedächtnis meiner Mutter noch sehr lange arbeiteten.

Elfriedes Beschreibungen zeigen viel eher, wie sie sich als alte Dame an diese traumatisierende Zeit erinnert hat. Die Gedanken daran empfand sie als qualvoll. Bis an ihr Lebensende konnte sie es nicht ertragen, sich Filme über den Zweiten Weltkrieg anzusehen. Doch als Zeitungsleserin sammelte sie Jahr für Jahr mehr Wissen über das mörderische System, zu dessen Teil sie 1933 als Zehnjährige geworden war.

Russland, den 19. Juni 1944

Mein liebes Mütterle!

Wir sind hier sehr gespannt, wie sich die Lage im Westen weiterentwickelt, wir hoffen alle auf eine Stunde totaler Entscheidung. Wenn erst England fertig ist, dann hat für den Russen ebenfalls die letzte Stunde geschlagen, davon sind wir überzeugt. Bis jetzt verhält sich der Russe hier ganz ruhig, man weiß nicht, was er vorhat. Uns kann es ja nur recht sein, wenn es so ruhig bleibt. Nun zu Deinem lieben Briefle. Zuerst etwas über die Güte meiner Geburtstagskuchen. Weißt Du, Mutter, gut waren sie schon, aber an heimatlichen und von Mutterhand gebackenen Kuchen kam er bei Weitem nicht heran, uns fehlte nämlich die Hefe. So haben wir uns mit Sauerteig beholfen. Es hätte Dir bestimmt Spaß gemacht, uns zuzusehen. Ich hatte persönlich die Oberleitung. Heute habe ich mal wieder ein gebratenes Huhn verspeist, es war prima. Ich glaube, in den letzten Wochen habe ich einiges zugenommen. Meine Melder behaupten es wenigstens. Das Wetter und die Umgebung ist zurzeit auch ganz schön. So ist unsere Stimmung gut. Gestern bekam ich eine Mundharmonika, da kann ich jetzt meine Lieder drauf spielen.

Du hast ja allerhand erlebt während Deines Aufenthalts in Alpirsbach, ich möchte auch hoffen, dass mit Beate alles in Ordnung geht, sie ist nicht leicht zu meistern. Gestern kamen die Spiegel und Schulterklappen an nebst Brieflein. Ich danke Dir, liebe Nanna, recht herzlich dafür. Nun kann die Beförderung ja endlich kommen.

Ich bin gesund und munter. Idas Mutter wurde nicht operiert, es geht ihr wieder ordentlich.
Innig grüßt und küsst Dich, den lieben Vater und Nanna
Dein Herzensbub

Russland den 8. Juli 1944

Mein lieber Vater!
Wie geht es denn Deinem Herzen? Bist Du noch in Behandlung? Mutter schreibt mir, dass Du einige Tage das Bett hüten musstest, doch ging es zum Glück wieder schnell vorüber. Nun hat für Dich wieder die Arbeit begonnen und damit der graue Alltag. Ich bin gesund und munter. Der Russe ist etwas lebhafter geworden. Möge ihm im Norden bald Einhalt geboten werden. So einiges müssen die Kameraden dort oben nun wieder aushalten. Wir werden in diesen Tagen noch manche harte Stunde erleben, doch der Glaube an ein siegreiches Ende muss immer unerschütterlich in uns allen bleiben, und bei mir vorne im Graben ist er unerschütterlich.
Innigst grüßt und küsst Dich
Dein Heinz

Heinz hielt durch, und Hitler persönlich sorgte dafür, dass das Töten an der Front weiterging. Noch einmal hatte mein Onkel ungeheures Glück, als eine feindliche Kugel seine Nase durchschoss. Ein paar Zentimeter weiter, und es wäre sein Tod gewesen. Doch sogar das Nasenbein blieb intakt und die Fleischwunden heilten schnell, wie seine Mutter in ihrem leider nur sehr bruchstückhaft geführten Tagebuch festhielt.

Hitler selbst schien unantastbar. Mehrere Attentate auf den »Führer« waren bereits fehlgeschlagen. Knapp zwei Wochen nach dem Brief, in dem Heinz seine Unerschütterlichkeit beschwor, am 20. Juli 1944, misslang der nächste Versuch. Oberst Claus Graf Schenck zu Stauffenberg, der zur Berichterstattung ins Führerhauptquartier »Wolfsschanze« bestellt worden war, ließ im Besprechungszimmer in der Nähe von Hitlers Platz eine Aktentasche mit einer Bombe zurück. Die Explosion zerstörte den Besprechungsraum und tötete mehrere Anwesende. Adolf Hitler aber kam mit leichten Verletzungen davon.

Der Plan, genannt »Operation Walküre«, hatte vorgesehen, dass Stauffenbergs Mitverschwörer unmittelbar nach Hitlers Tod die Regierung in Berlin hätten übernehmen sollen. Doch die Nachricht, dass Hitler überlebt hatte, änderte alles, die Verschwörung brach zusammen. Die Geheime Staatspolizei (Gestapo) verhaftete im Zusammenhang mit dem Attentat mehr als 5000 Menschen. Viele wurden vom Volksgerichtshof zum Tode verurteilt.

Der Widerstand erhielt kaum Unterstützung von außen. Die Alliierten zeigten sich skeptisch gegenüber Kooperationsangeboten. Noch in der ersten Nachkriegszeit werteten die Siegermächte das Attentat des 20. Juli nicht als vorwiegend durch Gewissensnöte begründetes Aufbegehren gegen die Verbrechen des Nationalsozialismus, sondern als späten Versuch militärisch-konservativer Kreise, das Deutsche Reich vor der Niederlage zu bewahren.

Was auch immer die Hauptmotive Stauffenbergs und seiner vorwiegend adligen Mitverschwörer waren: Fest steht, dass ihr Erfolg Millionen von Menschenleben hätte retten können. In der Zeit nach dem 20. Juli 1944 starben mehr Menschen im Krieg als in den fünf vorangegangenen Kriegsjahren zusammen.

Die Naziführung verschloss sich der Wahrheit über den Kriegsverlauf immer konsequenter. Zwar registrierte Reichspropagandaminister Joseph Goebbels, »dass das Volk langsam anfängt, die Nerven zu verlieren«. So schrieb er es am 30. August 1944 in sein Tagebuch. Doch vermied auch er selbst es immer mehr, sich mit den »Zweck- und Tendenzmeldungen« der feindlichen Rundfunkpropaganda zu konfrontieren. »Ich werde mir nur noch einen Bruchteil dieses Materials vorlegen lassen, da ich keine Lust habe, mir in dieser kritischen Zeit meine Nerven durch die englisch-amerikanisch-sowjetische Propaganda verderben zu lassen«, notierte er.

Im August durfte Heinz die Front in Russland verlassen. Überraschend konnte er nach Düsseldorf reisen, konnte sogar einen Abstecher nach Stuttgart machen und später noch Urlaub in der Heimat anhängen.

Düsseldorf, Tübingen, Bingen bei Sigmaringen, Hilden

Düsseldorf, den 14. August 1944

Mein liebes Mütterle!

Bin heute Morgen um 7 Uhr hier angekommen. In der Zwischenzeit wirst Du mein Telegramm und den mündlichen Bericht von Vater bekommen haben. So war es mir doch vergönnt, wenn auch ganz kurz, meine Heimatstadt wiederzusehen. Wie alles geklappt hat, war ja wunderbar. Nur Du warst leider in Leutkirch und hast mir gefehlt.

Ich war nun heute Morgen gleich beim Bataillon, und nun ist Folgendes: Ich werde vorerst nicht abgestellt, sondern erst soll meine Beförderung in Ordnung kommen. Es wird gleich an mein Regiment geschrieben, und das Allerschönste: Ich bekomme 16 Tage Urlaub. Kannst Du Dir das vorstellen? So kann ich Dich also doch wiedersehen. Ich habe nun folgenden Plan: Ich fahre über Stuttgart nach Bad Niedernau zu Ida. Bleibe dort einige Tage und werde versuchen, dass sie ebenfalls Urlaub bekommt. Dann komme ich mit ihr nach Leutkirch. Wann ich hier abkomme, weiß ich noch nicht, ich denke, in den nächsten Tagen.

Ich möchte natürlich Zivil anziehen, und deshalb Folgendes: Ich führe alles auf, was ich brauche, und was schon in Leutkirch ist, soll ein Schwesterlein nach Bad Niedernau bringen zu Ida, schicken dauert zu lange. Habe Magda ebenfalls geschrieben. Was in Stuttgart ist, richtet sie her. Lederhose, weißes Hemd, weiße Strümpfe, Bergschuhe, heller Sommerkittel, lange grüne Hose (Sommerhose), Kittel von meinem blauen Sonntagsanzug, Sonntagshemd, Schleifchen oder blau-weiße Seidenkrawatte, helle Sommerschuhe, weißer Gürtel, Seidenhemden blau und rot, heller Sommermantel, Hut oder helle Schildmütze von Vater, gelbe Lederhandschuhe. Ein großer Teil von diesen Sachen ist ja in Stuttgart. Hoffe, hier einen Koffer zu bekommen. Beate oder Elfriede kann dann bei Ida übernachten. Vielleicht treffen wir dann gerade zusammen.

Weißt Du, ich möchte doch nicht in der warmen Uniform herumlaufen, und einem von meinen Schwesterlein macht es bestimmt Freude, Ida mal zu besuchen.

Ach, mein liebes Mütterle, so wird doch immer alles wieder gut, ein gnädiges Geschick hat mich wieder zu Euch Lieben zurückgebracht. Wie vieles habe ich meinem treuen Schöpfer zu danken.

Oh, es werden herrliche Tage für mich sein, ich werde mal wieder fröhlich und glücklich sein dürfen und alles Schwere vergessen.

Auf Wiedersehen!
Innigst grüßt und küsst Dich
Dein Herzensbub Heinz

Tübingen, den 24. September 1944

Liebe Eltern!

Von hier aus noch einen lieben Gruß, bevor ich wieder nach Düsseldorf fahre. Bin am Donnerstagabend planmäßig in Bad Niedernau eingetroffen. Gestern Mittag standen dann Ida und ich auf dem Bahnhof, und wer kam an: Beate. Ich war natürlich überrascht. Magda hatte nach Freudenstadt geschrieben, und da bekam sie Urlaub. Denke Dir, was sie mir von ihrer Reise vom Schwarzwald über Stuttgart bis zu mir mitbrachte: Am Donnerstag kam von meinem Regiment an meine Heimatanschrift die Beförderung zum Oberfähnrich mit Wirkung vom 1.8.1944 und das EK I mit Urkunde. Es wurde mir bereits am 29. Juli verliehen von meinem Divisionskommandanten, dazu ein lieber Brief von meinem Hauptfeldwebel. Du kannst Dir wohl meine Freude vorstellen. Da ich die notwendigen Rangabzeichen bei mir hatte, hat Ida gleich meine Uniform entsprechend umgewandelt, und so bin ich heute Morgen bereits als Oberfähnrich von Bad Niedernau abgefahren. So hatten sie mich draußen doch nicht vergessen, und mein Regimentskommandeur hat sein Wort gehalten.

Ich fahre 13:30 Uhr hier ab und habe in Esslingen von 15 bis 16 Uhr Aufenthalt. Magda und Elfriede werde ich vermutlich dort auch sehen. So hat mein Urlaub noch einen wunderschönen Abschluss gefunden. Ich habe den schwierigen Tag wirklich wundervoll ausgenutzt und bin sehr glücklich darüber. Ich hoffe auch, dass Ihr von meinem Besuch befriedigt seid, ich kann dies von mir sagen.

Habe mit meiner Braut noch einige sehr schöne, glückliche Tage verlebt, sodass ich mir wieder sehr schöne Erinnerungen bewahren kann.
Liebe Grüße und Küsse von
Eurem Sohn Heinz
Recht liebe, herzliche Grüße Eure Ida[90]

Die Situation spitzte sich nicht nur an der Front weiter zu. Der Druck im Amt wurde immer größer. Und Heinrich Meyer musste erleben, wie sein Sohn immer zielstrebiger auf die Hochzeit mit der katholischen Ida zusteuerte. Schließlich war er seelisch und körperlich so überlastet, dass er mit Herzbeschwerden für mehrere Wochen ins Krankenhaus musste. Die Gründe, warum er dafür nach Leutkirch ging, liegen im Dunkeln. Vielleicht wollte er in der Nähe seiner Frau sein.

Düsseldorf, den 28. September 1944

Liebe Eltern!

Ich habe hier auf dem Bataillon Folgendes erfahren: Meine Abstellung in den Osten erfolgt in circa 14 Tagen bis drei Wochen. Ich habe dann wegen meiner Heiratspapiere gesprochen, welche ich hier noch fertig machen lassen wollte, und da erfuhr ich Folgendes: Nach einer neuen Verfügung (welche vor meinem letzten Urlaub noch nicht bestand) kann ich vor meiner Abstellung noch Heiratsurlaub bekommen. Wenn ich dies aber will, so muss ich meine Papiere sofort einreichen, da sich zeitlich alles drängt, und dann bekomme ich auch den Urlaub. Ich kann also nicht abwarten, bis ein Bescheid kommt entweder von Ida, von Euch oder

90 Andere Schrift

von Bingen. Ich habe nun den Entschluss gefasst, mich vorher noch trauen zu lassen, und habe die Papiere eingereicht.

Ich sehe nicht ein, warum ich diese Gelegenheit nicht ergreifen soll, zumal sich außerdem meine Abstellung dadurch verschiebt. In diesem Fall kommt mir das Bataillon sehr nett entgegen.

Ich bitte Dich also innigst, lieber Vater, zu versuchen, Deinen Sohn in seiner Handlungsweise zu verstehen. Ich hätte sehr gerne erst eine Antwort von dir abgewartet, doch es war dies wegen der Kürze der Zeit nicht möglich. Spreche auch mit Mutti noch darüber, ich habe ihr einen Einblick gegeben in mein Herz, und sie hat mir ebenfalls zu einer baldigen Eheschließung beigestimmt.

Ich habe mich in meinen letzten Urlaubstagen über das religiöse Problem mit Ida ausgesprochen. Ich habe ihr erklärt, dass ich nie einwilligen werde, dass meine Kinder katholisch getauft werden; es deshalb auch keine katholische Trauung geben könnte. Sie wollte nun diese Angelegenheit mit ihren Eltern durchsprechen, und ich wollte ihnen schreiben und diese Sache endgültig klären. Durch die Enge der Zeit ist es nun nicht mehr möglich, dass ich diese Antwort abwarte, deshalb habe ich gestern Ida geschrieben, ihr alles mitgeteilt und ihr folgenden Vorschlag gemacht. Entweder lassen wir uns evangelisch trauen. Oder, wenn sie sich damit nicht einverstanden erklären kann, so kommt einfach eine standesamtliche Kriegstrauung infrage, eventuell in feierlicher Form. Die Kinder können dann später einmal trotzdem evangelisch getauft werden, oder aber wir lassen uns später kirchlich nachtrauen.

Habe heute Familie Riedinger nach Bingen einen 12 Seiten langen Brief geschrieben und alles klargelegt. Meine Verhältnisse, Aussichten, Religionseinstellung und denselben Vorschlag gemacht wie Ida, mit der Betonung, dass ihnen eigentlich eine evangelische Trauung lieber sein müsste als gar keine kirchliche Trauung. Ich bin entschlossen, in meiner Auffassung fest zu bleiben und sich die Sache an diesem Punkt entscheiden zu lassen. Ich habe Ida meine Telefonnummer geschrieben hier, wenn sie mit einer Trauung im jetzigen Augenblick unter diesen Bedingungen nicht einverstanden ist, soll sie mich telefonisch oder telegrafisch zu erreichen suchen, wenn ich nicht schon unterwegs bin zu ihr, dann müsste ich halt wieder zurückfahren.

Ich habe mit Ida über die Äußerlichkeiten der Hochzeit bereits gesprochen. Sie schlägt Sigmaringen vor, weil einmal materiell die Sache von Bingen aus versorgt werden kann, also wegen dem Essen, zum anderen meine Schwestern alle in Bingen einquartiert werden könnten einschließlich Euch (eventuell auch Sigmar[91] im Hotel). Außerdem kann Frau Riedinger praktisch gar nicht weg von daheim und ihr Vater wohl auch nicht.

Ich würde ja eventuell in 8 Tagen bereits kommen. Und da erhebt sich die Frage, ob Du, lieber Vater, reisefähig bist und auf einige Tage das Leutkircher Krankenhaus verlassen darfst. Es ist mir dies eine große Sorge, denn ich möchte diesen Tag nicht ohne Dich feiern. Wenn Du nicht wegkannst, so müsste die Trauung eventuell nach Leutkirch verlegt werden. Ich habe Ida vorgeschlagen, dass Du, liebe Mutti, nach Bingen fährst und dort alles besprichst und regelst. Dann kannst Du über den Ort der Trauung sprechen im Hinblick auf Vater und die Eltern dort kennenlernen. Ich habe Ida geschrieben, dass sie Dich in Leutkirch bei Albrecht telefonisch anrufen soll und mit Dir über die Reise nach Bingen spricht. Ich habe ihr geschrieben, dass ich es am besten fände, wenn Du nach Bingen fährst, ebenso schrieb ich dies an ihre Eltern in Bingen.

Ich habe alle drei Briefe mit Einschreiben weggeschickt, und ich hoffe, dass sie bald und wohlbehalten ankommen, denn es wäre schlimm, wenn ich vor den Briefen ankommen würde.

Von Leutkirch würde ich ein weißes Hemd brauchen; sonst trage ich natürlich die Uniform. Außerdem brauche ich zur Trauung das Familienbuch. Ich habe wegen meiner Papiere an das Standesamt Ulm-Söflingen geschrieben, hoffentlich kommen sie, ich habe die Adresse von Ida angegeben.

Und nun bitte ich Euch, dass Ihr mit mir einverstanden seid und alles seine gute Lösung findet.

Innigst grüßt und küsst Euch mit herzlichen Wünschen
Euer Heinz

91 Wahrscheinlich Kurzform für Sigmaringen

Je weiter der Krieg fortschritt, desto größeren Wert legte die NS-Führung darauf, dass Soldaten heiraten konnten. Zu diesem Zweck wurde nicht nur, wie im Fall von Heinz, die Frontabstellung aufgeschoben. Sollte der Soldat im Feld sein und trotzdem heiraten wollen, so gab es die Möglichkeit der Ferntrauung. Die Braut erschien dann mit zwei Trauzeugen auf dem heimischen Standesamt. Am Platz des Bräutigams, der seinen Willen zur Heirat schriftlich niedergelegt hatte, lag ein Stahlhelm.

Diese Praxis diente vor allem dazu, Kinder zu legitimieren, die bereits unterwegs waren, die Frau sozial abzusichern, zu verhindern, dass sie einen unmoralischen Lebenswandel zu führen begann, und dem Soldaten die Möglichkeit zu eröffnen, im nächsten Fronturlaub eheliche Kinder zu zeugen. So wollten die Nazis dem Geburtenrückgang entgegenwirken, den der Krieg mit sich brachte.

Eine Fernehe war auch wirksam, wenn der Bräutigam zum Zeitpunkt der Heirat schon tot war. Sogar »Totenehen« waren möglich, sofern nachweislich die ernste Absicht des Gefallenen, die Ehe einzugehen, bestanden hatte. Frauen, die eine solche Ehe eingingen, wurden nicht Ehefrau, sondern sofort Witwe.

Düsseldorf, den 16.10.1944

Mein lieber Vater!

Lange habe ich nicht mehr geschrieben, denn ich hoffte, in diesen Tagen bereits bei Euch zu sein. Nun hat sich aber die Lage etwas geändert. Die Erlangung des Heiratsurlaubs ist eine ziemlich langweilige[92] Angelegenheit. Ich hoffe aber, bis Ende der Woche meine Papiere zu bekommen, um dann in den Urlaub gehen zu können. Die große Sorge ist mir, wie es mit Deiner Gesundheit beschaffen ist. Ob Du in der Lage bist, nach Sigmaringen fahren zu können, oder ob die Trauung in Leutkirch stattfinden muss.

Wann ich abgestellt werde, weiß ich noch nicht, es kann aber noch einige Zeit dauern. Am letzten Montag war mein Bataillonskommandeur Hauptmann Laufenberg hier. Ich war den ganzen Tag mit ihm zusammen, es war für mich sehr schön und

92 Schwäbisch: langwierige

anerkennend, er war wie ein Freund. Er ist zum Ritterkreuz eingereicht und macht auch seinen Major. Er hat mir auch sehr zugeredet zu heiraten, er kennt meine Verhältnisse.

Und nun wünsche ich Dir sehr gute Besserung und hoffe auf ein baldiges Wiedersehen
Es grüßt und küsst Dich herzlich
Dein Heinz

Bingen, den 31. Okt. 1944

Mein lieber Vater!

Bin seit dem 24. Oktober im Urlaub. Ich hatte so einigen Dampf gemacht, doch hatte sich in Düsseldorf alles verzögert. Ich will Dir nun den Ablauf der seither eingetretenen Ereignisse schildern, und ich habe die Hoffnung, dass Du meine Handlungsweise, wenn schon nicht von Herzen billigen, so doch verstehen kannst.

Auf meinen damaligen Einschreibebrief an Ida erhielt ich von ihr brieflich die Antwort, dass sie mit einer Heirat im jetzigen Augenblick einverstanden sei, das Religionsproblem sie aber noch sehr bedrückt, jedoch kann sie meine Einstellung verstehen, und sie würde sich auch noch mit ihren Eltern aussprechen. Weiter erfuhr ich in Düsseldorf nichts mehr. Meine Genehmigung zur Heirat dauerte wesentlich länger, als ich angenommen hatte, doch wurde auch meine Abstellung noch etwas verzögert. So kam am 21.10. morgens die Genehmigung von der Division, zwei Stunden darauf erhielt ich einen ausführlichen Brief von Mutti, in welchem sie mir Gespräche mit Ida mitteilte und den unmissverständlichen Inhalt Deines Telegramms an mich, welches ich nicht erhalten hatte.

Ich war also vor eine Entscheidung gestellt. Sollte ich losfahren Richtung Ida oder den Schlussstrich unter meine große Liebe ziehen? Ein Hinausschieben hätte niemals eine klare Lösung gebracht. Andererseits war klar, dass, wenn ich führe, ich mich auch verheiraten müsste, da ich mich andernfalls strafbar machen würde. Es war mir aber auch unmöglich, die Sache auf sich beruhen zu lassen und so an die Front zu fahren. In dieser Zwangslage ging ich zu meinem Bataillonskommandeur und trug ihm den

Fall vor. Er zeigte großes Verständnis und gab mir einen Sonderurlaub (mit der Begründung: Gefährdung der bürgerlichen Existenz), um den Fall klären zu können. Außerdem bekam ich eine Bescheinigung mit, aufgrund welcher ich mir 8 Tage Heiratsurlaub geben lassen konnte beim Standortältesten Sigmaringen, falls die Sache zum Klappen kommt. So fuhr ich weg; war am Montagnachmittag einige Stunden in Degerloch und fuhr dann mit Auto weiter nach Tübingen, war dann um 19 Uhr bei Ida. Ich sagte ihr erst nichts von meinem Sonderurlaub, sondern ich hatte den Plan, sie ganz klar vor eine Entscheidung zu stellen und am nächsten Morgen wieder abzufahren, falls sie nicht einwilligen und mich also mit falschen Zusagen hintergangen haben sollte.

Bereits bei meiner Ankunft war ich erschreckt über ihr mitgenommenes Aussehen. Ihre Stubenkameradin erzählte mir, dass sie die letzten 3 Wochen meistens im Zimmer zugebracht habe usw. Ich hatte dann eine vierstündige Aussprache mit ihr. Ich fragte sie, wie sie es hätte wagen können, mich kommen zu lassen, ohne entschlossen zu sein, meine Einstellung und meinen Vorschlag anzuerkennen. Unter Schluchzen erzählte sie mir dann, dass sie jetzt drei Wochen die furchtbarsten Kämpfe mitmache. Ida hatte daheim gesagt, dass sie sich evangelisch trauen lassen wollte, danach hätten ihre Eltern die Einwilligung versagt, außerdem hatte sie von ihrem Patenonkel einen wütenden Brief bekommen usw. Sie wusste nicht mehr, wie sie sich helfen sollte. Ida sei aber fest entschlossen, wenn ich hart bliebe, meinen Willen anzuerkennen und sich mit mir evangelisch trauen zu lassen, wenn ich die Verantwortung für ihre Zukunft voll übernehmen könnte.

Ich sagte ihr dann, dass ich selbst die Einstellung ihrer Eltern erkunden wollte und am nächsten Morgen nach Bingen fahren würde. Wir überlegten auch die Möglichkeit einer Trennung, doch wir wären beide nicht darüber weggekommen, unsere Herzen sind zu sehr aneinandergebunden.

Ich sagte ihr, ich würde am Mittwoch anrufen von Bingen, ob sie ihren Heiratsurlaub antreten sollte. Ich fuhr am nächsten Morgen um 8 Uhr nach Tübingen und bekam dort keinen Anschluss nach Bingen. Erst mittags 15 Uhr. Ich rief dann Ida an, und sie sagte mir, dass sie entschlossen sei, jetzt die Entscheidung zu erzwingen, und unter allen Umständen einwilligen werde, da sie mich so nicht zur Front lassen werde.

Ich kam nun um 16 Uhr in Bingen an. Am nächsten Morgen sprach ich zuerst mit ihrer Mutter, sie sagte, eine evangelische Heirat könnten sie nie verantworten, da Ida in den Kirchenbann käme. Mittags sprach ich mit dem Vater. Er sagte, dass er seiner Überzeugung nach nicht einwilligen könne, er jedoch gegen eine Heirat nichts habe und sich seiner Tochter nicht in den Weg lege, sie jedoch die Konsequenzen ziehen müsste. Ich frug ihn dann, ob er sie in diesem Fall verstoßen wolle, er sagte, davon habe er nichts gesagt, jedoch sei dann ein Aufenthalt in Bingen für sie nicht mehr möglich, da er schon aus äußeren Gründen dies nicht billigen könne.

Ich ging dann zum katholischen Pfarrer und hatte mit ihm eine zweistündige Unterredung. Er ist ein sehr geistvoller, verständiger Mann. Ich zeigte ihm rückhaltlos meine Einstellung auf. Er sagte mir, dass er meine Einstellung 100 % verstehen könne, ihm sei auch ein guter Protestant viel lieber als ein schlechter Katholik. Wir sprachen über den Kampf der Kirche im 30-jährigen Krieg, über Luther, über Rosenberg usw. Wir verstanden uns ausgezeichnet, trotz meiner offenen Einstellung. Ich sagte ihm dann, dass mir die katholische Trauung an sich nichts weiter bedeuten würde, ich jedoch meine Kinder niemals in diesen Zwang und diese Sturheit geben würde. Er erklärte mir, dass im Allgemeinen auch manche Vorurteile gegen die katholische Kirche bestehen würden usw.

Er sagte mir, dass es für mich ein großes, ja vielleicht das größte Opfer bedeuten würde, obwohl mir ja von meiner Kirche keine Schwierigkeiten gemacht würden, wohingegen meine Frau in den Kirchenbann komme.

Ich verhandelte mit meiner Braut dann noch viele Stunden über unser Problem. Sie sagte mir noch einmal, dass, wenn ich die Verantwortung über ihre Zukunft in jeder Beziehung übernehmen würde, sie morgen mit mir weggehen und wir uns dann evangelisch trauen lassen könnten, irgendwo. Ich kann aber diese Verantwortung in dieser Zeit nicht übernehmen. Wenn Ida mal ein Kind erwartet, ist sie auf ihre Eltern angewiesen, solange diese Kriegszeiten bestehen.

Ich willigte in Folgendes ein: Ich lasse mich katholisch trauen. Meine Buben werden evangelisch getauft. Geschieht dies gegen den Willen der Mutter, so fällt sie in keinen Kirchenbann. Die Mädchen mögen werden wie die Mutter. Das haben nun ihre Eltern anerkannt, sie selbst es mir handschriftlich versichert. Ida hat außerdem die Möglichkeit mit mir besprochen, später einmal mit allen Kindern evangelisch zu werden.

Damit habe ich Dir gegenüber die Verpflichtung erfüllt, den Familiennamen evangelisch weiterzutragen. Meine Handlungsweise verstehst Du vielleicht nicht, doch meine Liebe kann ich nicht meinem Vater opfern. Ich habe am Donnerstag Leutkirch angerufen und wollte die letzte Entscheidung mit Dir gemeinsam fällen, doch warst Du dort nicht mehr. So wurde die standesamtliche Trauung bereits auf Samstag 17 Uhr festgelegt, und ich fuhr am Freitag nach Leutkirch und holte Mutti in Leutkirch ab. Die Schwestern in Stuttgart konnte ich nicht verständigen, nur Beate telegrafisch. Sie stieg jedoch in Freudenstadt in den falschen Zug und kam nach Stuttgart, dadurch erfuhren es die Schwestern. So kamen die 4 Schwestern 2 Stunden vor der standesamtlichen Trauung in Bingen an. Die kirchliche Trauung war dann am Montagmorgen. Die Schwestern wussten nicht, wo Du warst.

So ist Ida nun meine Frau geworden. Ich habe es aufs Tiefste bedauert, dass ich vorher nicht mehr mit Dir sprechen konnte, ich weiß wohl Deine Einstellung, doch wollte ich Dir beweisen, dass ich trotzdem wie ein Mann gehandelt habe und mich nicht irgendwie »herumkriegen« ließ. Ich habe dieses Opfer freiwillig gebracht und muss die Konsequenzen selber tragen. Doch bin ich von Ida und mir der stärkere Teil und werde deshalb leichter damit fertigwerden. Ich kann keine seelisch gedrückte Frau brauchen, sie ginge an den seelischen Kämpfen zugrunde. Ich habe aber weder bei dem Pfarrer noch bei den Eltern einen Zweifel darüber gelassen, dass ich mir in meiner Ehe in diesem Problem nicht das Geringste vormachen lasse und meine volle Handlungsfreiheit beanspruche. Dies haben mir die Eltern versichert.

Ich bitte Dich, den Glauben an mich nicht aufzugeben. Hoffentlich kann ich Dir noch einmal beweisen, dass ich Dich nicht enttäuscht habe. Ich glaube auch, dass es in der jetzigen Zeit noch manche anderen Probleme gibt, welche im Vordergrund stehen.

Heinz und Ida als Hochzeitspaar

Ich bitte Dich, Dir über diese Ereignisse nicht allzu viel Gedanken zu machen. Ich und meine Frau sind innig glücklich und einig miteinander. Ich bitte Dich, sie in Liebe aufzunehmen und als meine Frau anzuerkennen. Ich stehe jetzt anders vor meiner Feldabstellung, vielleicht kannst Du Dich etwas in mich hineindenken.

Die letzte Entscheidung über meine Handlungsweise bleibt Gott selbst vorbehalten. Er wird mich einstmals richten. Und dann stehen wir ganz allein ihm gegenüber und sind selbst verantwortlich für unsere Werke.

Hättest Du von mir verlangt, mich von Ida zu trennen, so hättest Du Deinen Sohn vielleicht für immer verloren, denn sie ist die Triebfeder, welche in mir den Lebenswillen immer wieder anfachte und mich oft Unmenschliches leisten ließ. Ich hätte diesen Verlust nicht verschmerzt, und einst hätte ich meine Eltern angeklagt, dass ich wegen ihrer Kleinmütigkeit auf mein Lebensglück verzichten musste.

Ich fahre am Samstag mit Ida 8:23 Uhr in Sigmaringen ab. Nach Ulm mit dem Eilzug. Werde gegen 10 Uhr dort eintreffen. Wenn es Dir möglich ist und Du das Bedürfnis hast, mich noch zu sprechen, so könnten wir uns dort treffen. Ich muss gegen 18 Uhr weiterfahren Richtung Stuttgart mit D-Zug. Treffpunkt Bahnhofswirtschaft, zweiter Klasse.

Ich wünsche Dir gesundheitlich alles Gute
Herzlich grüßt Dich
Dein Heinz mit Ida

Ausgerechnet in der Woche, bevor Heinz kam, um seine Mutter abzuholen, war der Vater nach langem Aufenthalt aus dem Leutkircher Krankenhaus entlassen worden und nach Marbach am Neckar zurückgefahren. Das Amt, für das Heinrich Meyer arbeitete, war wegen der Fliegerangriffe zeitweilig dorthin verlegt, und er wohnte auch dort. In Marbach war er auch, als Heinz in Bingen heiratete. Ahnungslos? Eines steht jedenfalls fest: Dass sein geliebter Sohn von einem katholischen Geistlichen getraut wurde, traf den Vater ins Mark.

Seine Frau schrieb ihm am 31. Oktober 1944 aus Bingen:

»Nachdem die Entscheidung schon gefallen war, half es ja nichts mehr, zu versuchen, Dich telefonisch zu erreichen, und ich sagte mir, bei Deiner Einstellung ist es wohl das Beste, Du weißt zunächst von der ganzen Sache nichts. Zudem war eine Verbindung wohl gar nicht zu bekommen. … Heinz hätte also die evangelische Trauung durchdrücken können, wenn er den Mut und das Gottvertrauen gehabt hätte. Aber er hat den scheinbar leichteren Weg gewählt und seiner Liebe dieses Opfer gebracht. Ida hat eigentlich wieder gewonnen in ihrer Haltung und Heinz verloren, leider.

Mein Trost ist, die Geschichte ist noch nicht aus! Wir dürfen nicht kapitulieren, sondern müssen wach sein und kämpfen und treu beten. Mein Eindruck von den Eltern ist ein guter. Es sind durchaus rechte Leute. Sie waren ganz offen und ich auch. Ich sagte ihnen klar, was es insbesondere für Dich bedeute, dass sich Dein Sohn katholisch trauen lasse.

Dass unsere Töchter rechtzeitig eintrafen, war mir ein großer Trost. Der katholische Pfarrer kam uns so weit entgegen, dass er – entgegen der sonstigen Übung – eine Ansprache hielt, gut und willig neutral.

Er ließ *Harre meine Seele* und *So nimm denn meine Hände* singen. Sein Aufbau beziehungsweise These war über die drei Punkte: Gebet dem Vaterland Blut und Leben, euch selber Liebe und Treue und Gott Ehrfurcht und Gehorsam. Er führte das im Einzelnen gut aus. Es war wirklich feierlich, auch ließ er die Kommunion weg und verlangte von dem Brautpaar nicht das lange Knien. Das Ehegelübde lautete gleich wie bei uns. Magda und Christa weinten sehr, ich hatte mir fest vorgenommen, kein Schauspiel zu geben, und hielt durch. Riedingers haben ihrer Tochter eine schöne Hochzeit gehalten im Hause, es war alles reichlich und erstklassig da. Die Mutter leidet nicht weniger als Du und der Vater etwa wie ich. Unsere Kinder sind selbst für sich verantwortlich und haben sich entschieden, und wir müssen und werden es tragen. Menschlich kann ich Heinz hundertprozentig verstehen, und die innere Kraft für den anderen Weg ist nicht vorhanden. Sei nicht allzu traurig und geschlagen. Ich weiß, es ist für Dich schwerer als für mich, und ich bin nun nicht bei Dir, aber fasse Dich.

Wir wollen unseren Heinz, wie seither, auf betenden Händen tragen und ihn genauso lieben wie bisher und unsere Ida, die nun zu uns gehört, erst recht! Das ist meine Meinung. Lass alle Dogmen fallen und glaube, dass noch alles gut und recht wird.«

Heinz sagte seiner Mutter nach der Hochzeit, dass er glücklich sei.

Und Ida? Das Wissen, dass der Bräutigam bald wieder ins Feld musste, warf einen schweren Schatten auf die Hochzeit. Die Ehe sollte denn auch keine vier Monate dauern. Was tröstlich ist beim Gedanken an ihr damaliges Schicksal: Ida heiratete nach dem Krieg in Sigmaringen ein zweites Mal und bekam Kinder.

Hilden, den 13.11.1944

Mein liebes Beatle!

Es war so schön, dass ich alle meine vier Schwesterchen bei mir hatte. Bin am letzten Sonntag gut in Düsseldorf angekommen. Denk Dir, meine Kaserne wurde während meines Urlaubs bombardiert und ganz zerstört. Zum Glück haben die Keller durchweg gehalten. Durch meine Stube ist direkt eine Sprengbombe durchgegangen. Hatte noch verschiedene Sachen in meinem Spind eingeschlossen. Habe natürlich nichts mehr davon gefunden. Na ja, diese Sachen sind zu ersetzen.

Wir sind jetzt in Hilden, dies ist ein kleines Städtchen in der Nähe von Düsseldorf. Ich habe ein sehr nettes Privatquartier bei einem alten Ehepaar mit 70 Jahren. Er war Hauptlehrer. Ich fühle mich dort sehr wohl, vor allen Dingen ist es sehr ruhig dort.

Von meiner Abstellung ist noch nichts bekannt.

Innigst grüßt und küsst Dich
Dein Bruder Heinz

Hilden, den 17. November 1944

Mein lieber Vater!

Magda schrieb mir, dass Du auf meinen Brief hin noch nach Kornwestheim gefahren wärst, Du hattest ihn wohl erst am Samstagmorgen bekommen. Es tut mir so leid, dass ich Dich dort nicht mehr sehen konnte. Bin um circa 18 Uhr durch Kornwestheim gefahren, es war allerdings schon Nacht, und ich hatte nur ganz kurz Aufenthalt.

Es war für mich sehr schmerzlich, dass ich meine Hochzeit ohne Dich feiern musste. Ich wollte Dir telefonisch Bescheid geben, doch Mutti hielt mich davor zurück. Sie sagte, Deine erste Frage wäre: Wie findet die Trauung statt? Und nachdem sie katholisch stattfand, würdest Du nicht kommen, sondern Dich nur aufregen, was Deinem Gesundheitszustand so sehr schadet. So musste ich mich fügen und Dich nicht verständigen. Es war so schade, dass Du nicht noch in Leutkirch warst, dann hätte ich Dir mündlich alles sagen können, Du hättest mich vielleicht verstanden.

Du sollst nie denken, dass ich unüberlegt oder unreif gehandelt habe. Ich weiß, was ich will. Doch es war mir nicht möglich, meiner Frau diese seelischen Kämpfe aufzuladen, sie hätte nicht die Kraft aufgebracht, dies zu tragen. Ich muss es tragen. Doch es ist für mich schwer, solange ich die Ungewissheit habe, wie Du mein Verhalten aufnimmst. Ich weiß, Du urteilst härter als ich, Du bist vielleicht auch in mancher Beziehung härter als ich, doch ich will wie Du nur das Beste. Ob ich recht gehandelt habe, darüber entscheidet die Zukunft. Außerdem, ob sich Ida meines gebrachten Opfers würdig erweist. Mein lieber Vater, ich bitte Dich, insbesondere in Anbetracht meiner baldigen Feldabstellung, meine Frau mein Verhalten in nichts entgelten zu lassen, sie hat mich nicht »herumgedreht«, nein, ich habe dieses Opfer erst gebracht, nachdem sie sich zu meinem Willen bekannt hatte. Ich hätte ohne diese Frau nicht mehr glücklich leben können, sie ist meine große Liebe. Verstoß mich nicht aus Deinem Herzen, ich hab Dich sehr lieb und schätze Dich als meinen treuen Vater. Wie sehne ich den Tag herbei, an dem ich ausführlich mal sprechen kann über diese Dinge.

Schreibe mir bitte bald.

Innigst grüßt und küsst Dich
Dein treuer Sohn Heinz

Hilden, den 30.11.1944

Mein lieber Vater!

Heute erhielt ich Deinen Brief vom 25. November. Habe so sehr auf eine Antwort von Dir gewartet und nun bin ich sehr froh, dass ich endlich von Dir Nachricht habe und sie mich hier noch erreichte.

Mein lieber, treuer Vater, ich danke Dir herzlich für Deine lieben Worte. Ich weiß, dass es für Dich sehr schwer war, meine Nachricht von meiner Verheiratung aufzunehmen, doch ich danke Dir von ganzem Herzen, dass Du so viel Verständnis und Liebe für Deinen Sohn zeigst. Es war mir ein furchtbarer Gedanke, dass ich eventuell durch meine Handlungsweise Deine Achtung verlieren sollte, und doch konnte ich nicht anders handeln. Ida ist nun meine Frau geworden, und ich habe die Zusicherung meiner Schwiegereltern, dass sie sich nie in unsere Religionsfrage mischen werden, somit habe ich mir für unsere Kinder die Handlungsfreiheit bewahrt und meiner Frau den elterlichen Frieden erhalten. Zwischen Ida und mir wird das nie ein Stein des Anstoßes sein. Dazu sind wir zu sehr eins in unserem Denken und unserer Gesinnung.

Ihre Brieflein sagen mir stets aufs Neue, wie glücklich sie sich nun als meine Frau fühlt. Sieh, Vater, es ist doch ein wunderbarer Gedanke, dass unsere große Liebe nun auch äußerlich ihren Ausdruck gefunden hat und wir in allem füreinander einstehen dürfen und uns ganz gehören. Mutti hat sich in Bingen auch sehr wohlgefühlt. Ich freue mich, dass sie Dir nun bei Deinem Besuch ausführlich berichten konnte.

Magda schrieb mir, dass es Dir gesundheitlich recht ordentlich ginge, ich freue mich sehr darüber. Hoffentlich bleibt es so, Du musst Dir immer die nötige Schonung auferlegen. Unsere Kinderlein sollen sich doch einmal an ihrem Großpapa freuen, dann musst Du mal wieder Deine alten Geschichtlein hervorholen vom Mann mit den 3 Entchen, oder waren es 7, oder vom Ritter Eppelein von Gailingen.

Mein Bataillonskommandeur Major Laufenberg (er wird befördert) ist jetzt hier. Ich bin den ganzen Tag mit ihm zusammen, er schätzt mich sehr und ist mir ein richtiger Freund. Ich rechne damit, dass ich noch im Laufe des Dezembers abgestellt werde zu meiner alten Division. Sie liegt in der Slowakei in einer zurzeit sehr ruhigen Stellung, Holger Laufenberg wird mich mitnehmen als Ordonnanzoffizier. Von einer Leutnants-Beförderung weiß ich noch nichts. Ich danke Dir auch für den lieben Gruß von Ida.
Herzlich grüßt Dich
Dein dankbarer und treuer Sohn Heinz

Hilden, den 12. Dezember 1944

Mein liebes Mütterle!

Vielleicht beginne ich das neue Jahr sogar noch in der Heimat. Bis Dich dieser Brief erreicht, wird es schon Weihnachten sein. Da fliegen die Gedanken hinüber zu Deinen Lieben, die überall in der Ferne sind. Doch in Gedanken wollen wir alle beieinander sein, mein liebes Mütterle. Ich wünsche Dir schöne Weihnachtstage, und wenn ich mir etwas wünschen will, sodass wir in diesen Tagen besonders innig aneinander denken und in Gedanken mit unseren Lieben verbunden sind. Wir wollen in diesen Tagen besonders den lieben Gott bitten, dass er uns bald den Frieden schenken möge und wir bald wieder Weihnachten in einem friedlichen, siegreichen Vaterlande feiern dürfen.

Mein liebes Mütterle, Du kannst Dir denken, dass ich mich hier oft sehr einsam fühle. Ich habe oft so sehr Sehnsucht nach meiner Frau und nach all den Freuden und Erinnerungen der Urlaubstage. Wie schön und friedlich war es doch in Bingen.

Kein Fliegeralarm und die zwei liebsten Menschen um mich, meine treue, liebe Mutter und mein liebes Frauchen. Doch ich habe einen herrlichen Schatz von Erinnerungen in meinem Herzen, und davon lebe und träume ich nun.

Dein treuer Sohn Heinz

Heinz schaffte es, am 24. Dezember überraschend in Bingen aufzutauchen. Als er in Uniform zur Tür hereinschneite, brannten die Kerzen am Baum schon. Davor saßen seine Frau, seine Eltern und seine Schwiegereltern.

Sie weinten alle miteinander.

Slowakei und Niederschlesien, heute Polen

Im Osten, den 2. Februar 1945

Mein lieber Vater!

Einige Zeit bin ich wieder nicht zum Schreiben gekommen, da bei uns auch wieder allerhand los war. Augenblicklich ist es wieder ruhiger. So will ich die Zeit ausnutzen und Dir mal wieder einen Gruß senden.

Ich bin gesund und munter. Habe mich in der Zwischenzeit wieder ganz an die Frontverhältnisse gewöhnt. Es ist ja allerhand vor sich gegangen, seit wir in Bingen zusammen das Weihnachtsfest feierten. Damals sah die Lage wieder einigermaßen günstig aus, und nun ist sie sehr ernst geworden. Auch wir haben uns ein Stück weiter nach Westen abgesetzt. Doch ging bei uns diese Bewegung ganz planmäßig vonstatten, und der Feinddruck war nicht besonders groß. Wir hätten also die Russen halten können, wenn dies an anderer Stelle auch der Fall gewesen wäre. Wie sich die Lage weiter entwickelt, wissen wir nicht, auf alle Fälle hat der Krieg seinen Höhepunkt erreicht, wir können nur unseren Schöpfer bitten, dass er uns in der Stunde der größten Not und Bewährung seinen Segen gibt. Wir wollen weiter unentwegt unsere Pflicht tun und den Glauben und die Hoffnung nicht verlieren.

Wie geht es Dir, mein lieber Vater? Von Mutti bekam ich gestern einen großen Brief, in welchem sie mir von der Zimmeraffäre schrieb. Es ist nicht leicht für sie, dass ihre Umgebung in Leutkirch sich so unerfreulich entwickelt hat. Ich habe ihr einen lieben, beruhigenden Brief geschrieben. Nun ist Magda noch allein in Stuttgart, die Familie auseinandergerissen. Von Elle habe ich auch keine Nachricht und Adresse. Den Brief von Salfner habe ich erhalten, wo Du die Grüße draufgeschrieben hast, herzlichen Dank. Wie geht es meinem Siegerle?

Ich bin immer noch Bataillonsadjutant bei Hauptmann Bauer

aus Ulm. Er war in Ulm stv. Polizeidirektor, vielleicht kennst Du ihn. Diese Tätigkeit gefällt mir sehr gut.

Lieber Vater, hoffe, bald etwas von Dir zu hören. Von Ida habe ich gute Nachricht.

Innigst grüßt und küsst Dich

Dcin Hcinz

Am Neujahrstag 1945 hatte Heinz von seinem kurzen Weihnachtsurlaub wieder zu seiner alten Einheit zurückkehren müssen.

Dies ist der einzige Brief aus dem Jahr 1945, der erhalten ist. Den darin erwähnten Brief an die Mutter, der von einer Verwandten ihr Zimmer in Leutkirch streitig gemacht worden war, habe ich nicht vorgefunden. Zuweilen hadere ich damit, dass ich in Beates Haus nicht gründlich genug suchen durfte. Ich hätte ihn vielleicht noch irgendwo entdeckt. Ich stelle mir mit einer gewissen Bitterkeit vor, wie er vom Entrümpler achtlos in den Papiermüll geworfen wurde. Es ist nichts mehr zu machen. Das Haus wurde ausgeräumt und verkauft.

Auch meine Mutter, über deren Aufenthaltsort Heinz rätselte, befand sich damals, als der Krieg sich dem Ende zuneigte, in großer Gefahr. In der letzten Phase waren auch Frauen und Jugendliche, manchmal fast noch Kinder, mobilisiert worden. Am 2. Januar 1945, mit 21 Jahren, wurde Elfriede zur Flugabwehr eingezogen und musste in einer Kaserne in Krems in Niederösterreich eine Ausbildung absolvieren. »Bei der Flak«, sagte sie, eigentlich die Abkürzung für »Flugabwehrkanone«. Von dort wurde sie kurz vor dem Zusammenbruch, am Ostermontag, dem 2. April 1945, ausgestattet mit einer »Eisernen Ration«, in Marsch Richtung Heimat gesetzt. Zusammen mit ihrer Freundin Resi entfernte sie sich aber in der Dämmerung von der Truppe. Auf abenteuerliche und gefährliche Weise schlugen sich die beiden Frauen, zuerst mit dem Zug, ab München mit gestohlenen Fahrrädern, in drei Wochen die 700 Kilometer nach Degerloch durch. Weil sie es im Chaos des Kriegsendes nicht schafften, Entlassungsscheine zu bekommen, mussten sie ständig fürchten, in Kriegsgefangenschaft genommen zu werden, schließlich trugen sie noch ihre Luftwaffen-Uniformen. Sie kämpften sich durch das Chaos des deutschen Untergangs. Sie litten Hunger und Durst, verkrochen sich immer wieder bei Fliegeralarm, versteckten sich vor marokkanischen Hilfstruppen, die für Frankreich kämpften, wurden mehrmals von Tieffliegern beschossen und mussten ständig ihre Fahrräder gegen Diebe verteidigen.

»Am Bahnhof in Hallein standen Männer in Sträflingsanzügen auf dem Bahnsteig. Das war uns unheimlich. Man munkelte, sie kämen aus dem KZ Mauthausen.« So schrieb es meine Mutter mehr als sechzig Jahre später auf. »Das unheimlichste Erlebnis hatten wir aber viel später, als wir mit dem Fahrrad in Mindelheim waren. Die Straße ging ganz lang durch einen Wald. Es war stockfinster. Da war ein nicht enden wollender Zug von Elendsgestalten. Tapp, tapp, tapp, spärlich bewacht von Bewaffneten. Wir fürchteten uns. Später wurde mir klar, dass dies Zwangsarbeiter waren.«

In Degerloch traf sie auf ihre tieftraurigen Eltern, die mit Sieghard wieder in das nahezu unversehrte Haus am Waldenbucher Platz zurückgekehrt waren.

Im März war eine Postkarte von Ida mit folgendem Inhalt dort angekommen:

Bad Niedernau am 16.3.45

Meine lieben Eltern!

Heute wieder liebe und herzliche Grüße an Euch. Will Euch mitteilen, dass ich vorgestern von Heinz Nachricht erhielt vom 18.2. Seit einiger Zeit ist er im Kampfgebiet Niederschlesien, die ruhige Zeit in der Slowakei liegt hinter ihm. Er musste wieder viel erleben, da der Russe ein riesiges Trommelfeuer eröffnete und mit einer Unmenge Panzer angriff. Sie wären jetzt aus diesen Kämpfen allerdings rausgegangen, doch auf den Nerven wäre er vollkommen erledigt. Vielleicht hört Ihr auch bald von ihm. Lasst bald von Euch hören, liebe Eltern, seid mit Beate und Sigi lieb und herzlich gegrüßt
von Eurer Ida.

PS: Muss die Karte in einen Umschlag tun, denn sie ist mir zu riskant.

Zu diesem Zeitpunkt war Heinz schon tot. Wenige Tage später kam bei Ida ein amtlicher Brief an von einem Hans Forster, Oberst und Regimentskommandeur, der offenbar lange unterwegs gewesen war. Am 21. März 1945 erhielten auch meine Großeltern die niederschmetternde Nachricht.

Gef. Stand, 1.3.1945

Sehr geehrte gnädige Frau!

Tief erschüttert habe ich heute die traurige Aufgabe, Sie davon in Kenntnis zu setzen, dass Ihr Mann, Oberfähnrich Meyer, am 22. Februar 1945 bei Trebnig (ca. 30 km südwestl. Breslau) gefallen ist… Ihr Mann fiel durch Herzschuss und war sofort tot. Seine Leiche wurde auf dem Friedhof bei der Kirche in Schlaupitz beigesetzt…

Wenig später erhielt Heinrich Meyer einen Brief von Hauptmann Bauer, dem Ulmer, dessen Adjutant Heinz zuletzt gewesen war:

28. März 1945

Sehr verehrter Herr Meyer,

Wochen und Tage ununterbrochener, unendlich schwerer Kämpfe gegen einen überlegenen Gegner lassen mich erst heute dazu kommen, Ihnen zu schreiben und Ihnen von den letzten Wochen Ihres Jungen zu erzählen. Als er gegen Neujahr aus der Heimat kam, habe ich ihn als Ordonnanzoffizier zu mir genommen, froh, einen alten Kriegskameraden aus der Holland- und Woronesch-Zeit wieder bei mir zu haben. Es war in der Slowakei, und das Kriegsgeschehen gab uns damals immer noch Zeit, Erinnerungen auszutauschen und von der Heimat, von Stuttgart und Schwaben zu reden. Viele schöne Stunden haben wir da miteinander verbracht. Dann kam der Einsatz vor Breslau, der unerbittlich war und vom ganzen Bataillon das Letzte forderte. Wir haben gekämpft mit äußerster Erbitterung, jede Stunde brachte neue Überraschungen, es war ein Ringen auf Leben und Tod. Zum Schluss stand die Front, der Durchbruch der Russen Richtung

Glatz war gescheitert. Aber bitter waren die Verluste. Ich habe Ihrem Jungen damals eine meiner besten Schützenkompanien in die Hand gegeben, gab ihm mein ganzes Vertrauen, und er hat es voll erfüllt. In den schwersten Stunden lagen wir nebeneinander im Schützenloch, voll von Sorgen, was die nächste Stunde bringen wird.

Und dann der schwere 22. Februar: Trommelfeuer Stunde um Stunde, Tieffliegerangriffe, Panzerangriff. Ortschaft und Schloss Trebnig wurden im Kampf bis zum letzten Mann gehalten, Ihren Jungen aber habe ich verloren. Bei der Erprobung einer Behelfsbrücke hat ein russischer Scharfschütze ihn getroffen. Er war ein vernünftiger Kerl und glänzender Kamerad, wir alle waren tief erschüttert. Vielleicht ist mir das Schicksal gnädig und lässt mich meine Heimat wiedersehen, ich werde Ihnen dann mündlich mehr von ihm erzählen können. Heute darf ich Ihnen mein und meiner Kameraden herzliches Mitgefühl übermitteln. Wir kannten ihn, wir wissen daher den Schmerz des Verlustes für die Eltern und die Frau zu würdigen.
Ihr Hauptmann Fr. Bauer

Der Kampf um Breslau, den Hauptmann Bauer, Heinz Meyer und ihre Kameraden hatten führen müssen, war völlig aussichtslos gewesen, er diente nur noch dazu, das Ende des von den Nationalsozialisten proklamierten Tausendjährigen Reichs hinauszuschieben. Der Preis war entsetzlich. Die letzten Wochen waren die blutigsten des ganzen Krieges. In nachträglichen Berechnungen wurde geschätzt, dass in der letzten Kriegsphase von Januar bis Mai 1945 noch etwa 1,1 Millionen Wehrmachtssoldaten starben. Auch die Alliierten, besonders die Rote Armee, erlitten noch schwere Verluste. Verheerende Bombardements der deutschen Städte kosteten noch etwa 115 000 Zivilisten das Leben.

Adolf Hitler gab dem Volk die Schuld am verlorenen Krieg. Am 30. April setzte er sich im Berliner Führerbunker in einen Sessel und entzog sich der Verantwortung für seine Worte und Taten, indem er sich erschoss.

Schon am 21. April war Stuttgart von französischen Truppen besetzt worden. Am 7. Mai 1945 erklärte die Wehrmacht in Reims und am 8. Mai 1945 in Berlin-Karlshorst ihre bedingungslose Kapitulation. Der Zweite Weltkrieg in Europa war zu Ende.

Am 10. Juni 1945 hielt der Pfarrer der evangelischen Kirche in Stuttgart-Degerloch einen Trauergottesdienst für mehrere gefallene Degerlocher, darunter auch Heinz. Auch einen Durchschlag seiner Ansprache, die geprägt ist von der alten Ideologie, dem Hang zur Selbstbetäubung und gleichzeitig dem bösen Erwachen, fand ich in Beates Schreibtisch:

Liebe Trauergemeinde!

Die Waffen ruhen; die Sirenen schweigen; das blutige Morden in Europa hat aufgehört. Aber noch leiden wir schwer an den Wunden des Krieges. Und heute brechen neu diese Wunden auf, da wir wieder Trauergottesdienst für fünf Gefallene unserer Gemeinde halten. ... Durch das bittere Ende des Krieges ist die Trauer um unsere Gefallenen noch viel schwerer geworden. Wenn jetzt die Siegesfahnen wehen würden, dann könnte man für sein Leid wenigstens darin einen menschlichen Trost finden, dass man sagen würde: Es ist für unser Volk; das Opfer unserer Soldaten dient zum Leben, zur Wohlfahrt, zum Aufstieg unseres Volkes. So aber droht ein furchtbares Wort über dem Heldentod unserer Lieben aufzutauchen, ein Wort, das man früher nur mit bangem Fragen als eine ferne Möglichkeit auszusprechen wagte, das aber jetzt – menschlich geredet – Wirklichkeit geworden ist: das Wörtlein »umsonst«. ... Wir kommen gegen die tödliche Gefahr dieses Wortes nicht mit menschlichen Gedanken auf. ... Wir dürfen bei dem Wort Opfer nicht sofort fragen: wozu? Wir dürfen zunächst gar nicht die Frage nach der Zweckmäßigkeit stellen, ob sich das Opfer auch lohnt. Wir müssen auf den tiefen Sinn des Wortes Opfer lauschen: Es kommt her vom lateinischen Wort »offerre«, das heißt darbringen, Gott darbringen.

Als Kind war es mir peinlich, wenn meine Mutter auf Beerdigungen vor allen Leuten zu schluchzen anfing. Das geschah auch, wenn sie den Verstorbenen gar nicht gekannt hatte, und besonders, wenn ein Posaunenchor das Trauerlied spielte *Ich hatt' einen Kameraden,* oder:

Morgenrot, leuchtest mir zum frühen Tod?. Oder wenn ein Chor diese Lieder sang.

Noch lange nach Kriegsende gehörten Lieder vom Soldatenschicksal zu den Standards unserer Trauerkultur. Die vom Krieg traumatisierten Menschen sangen damit, was sie nicht sagen konnten.

Als kleines Kind verbat ich mir, dass meine Mutter mir die beiden traurigen Lieder vor dem Einschlafen vorsang, weil ihr dabei Tränen die Wangen hinunterliefen, und das machte mir Angst.

Meine Mutter ist inzwischen gestorben und weint nicht mehr. Ich würde mich nun aber nicht mehr für sie genieren und sie auch nicht mehr vom Singen abhalten. Ich verstehe sie jetzt besser.

Diese Lieder sind keine Nazilieder und auch keine Militaristenlieder. Ihre Ursprünge sind urschwäbisch. Der Text von *Der gute Kamerad* stammt von Ludwig Uhland, die Melodie von Friedrich Silcher, von zwei Tübingern also. *Morgenrot* ist ein nach einer Volksweise vertontes Gedicht des Stuttgarters Wilhelm Hauff:

»Gestern noch auf stolzen Rossen,
heute durch die Brust geschossen,
morgen in das kühle Grab.«

Zur Zeit der Entstehung dieser Lieder lag Hitlers Machtergreifung noch weit in der Zukunft, ihr Anlass waren die Napoleonischen Kriege. Oder vielleicht auch alle Kriege. Solche Lieder passen zu allen Zeiten irgendwo auf der Welt.

Wahrscheinlich sangen die Meyers sie an manchen Abenden in Degerloch, meine Großmutter spielte die Klavierbegleitung, und alle waren ergriffen, mein Onkel Heinz eingeschlossen.

Das Zeitalter der Ironie, die unsere Gefühle heute gefangen hält, war damals noch weit weg. Für meine Mutter fing es ohnehin nie an.

»Eine Kugel kam geflogen
Gilt sie mir oder gilt sie dir?«

Sie wussten am Morgen nicht, wer von ihnen am Abend noch leben würde und wer nicht mehr. Die Kugel eines sowjetischen Scharfschützen tötete Heinz. Sie löschte das Zentrum einer Familie aus, die sich fortan um eine leere Mitte drehte.

Was aus den Geschwistern geworden ist?

Als der Krieg zu Ende war, stellten die vier Schwestern fest, dass sehr viele junge Männer, in die sie verliebt waren oder sich hätten verlieben können, gefallen oder vermisst waren. Nur Magda und

Elfriede fanden einen Ehemann. Magda heiratete ihren wesentlich älteren Chef, der rasch an Krebs starb. Später bekam sie einen Sohn, den sie allein aufzog. Elfriede heiratete einen katholischen Mann, der auch sonst nicht zur Familie passte, bekam drei Kinder und wurde schließlich von ihren Eltern verstoßen. Christa wurde nervenkrank, man behandelte sie mit Elektroschocks, worüber sie so verzweifelt war, dass sie versuchte, sich umzubringen. Sie starb mit 44 Jahren an einer rätselhaften Erkrankung. Beate blieb ledig und lebte bis zu ihrem Tod mit 92 Jahren allein im viel zu großen Elternhaus, unter den Blicken ihrer toten Geschwister Heinz, Christa und später auch Sieghard sowie ihrer toten Eltern, deren Fotos bis zu ihrem Ende überall an den Wänden hingen und auf ihrem Toilettentisch im Schlafzimmer standen. Sieghard brach sich 1946, mit 13 Jahren, bei einem eigentlich harmlosen Sturz den Schenkelhals. Es wurde eine Knochenerkrankung festgestellt, die auf die kriegsbedingte Mangelernährung in der entscheidenden Wachstumsphase zurückzuführen war. Es vergingen fast zwei qualvolle Jahre mit Krankenhausaufenthalt und einem weiteren schweren Bruch. Er fand nie mehr den Anschluss an den Schulunterricht. Schließlich kam ein Brief, in dem es hieß, er habe nun seiner Schulpflicht genügt, sodass er ohne jeden Abschluss blieb. Er fand eine Frau und kam beruflich nach beträchtlicher Fürsprache seines Vaters bei der Kirche unter. Sie hatten keine Kinder. Er wurde sehr dick.

Alle fünf betrachteten sich zeit ihres Lebens als Betrogene der Nazizeit. Den Verlust des Bruders Heinz hat keines der Geschwister je verwunden.

Danksagung

Mein großer Dank gilt meinem Cousin Andreas Bühler, Magdas geliebtem Sohn, der es verstand, zur rechten Zeit am rechten Ort zu sein und die richtigen Worte zu finden. Er und seine Frau Anette haben mich von Anfang an zu diesem Buch ermutigt. Vielen Dank auch an Pfarrer Albrecht Conrad von der evangelischen Gemeinde in Degerloch. Ohne ihn hätten wir viel zu spät vom Tod unserer Tante erfahren, und die Briefe meines Onkels und andere Familiendokumente wären womöglich verloren gewesen. Wie gut, dass er vor vielen Jahren einmal Praktikant der *Frankfurter Allgemeinen Zeitung* war und mit meinem Namen etwas anfangen konnte. Er hat gehandelt und gesprochen wie ein Christ und mir die evangelische Kirche wieder nähergebracht.

Wunderbar hat Anne Stadler vom Piper Verlag auf meinen Anruf reagiert – mitten im ersten Corona-Winter, in dieser unwirklichen Zeit, in der ich die Briefe meines Onkels aus der Sütterlinschrift übertragen habe und immer mehr in die Zeit des Zweiten Weltkriegs hineingesogen wurde. Anne hat es geschafft, sofort Ordnung in meine sich überschlagenden Gedanken zu bringen.

Ohne die Großzügigkeit der *Frankfurter Allgemeinen Zeitung*, die mir immer wieder Freiräume gegeben hat, wäre keines meiner Buchprojekte möglich gewesen. Ich bedanke mich bei den Herausgebern dafür – und bei der Sportredaktion, die jahrelang mit meinen winterlichen Auszeiten klarkommen musste.

Dankbar bin ich auch der Robert-Bosch-Stiftung, dem Haupterben unserer Tante Beate. Obwohl wir vom Erbe ausdrücklich ausgeschlossen waren, erlaubte der Testamentsvollstrecker meinem Cousin und mir, im Haus unserer Großeltern unter seiner Aufsicht die materiell wertlosen Familienpapiere und Fotoalben zu sichern. Und es wurde uns gestattet, von Räumen unserer

Kindheit, in denen wir die Geister der Vergangenheit noch zu spüren glaubten, Abschied zu nehmen.

Unendlicher Dank gebührt meinem Mann Manfred Wagner. Seine Liebe und sein Glaube an mich sind der Wind in meinen Segeln.

Zu guter Letzt danke ich den seriösen Historikern, Philosophen und Schriftstellern, die sich seit Jahrzehnten an den Phänomenen des Nationalsozialismus abarbeiten – ihre Botschaften wurden für mich im Laufe der Arbeit an diesem Buch, während derer Wladimir Putin die Ukraine überfiel, immer vernehmlicher. Darum zum Schluss ein Zitat des Schriftstellers Wolfgang Koeppen aus einem Interview der *Zeit* im Jahr 1991: »Ich sage nicht, Gott ist schuld. Die Frage, ob Gott recht tut, ist offen. Vielleicht kommt er gegen das Entsetzliche, das er geschaffen hat, nicht mehr an. Vielleicht ist er bestürzt über die eigene Schöpfung. Die Freude ist ihm vergangen. Aber das Karussell dreht sich weiter.«

NORWEGEN
Stockholm
ESTLAND
SCHWEDEN
Riga
REICHS-
KOMMISSARIAT
OSTLAND
Memel
LITAUEN
DÄNEMARK
Kopenhagen
Ostsee
Memel
Tilsit
Kauen
Königsberg
Kiel
Danzig
Rostock
Hamburg
Stettin
Bezirk
Bialystok
Elbe
Oder
Bromberg
Bialystok
Weichsel
Bug
Warthe
Berlin
Posen
Warschau
Brest-Litowsk
Magdeburg
DEUTSCHES REICH
Oder
Radom
Kassel
Leipzig
Lublin
Weimar
Breslau
Chełm
Dresden
Trebnig
General-
gouvernement
Fulda
Milowitz
Gleiwitz
Prag
Krakau
Przemyśl
Protektorat
Böhmen und Mähren
Kremsier
Nürnberg
Brünn
Donau
SLOWAKEI
Pressburg
Inn
München
Wien
Theiß
Salzburg
Budapest
UNGARN
(mit Deutschland verbündet)
Klagenfurt
ITALIEN
Save
Zagreb
Triest
Venedig
KROATIEN
(mit Deutschland verbündet)
Adria